Quiromancia

Karmadharaya

QUIROMANCIA

A pesar de haber puesto el máximo cuidado en la redacción de esta obra, el autor o el editor no pueden en modo alguno responsabilizarse por las informaciones (fórmulas, recetas, técnicas, etc.) vertidas en el texto. Se aconseja, en el caso de problemas específicos —a menudo únicos— de cada lector en particular, que se consulte con una persona cualificada para obtener las informaciones más completas, más exactas y lo más actualizadas posible. EDITORIAL DE VECCHI, S. A. U.

© Editorial De Vecchi, S. A. 2018
© [2018] Confidential Concepts International Ltd., Ireland
Subsidiary company of Confidential Concepts Inc, USA
ISBN: 978-1-64461-168-5

Impreso bajo demanda gestionado por Bibliomanager

El Código Penal vigente dispone: «Será castigado con la pena de prisión de seis meses a dos años o de multa de seis a veinticuatro meses quien, con ánimo de lucro y en perjuicio de tercero, reproduzca, plagie, distribuya o comunique públicamente, en todo o en parte, una obra literaria, artística o científica, o su transformación, interpretación o ejecución artística fijada en cualquier tipo de soporte o comunicada a través de cualquier medio, sin la autorización de los titulares de los correspondientes derechos de propiedad intelectual o de sus cesionarios. La misma pena se impondrá a quien intencionadamente importe, exporte o almacene ejemplares de dichas obras o producciones o ejecuciones sin la referida autorización». (Artículo 270)

Índice

Introducción 13

Primera parte
LA QUIROGNOMÍA

La piel 19

Naturaleza y forma de la mano 21
La mano elemental. 22
La mano necesaria 22
La mano útil. 23
La mano artística 23
La mano filosófica 24
La mano física 24
La mano mixta. 25

Las uñas 27

Tamaño y forma de los dedos 31
El pulgar o dedo de Venus. 38
    Primera falange del pulgar 42
    Segunda falange del pulgar. 43
    Signos sobre las falanges del pulgar 44
El índice o dedo de Júpiter 45
    Primera falange del índice 47
    Segunda falange del índice. 47
    Tercera falange del índice 48
    Signos sobre las falanges del índice 49
El dedo medio o de Saturno 50
    Primera falange del dedo medio. 52
    Segunda falange del dedo medio 52
    Tercera falange del dedo medio 53

Signos sobre las falanges del dedo medio........................ 54
El anular o dedo de Apolo... 55
   Primera falange del anular...................................... 57
   Segunda falange del anular..................................... 57
   Tercera falange del anular...................................... 58
   Signos sobre las falanges del anular 58
El meñique o dedo de Mercurio...................................... 59
   Primera falange del meñique 61
   Segunda falange del meñique................................... 61
   Tercera falange del meñique.................................... 62
   Signos sobre las falanges del meñique 63

Segunda parte
LA QUIROMANCIA

Los montes.. 67
Monte de Venus.. 67
   Signos sobre el monte de Venus 68
   Líneas de influencia sobre el monte de Venus 71
Monte de Júpiter... 72
   Signos sobre el monte de Júpiter 73
Monte de Saturno.. 75
   Signos sobre el monte de Saturno 76
Monte de Apolo.. 78
   Signos sobre el monte de Apolo................................ 78
Monte de Mercurio.. 80
   Signos sobre el monte de Mercurio 81
Monte de Marte.. 82
   Signos sobre el monte de Marte 83
Monte de la Luna.. 85
   Signos sobre el monte de la Luna.............................. 87

El plano de Marte 89
El cuadrado 89
   Signos sobre el cuadrado del plano de Marte................ 90
El triángulo mayor 91
   Signos sobre el triángulo mayor del plano de Marte 91
El triángulo menor.. 92
Otros signos en el plano de Marte.................................. 92
La *rascetta* y los brazaletes 92
   Signos sobre la *rascetta* 92

Las líneas principales 95
La línea del corazón.. 95
   Interpretación de la línea del corazón 95
   Interpretación de los signos secundarios 101
La línea de la cabeza 102
   Interpretación de la línea de la cabeza....................... 102

Interpretación de los signos secundarios 108
La línea de la vida 113
    Interpretación de la línea de la vida 113
    Interpretación de los signos secundarios 116
    Determinación de la línea de la vida. 119

LAS LÍNEAS SECUNDARIAS Y ACCESORIAS 129
La línea del destino, de la fortuna o de Saturno 129
    Aspecto y significados de la línea del destino 129
La línea del Sol, del éxito o de Apolo 134
    Aspecto y significados de la línea del Sol 135
    Otros posibles signos y sus significados 137
La línea de la salud o línea hepática 138
    Aspecto y significados de la línea de la salud 139
La línea de la intuición o de Mercurio 141
La vía lasciva o Vía Láctea 142

LOS ANILLOS Y OTRAS LÍNEAS COMPLEMENTARIAS 145
El anillo de Venus 145
El anillo de Júpiter 145
El anillo de Salomón 146
El anillo de Saturno 146
El anillo de Apolo 147
La línea de la unión o del amor 147
    Aspecto y significados de la línea de la unión 148
Las líneas de los hijos 152
Las líneas de los viajes 153
    Aspecto y significados de las líneas de los viajes 153
La línea de los disgustos 154
    Aspecto y significados de la línea de los disgustos 155
Las líneas de las enfermedades 156
Los signos de los procesos 157

TERCERA PARTE
LA ASTROQUIROMANCIA

UN POCO DE HISTORIA 161

EL HOMBRE, ESE MICROCOSMOS 163

EL INFLUJO DE LOS PLANETAS 171
Sol 171
Luna 173
Marte 175
Mercurio 177
Júpiter 178
Venus 181
Saturno 182

El influjo de los signos del Zodiaco 185

El horóscopo 187
Aries 189
Tauro 189
Géminis 190
Cáncer 190
Leo 191
Virgo 191
Libra 192
Escorpión 192
Sagitario 193
Capricornio 193
Acuario 194
Piscis 194

El influjo de los planetas en los diversos signos
Sol 197
    Influencia del Sol en las 12 casas 199
Luna 199
    Influencia de la Luna en las 12 casas 201
Marte 202
    Influencia de Marte en las 12 casas 203
Mercurio 204
    Influencia de Mercurio en las 12 casas 206
Júpiter 206
    Influencia de Júpiter en las 12 casas 207
Venus 208
    Influencia de Venus en las 12 casas 209
Saturno 210
    Influencia de Saturno en las 12 casas 211
Urano 212
    Influencia de Urano en las 12 casas 213
Neptuno 214
    Influencia de Neptuno en las 12 casas 214

Significados principales de las casas 217
Aries 217
Tauro 218
Géminis 218
Cáncer 219
Leo 220
Virgo 221
Libra 221
Escorpión 222
Sagitario 223
Capricornio 223

Acuario 224
Piscis 225

CUARTA PARTE
GLOSARIO ASTROQUIROMÁNTICO

PRESENTACIÓN 229

Introducción

Plinio, famoso historiador romano, escribe que Aristóteles no dudaba de la veracidad de los signos de la mano. Él mismo explica que algunas líneas mal trazadas indican una salud enfermiza y una mala disposición interior, mientras que si aparecen en el centro de la mano pronostican una vida breve.

Los filósofos griegos recogieron tales creencias de la India, cuna de los grandes movimientos filosóficos de la Antigüedad, pero la época en la que triunfan las prácticas quirománticas, imbuidas de misticismo y de esoterismo, es la Edad Media. Es bien comprensible el interés por estas doctrinas, puesto que es una época en la que fermentan oscuras creencias y tenebrosos mitos de una religiosidad en algunos aspectos todavía oscurantista y supersticiosa, y en otros ligada a influencias orientales. Hay que recordar entre los primeros grandes cultivadores a Paracelso.

Durante la Edad Media, el hombre vive un atormentadísimo periodo de separación de lo antiguo, que provoca en él todo tipo de miedos, locuras y angustias. Pululan los magos, los buscadores de oro y de la aún más ilusoria piedra filosofal, y los evocadores de fantasmas a los que inútilmente se opone el rigor de la Iglesia católica. Es preciso llegar al siglo XVIII y a sus revoluciones políticas y filosóficas para que se derrumben muchas barreras que ahogaban la natural ansia de investigación del espíritu humano. Y es a partir de este siglo cuando todas las ciencias se liberan de los dogmas del pasado.

También la quiromancia modernamente entendida puede ser considerada una ciencia, puesto que es el resultado de observaciones y estadísticas sobre hechos controlados. Más aún, es sin duda una ciencia antigua. Queiro, en uno de sus viajes por la India, descubrió un tratado encuadernado en piel humana y celosamente guardado por los brahmanes en el que ya se hablaba del estudio de las manos. La quiromancia se difundió más tarde por otros países (China, Persia, Japón, Egipto, Grecia). Una prueba de su antigüedad radica en la misma palabra utilizada para designarla: *quiromancia*, de χειρομαντεια, «adivinación de la mano». Pero ¿qué significa este vocablo? Con un mismo término indicamos la ciencia y el arte de, por una parte, conocer determinadas características y aspectos físicos y morales de una persona y, por otra, de extraer razonables deducciones de su futuro mediante el examen de la forma y de los signos de su mano.

Huelga decir que en este campo es preciso moverse con extremada cautela. No conviene dar a un determinado signo un significado preciso, fijo e inalienable (como hacían algunos de los más fanáticos quirólogos del pasado), ya que en este sentido sería fácil entrar en divagaciones falsas e incluso peligrosas.

Debe recordarse que cada signo ha de ser «leído» en relación con los demás, precisamente de igual modo como se lee o interpreta la escritura, en la que el significado de una línea puede variar según su relación con otras líneas. Si no fuera así, la quiromancia no sería más que una «ciencia» de barracón de feria. Sin embargo, existen también en este campo tradiciones y símbolos bastante míticos, de los que se hablará igualmente en este libro; pero no olvidemos nunca que su significado debe buscarse en un conjunto de «impresiones» que, interpretadas conjuntamente, pueden ayudar a ver y definir determinados aspectos de una mano. En resumen, la mano del hombre ha de ser considerada como un «símbolo total» que nos ofrece la naturaleza; no busquemos en ella certezas absolutas que resultarían aleatorias.

La quiromancia no es una ciencia exacta como las matemáticas, sino un conocimiento en evolución que hay que interpretar mezclado con elementos poéticos. Si bien es cierto que existen personas (algunos médicos, por ejemplo) que consiguen diagnosticar a través de la «lectura» de la mano (a partir del color, forma, tejidos, signos de diversas clases) el estado de salud y las principales características psicofísicas de un individuo, no está de más insistir que en estas observaciones toda precaución será poca. Muchery dice justamente que la interpretación de los signos de una mano es una labor de síntesis y, por lo tanto, no puede darse un valor probativo, en pro o en contra, a ningún signo: sólo del resultado de las indicaciones de diferentes signos podrá deducirse una respuesta digna de crédito.

En definitiva, podría resumirse así el moderno concepto de quiromancia: «La mano revela un cuadro completo de la figura moral de un individuo, de sus tendencias, de sus defectos, de sus medios para luchar en la vida y de su futuro inmediato, es decir, de todo aquello que la vida le depara en el momento presente; pero sólo de él depende el porvenir; sólo él puede eliminar determinadas causas y prevenir algunos defectos». De acuerdo con nuestro conocimiento quiromántico actual, podemos afirmar con Muchery que «aún estamos lejos de poder dar una razón materialmente probada a la formación de las líneas y de los signos que caracterizan una mano». Aún todo es posible: he aquí por qué la quiromancia sigue siendo una práctica fascinante, susceptible del desarrollo más increíble.

El lector entenderá que, a lo largo de esta obra, insistamos repetidamente sobre la actitud de prudencia y moderación con la que se deben afrontar los problemas relativos a la lectura e interpretación de los signos de la mano.

Por lo que respecta al método utilizado, el criterio seguido ha sido el de proporcionar una guía segura en una materia tan compleja y, en más de un aspecto, en fase todavía crítica. Hemos buscado, entre la gran diversidad de elementos, supersticiones, mitos y tradiciones, un camino «recto» que nos llevase a una exacta y lógica interpretación de los hechos. Partiremos del examen externo de la mano (quirognomía), que nos ayudará a comprender el carácter del individuo. Esta será la primera etapa. Llegaremos luego a la quiromancia propiamente dicha, es decir, al estudio de las líneas, de los signos y de la formación de los montes en la palma con todas sus formas secundarias: argumento asombroso al que van ligados los sucesos y sus épocas. En último lugar trataremos el aspecto astrológico, examinando los influjos de los astros sobre las líneas de la mano en el momento de nacer.

Ciertamente es esta la parte más misteriosa de la quiromancia y también aquella en la que los hombres de todos los tiempos han dado mayor rienda suelta a la imaginación. Naturalmente, no nos será posible un examen profundo del tema astral o planetario (que nos llevaría demasiado lejos) hasta implicar conocimientos mucho más amplios que los estrictamente quirománticos; además, en la actualidad se tiende a dar cada vez mayor importancia a la síntesis general y menos a los detalles aislados. Como cierre, el lector hallará un utilísimo apartado de astroquiromancia en el que, en cualquier momento y con suma facilidad, podrá encontrar todos los datos que le pueden interesar acerca de las principales enfermedades, estados de ánimo, debilidades y vicios humanos, con su descripción o la relación de las líneas y signos que indican su presencia en la mano.

Para finalizar, presentamos unas breves indicaciones sobre el método que el lector deberá seguir para la interpretación quiromántica. A fin de obtener un resultado lo más exacto y completo posible, es necesario estudiar la mano primero en su aspecto quirognómico y luego en el quiromántico. Se deben analizar ambas manos y no sólo la izquierda (como se hace vulgarmente) porque, de encontrar en esta mano algún signo, habrá que buscar su confirmación en la otra; si el signo no es fácil de hallar en la derecha, el juicio tendrá más bien un valor de probabilidad que de certeza. La síntesis astrológica y las influencias planetarias ayudarán a completar la interpretación.

En resumen, se necesita una visión lo más amplia y significativa posible para llegar a la exacta comprensión de la mano, que es, según hemos visto, sólo una parte de la realidad individual. Y así, una vez esclarecidos los secretos de la mano, el lector poseerá una llave más para adentrarse en la interpretación de sí mismo y de los demás.

NORMAS GENERALES PARA LA INTERPRETACIÓN QUIROMÁNTICA

1. Debe establecerse un determinado orden a seguir en la lectura de la mano. Por ejemplo, se empezará observando la forma de los dedos y las uñas; posteriormente se examinará con detalle el pulgar; a continuación, se buscará en la palma la línea de la cabeza y los montes con ella relacionados para establecer el tipo fundamental al que pertenece el individuo; el análisis de los demás elementos (la línea de la vida y todos los signos y líneas existentes en el monte de Venus; la línea del corazón; el plano de Marte, etc.) irá ampliando el dictamen.

2. Relacione cuidadosamente todas las líneas y los signos, equilibrando los diferentes significados de modo que se corrijan y se completen mutuamente. Y hay que evitar, insistimos, las definiciones absolutas e inapelables, que son siempre peligrosas.

3. Para la definición de un individuo se debe recurrir a la ayuda de todos los elementos accesorios (que el lector encontrará tratados en esta obra), como son: la interpretación de los signos de la cara, cualquier información sobre su temperamento psicofísico, las influencias de los planetas y otros elementos.

Primera parte

La Quirognomía

La piel

El primer elemento que habrá que examinar para obtener una impresión general del estado de salud y del temperamento de un individuo es la piel de su mano. Si posee un color sonrosado y es resistente al tacto, firme, de temperatura ni demasiado caliente ni demasiado fría, nos encontramos frente a una persona sana, bien equilibrada, capaz de controlar sus impulsos y emociones. Por el contrario, el individuo fácilmente excitable, aquel que se deja llevar por sus impulsos y que actúa y razona dominado por la cólera, tiene por lo general la piel de una coloración rosa fuerte con tendencia al rojo. Muy a menudo la violencia y la brutalidad se manifiestan por un color encendido de la piel; el indicio es todavía peor si se advierten en la mano venas nudosas y amoratadas. En cambio, las blancuzcas indican frialdad y egoísmo. Además, las manos pálidas son síntoma de mala salud, y lo mismo puede decirse de las manos sudorosas.

Naturaleza y forma de la mano

Un apretón de manos puede manifestar muchas cosas si atendemos, por ejemplo, a si la mano es dura o blanda. La mano firme que se resiste a la presión nos dirá que el sujeto es un individuo resuelto, un hombre de acción, dotado de un temperamento positivo y práctico. La mano blanda, al contrario, indica pereza, debilidad y algunas veces también sensibilidad, idealismo e incluso falta de sinceridad. La presencia o la falta de otros signos típicos confirmará la importancia de este o de aquel carácter sobre los demás. Pero mientras tanto la primera impresión ha de alertar al observador y ponerlo sobre más de una «pista».

Prosigamos en el examen. Si la mano además de ser blanda es rechoncha, regordeta en la base de los dedos, con hoyuelos en el dorso y con el dedo medio puntiagudo, es probable que nos encontremos frente a un hombre sensual, ansioso de sensaciones eróticas. En cambio, si la mano brilla, nos encontramos ante un glotón.

Después de estos análisis preliminares, es decir, después de haber observado el color de la piel y su naturaleza y forma, se examinará la palma para ver si resulta proporcionada en relación con la forma y longitud de los dedos. Debe recordarse que cuanto mayor es la proporción y la armonía tanto más favorable es el resultado. Si la palma es desmesuradamente más larga que los dedos y muy ancha puede manifestar un cierto grado de tosquedad y un carácter violento. Si la palma es larga y estrecha denotará una imaginación lenta y pesada, unida a una fuerte dosis de obstinación. Lo ideal es una palma de tamaño medio, de proporciones armoniosas, tanto por su forma como por su simetría con los dedos. Por lo demás, la armonía es uno de los elementos fundamentales que expresan el grado de positivismo de una mano.

Estudiemos, en primer lugar, la forma de la mano. Actualmente se reconocen siete tipos fundamentales, subrayados por grandes quirólogos como Desbarolles, mientras que en el pasado se llegó incluso a establecer más de un centenar.

1. Mano elemental (con palma ancha y dedos y uñas cortas).
2. Mano necesaria (con dedos en forma de espátula).
3. Mano útil (con dedos cuadrados).
4. Mano artística (con dedos delgados y bien formados).

5. Mano filosófica (con dedos nudosos).
6. Mano física (con dedos lisos).
7. Mano mixta (con caracteres de los diversos tipos).

La mano elemental

La palma de una mano elemental (fig. 1) está bastante desarrollada y es más bien gruesa, los dedos rígidos y generalmente muy cortos, las uñas cortas también y el pulgar casi truncado. Como estructura es la más corriente y se caracteriza además por la falta de delicadeza y de gracia en sus movimientos. Suele pertenecer a un individuo vulgar, aunque puede indicar también rudeza y hábito a los trabajos manuales sin un particular significado negativo. En este tipo de mano se observa que la unión con la muñeca es muy corta, los montes faltan o apenas se advierten, excepto los de Venus, Luna y Mercurio, que son siempre muy pronunciados.

Las líneas siempre son escasas y muchas veces existen sólo las tres principales, por lo que falta la de Saturno. La línea del corazón puede presentarse sin ramificaciones y la línea de la cabeza tiende a la horizontal.

El monte de la Luna está a menudo ligado con el de Marte.

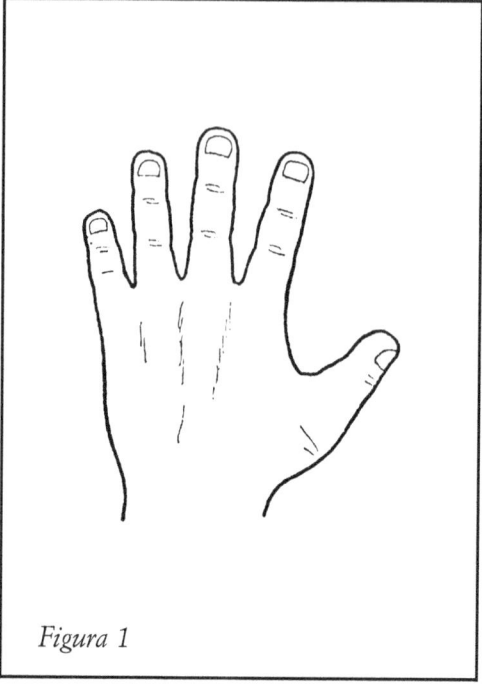

Figura 1

La mano necesaria

Estéticamente no es una mano agradable y a menudo provoca sensaciones de antipatía. Ello se debe en gran parte a la falta de gracia y a la irregularidad existente entre la palma y los dedos, que terminan en espátula, es decir, con la última falange mucho más ancha y chata (fig. 2). También el pulgar es largo y chato. Las uñas son más anchas que largas, y tienden a estar aplanadas.

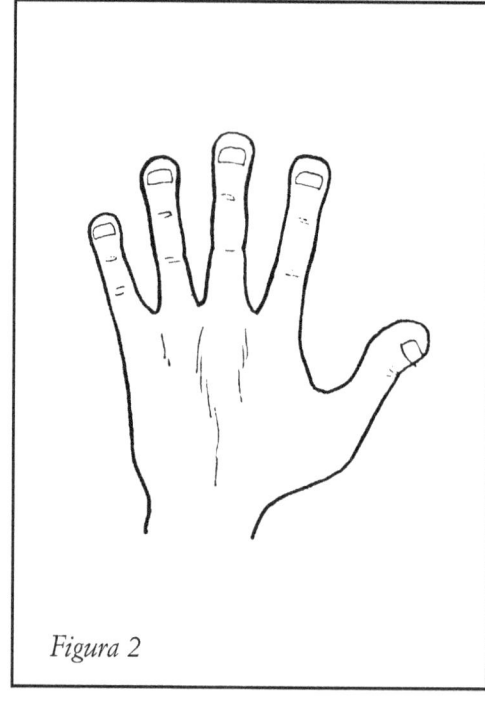

Figura 2

Este tipo de mano pertenece a individuos dotados de gran actividad física, de sentido práctico, de inteligencia aguda pero instintiva, poco adecuada a especulaciones abstractas. Se encuentran en este grupo hombres de negocios y deportistas (entre los primeros es fácil encontrar una palma blanda, mientras que suele ser dura entre los segundos). En los hombres de negocios la palma es más ancha en la base de los dedos y en la unión con la muñeca; el meñique es nudoso y no puntiagudo. Si los dedos tienen una acentuada forma de espátula, el individuo pertenece a aquella clase de personas dominadas por el ansia de actuar, que nunca se sienten satisfechas de sí mismas porque arden en deseos de alcanzar los máximos objetivos.

La mano útil

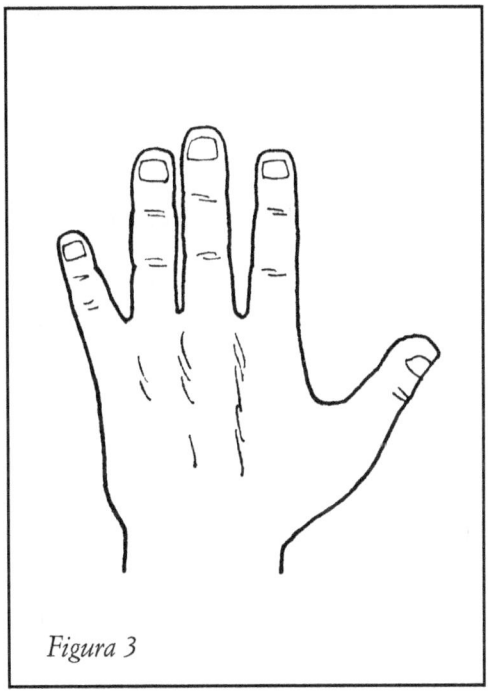

Figura 3

Su forma cuadrada (fig. 3), tanto de la palma como de los dedos, es una pista preciosa para reconocerlas. Las extremidades de las falanges parecen incluso haber sido aplastadas. Cuando se duda que una mano pertenezca a esta categoría, aun sospechándolo, puede medirse el dedo medio, cuya longitud debe corresponder a la de la palma, al mismo tiempo que es medio centímetro más corta que su anchura. A este tipo pertenecen los individuos prácticos, precisos, perseverantes, con gustos positivos, con dominio de sí mismos y razonadores. Su mayor defecto es la falta de intuición y fantasía. Generalmente son excelentes padres, buenos administradores, trabajadores íntegros y extremadamente correctos en todas sus relaciones. Sin embargo, su falta de fantasía les relega a veces a un segundo término y dificulta que la gente simpatice con ellos.

La mano artística

Tiene forma cónica, de tamaño medio. Los dedos son cónicos u ovoides, e incluso a veces ligeramente puntiagudos en la última falange. La palma se estrecha notablemente en la unión con la muñeca, pero sin perder sus proporciones. El pulgar es casi siempre grande y tiene las dos falanges de igual longitud (equilibrio entre capacidad lógica y voluntad). La mano artística corresponde a individuos impulsivos, amantes de lo bello, y a los dotados para las profesiones artísticas, en las que destaca su rica y sugestiva fantasía. El peligro en estos individuos radica en su indolencia, en su exagerada sensualidad, que puede llegar a comprometer sus cualidades naturales (fig. 4).

La mano filosófica

Es larga, más bien angulosa, con dedos que se abultan en las extremidades de las falanges y uñas largas y redondeadas (fig. 5). Su estructura se encuentra en una posición intermedia entre la mano cuadrada y la mano en forma de espátula.

Se llama *mano filosófica* porque es propia de muchas personas dotadas de equilibrio y amantes de la investigación abstracta y de la lógica.

No hay que olvidar esta particularidad: si las nudosidades se encuentran entre la primera y la segunda falange, prevalecerá el orden psíquico; cuando se encuentran entre la segunda y la tercera falange, prevalecerá el orden material.

En la mano de muchas amas de casa, por ejemplo, aparece a menudo de forma pronunciada el nudo sobre el dorso, a la altura de la unión con los dedos; a este nudo se le llama *doméstico* porque caracteriza la habilidad en atender las faenas caseras.

Los nudos demasiado pronunciados en la primera falange sugieren egoísmo y desconfianza.

La mano física

Puede decirse que este es el tipo estéticamente perfecto. La palma es más bien estrecha y ovalada; los dedos, incluido el pulgar, son largos, lisos, carecen de nudos aparentes y tienden a estrecharse. También las uñas son largas y ovaladas. A esta mano se le llama de los *seres espirituales*, porque según los quirólogos la falta de nudos favorece «el inmediato contacto con el fluido astral».

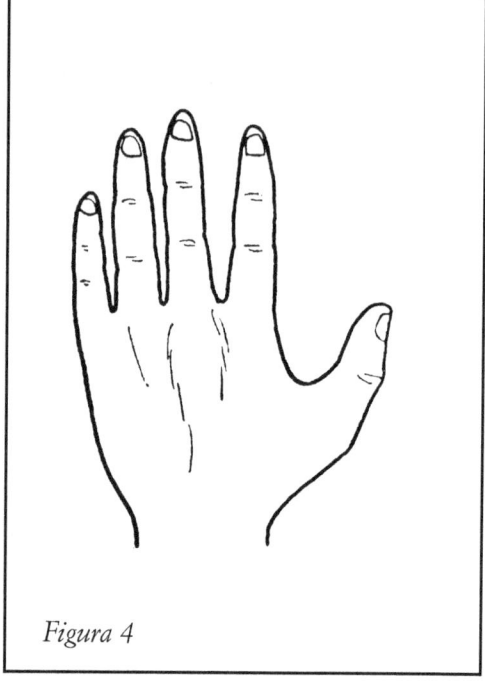

Figura 4

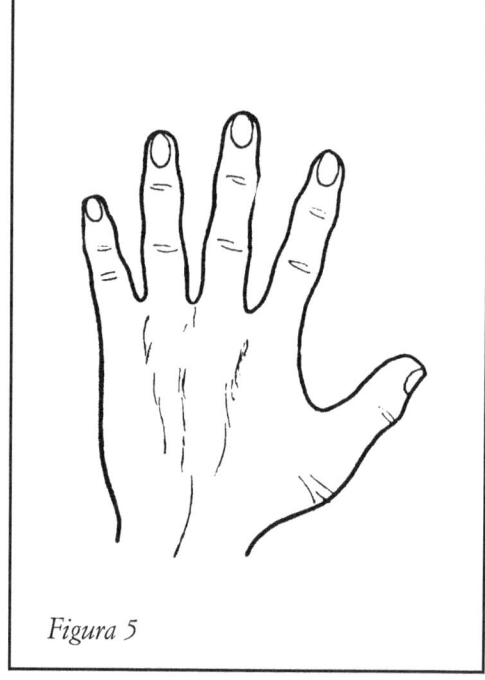

Figura 5

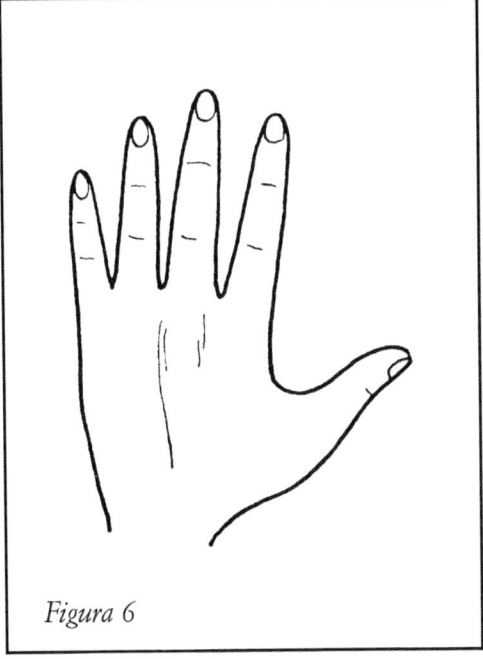

Figura 6

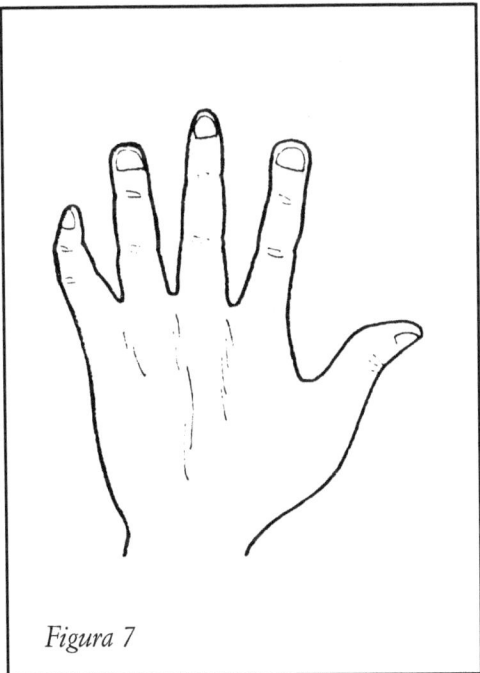

Figura 7

Muchos poetas, escritores y escultores tienen manos de este tipo (fig. 6). Pero esta misma mano puede representar a un individuo impresionable, incapaz de luchar o de someterse a un trabajo material, carente de todo concepto de disciplina y orden. Es también la mano de los idealistas y de los soñadores, aunque difícilmente es la mano de personas felices.

La mano mixta

Es un tipo de mano difícil de descubrir porque no posee más características especiales que la forma de los dedos: no acaba ninguno igual. En general, puede observarse que el índice y el anular terminan de forma cuadrada; además el índice tiene cierta tendencia a terminar en espátula. Los dedos medio y meñique suelen acabar en forma de huso. El pulgar casi siempre es bastante largo, sin que esto indique un predominio de la voluntad, ya que la primera falange termina en punta o se dirige hacia fuera (fig. 7).

El poseedor de manos mixtas conoce muchas cosas de manera superficial y también sabe utilizar muchas cosas, aunque ninguna de manera perfecta. No le falta el ingenio, pero sí otras cualidades como la constancia y la aplicación, cuya ausencia imposibilita el logro de lo que se ha propuesto. En este último tipo, una línea de la cabeza perfecta podría subsanar las diferencias indicadas.

Las uñas

Además de la forma de la mano, la observación de las uñas también puede proporcionar algunos datos útiles. Así pues, en general, uñas de forma excesivamente larga hacen suponer un mal estado de salud. Uñas largas, ovales y un tanto abultadas pertenecen con frecuencia a enfermos de pulmones o de las vías respiratorias. Las uñas largas y anchas, con una tonalidad azulada en su extremo, muestran una mala circulación de la sangre debida a disfunciones y alteraciones del sistema nervioso.

Observemos la uña de la figura 8. Sería la uña de un individuo propenso a padecer tuberculosis. La misma uña, pero más corta y redondeada, podría pertenecer a personas afectadas por enfermedades de garganta o de las vías respiratorias. Si las uñas son excesivamente cortas y pequeñas, como se advierte en la figura 9, y carecen de la luneta blanca, hay que sospechar de una predisposición hacia las enfermedades cardiacas. La parálisis, figura 10, aparecería reflejada por una uña triangular, más bien blanca y brillante, y algunas veces con la luneta apenas perceptible. Las enfermedades nerviosas o cerebrales suelen reconocerse por una uña hundida, que parece estar hincada en la misma carne. Si además es estrecha, alargada y curva en el vértice, es muchas veces indicio de enfermedades o debilidad de la espina dorsal.

Algunos quirólogos dan importancia también a los signos que se aprecian en las uñas. Si estas marcas son blancas, su interpretación es la siguiente:

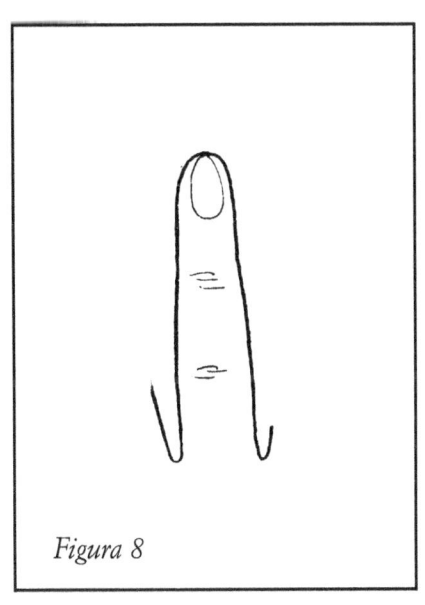

Figura 8

— si se encuentran sobre la uña del pulgar: amor hacia la familia y la felicidad;
— sobre el índice: éxito social;

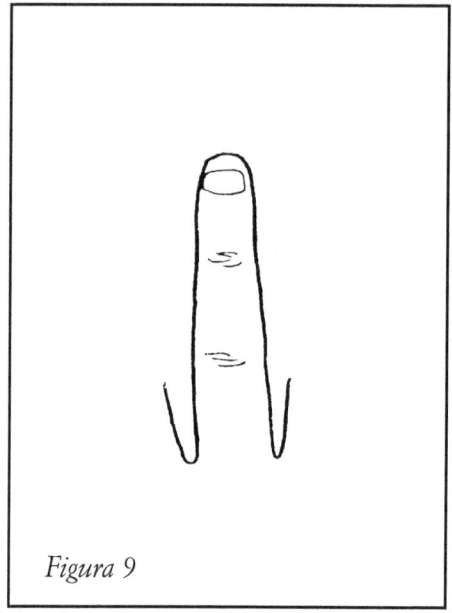

Figura 9

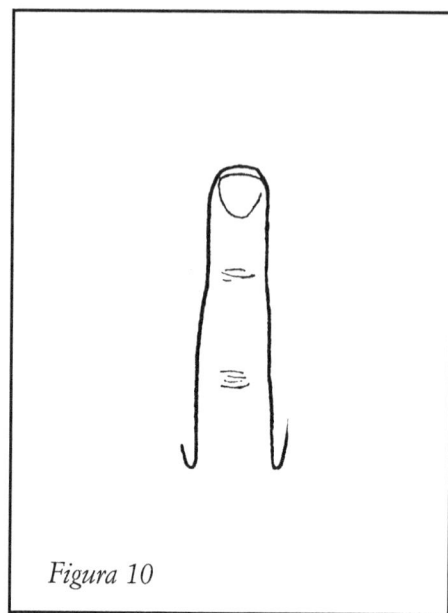

Figura 10

— sobre el medio: suerte en el juego;
— sobre el anular: éxito en el comercio, en las profesiones liberales o en las artes;
— sobre el meñique: éxito en general.

Pero si estos mismos signos son negros indicarán lo contrario.

Cuando las lunetas semicirculares blancas faltan en la base de las uñas, hay que pensar en una defectuosa circulación sanguínea y en una tendencia a las enfermedades cardiacas. Si las lunetas sólo faltan en algunas uñas significa que la persona tiene una cierta debilidad constitucional. Cuando la luneta no aparece ni tan siquiera en el pulgar, será un aviso de que la salud está seriamente amenazada.

La uña hipertrófica es siempre índice de escasa vitalidad. La uña de aspecto córneo, típica de los ancianos, indica una dispersión de las fuerzas y una disminución de la vitalidad.

EL VELLO DE LA MANO

El mayor o menor grado de vellosidad de la mano es un aspecto también a tener en cuenta en un análisis quirognómico:

- Si el pelo está esparcido sobre el dorso en pequeños mechones, es índice de un cierto desorden físico y moral.

- La falta total de vello en el hombre puede tener un significado de debilidad física o de extrema delicadeza de ánimo casi femenina.

- Un vello abundante denota siempre fuerza física y brutalidad.

- El exceso de vello en las mujeres puede indicar, además de un desequilibrio de tipo hormonal, ciertas tendencias excesivas al mando y, en general, virilismo.

Las uñas aplanadas anuncian enfermedades intestinales; las frágiles, blandas, estrechas y alargadas, denotan una debilidad general, mientras que la uña dura, sonrosada y bien moldeada es sin duda alguna índice de buena salud.

La presencia de estrías verticales sugiere un envejecimiento precoz o un agotamiento por exceso de trabajo.

Tamaño y forma de los dedos

Los dedos hay que considerarlos siempre en relación con la mano a la que pertenecen. Entre los aspectos a tener en cuenta por el quirólogo, destacan el tamaño y la forma.

Unos dedos largos señalan una actitud cuidadosa de los detalles y llena de buen sentido, paciencia, reflexión y orden. Por esta razón los dedos largos son llamados también *analíticos* (fig. 11). Si son muy largos, indican una mentalidad y cuidado exagerados por el detalle, además de vanidad.

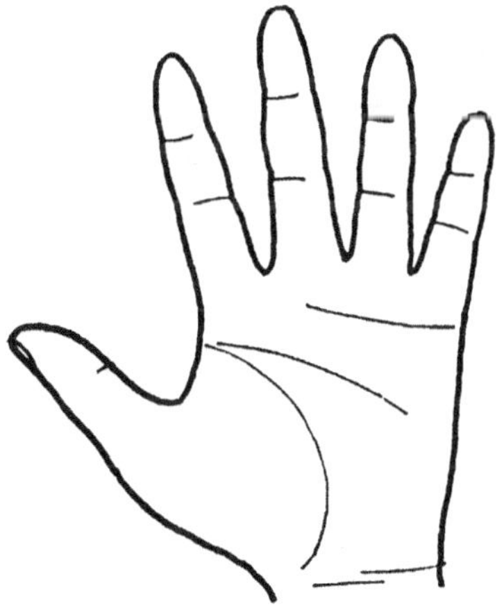

Los dedos cortos reflejan la capacidad de captar la síntesis de las cosas y además una buena disposición para la administración. También expresan espontaneidad, pensamiento ágil, dinamismo. Son, por lo tanto, los dedos opuestos a los analíticos (fig. 12).

Los dedos de longitud media denotan capacidad conjunta para el análisis y la síntesis; indican equilibrio entre la inteligencia y el instinto. Hay que tener en cuenta que se consideran dedos de longitud media aquellos en los que el dedo medio tiene la misma longitud que la palma (fig. 13).

Figura 11

Los dedos abultados son señal de materialismo, pero también de éxito práctico. Muchas veces presuponen un carácter flemático e indiferente a todo. En un artista significan gusto excesivo por la forma, y en un escultor amor por la materia con la que trabajan (fig. 14).

Los dedos finos sugieren la presencia de un individuo consagrado a los ideales; pero en una mano carente de armonía indican simplemente falta de sinceridad, disimulo y astucia (fig. 15).

Dedos gordos indican materialismo, poca delicadeza interior, amor por las comodidades y atracción por los placeres sexuales y la buena mesa (fig. 16).

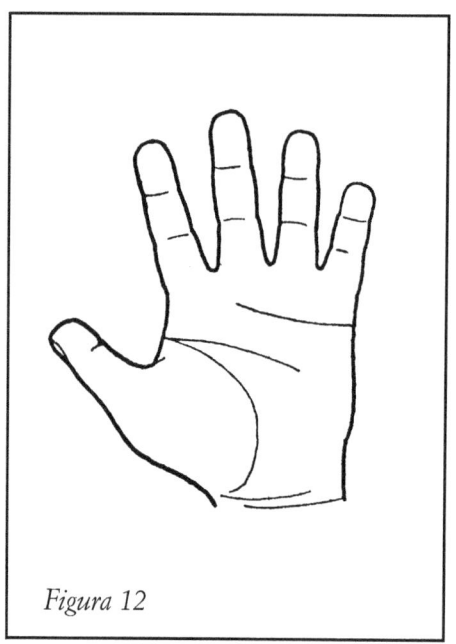

Figura 12

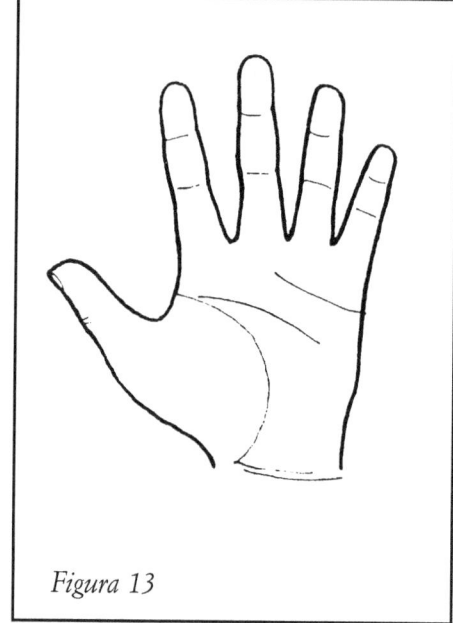

Figura 13

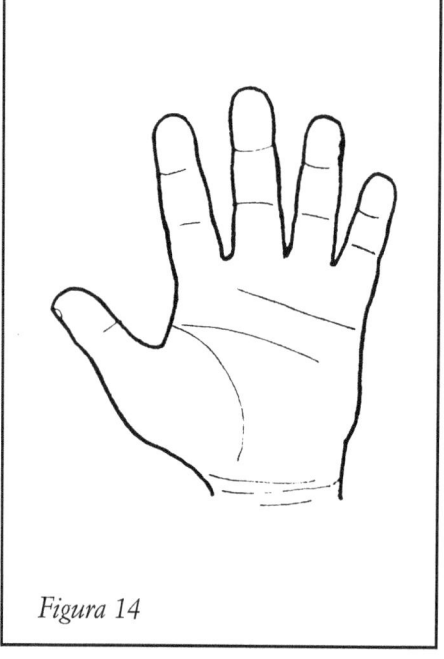

Figura 14

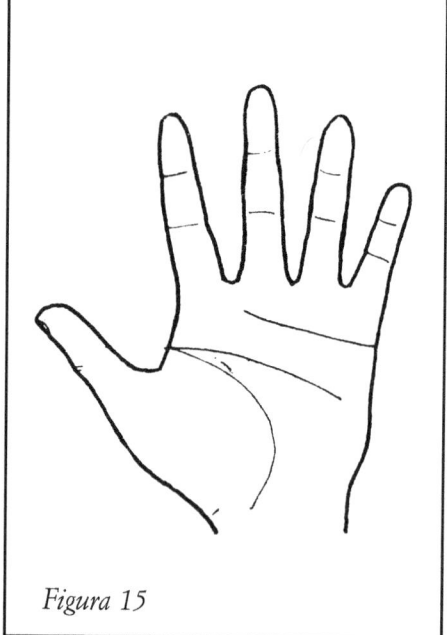

Figura 15

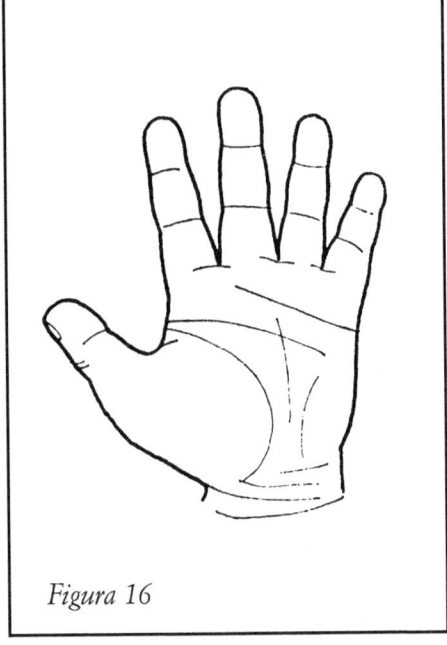

Figura 16

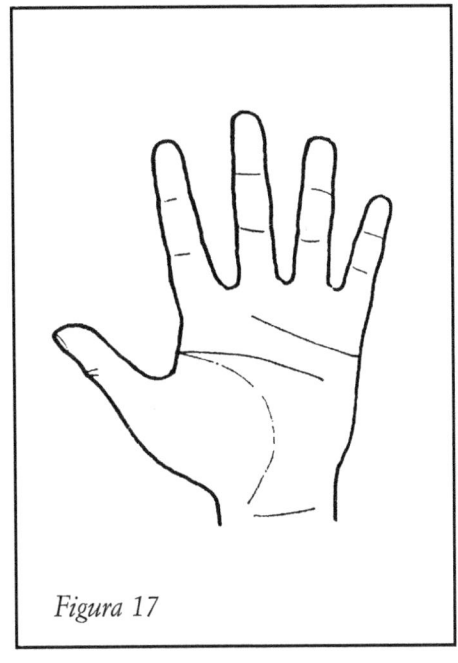

Figura 17

Los dedos delgados, por el contrario, muestran poco o ningún interés por los placeres materiales. Son típicos de los individuos cerebrales, de los que luchan para alcanzar el triunfo por sí mismos y se imponen metas cada vez más difíciles (fig. 17).

Acabamos de exponer los aspectos a tener en cuenta respecto al tamaño de los dedos, pero hay otro factor determinante a tener en cuenta en su análisis: la forma. Examinemos, pues, el significado de las diferentes formas que pueden presentar los dedos.

Unos dedos lisos indican espontaneidad, impresionabilidad y riqueza intuitiva. Son los dedos de muchos artistas (fig. 18).

Si son nudosos manifiestan reflexión, cálculo, comprensión lenta pero tenaz. Son, en general, los dedos de los matemáticos (fig. 19). Es importante saber que los dedos nudosos nunca se pueden volver lisos mientras que los lisos se pueden volver nudosos.

Si los dedos acaban en punta son señal de riqueza de ideales y sensibilidad poética, pero a menudo también denotan falta de espontaneidad, carácter complicado y afectación. Son los dedos de los artistas, de los poetas y de los soñadores. Pero si la mano es blanda varía el significado de los dedos puntiagudos: indican entonces un temperamento perezoso o voluptuoso así como descubren también a un individuo men-

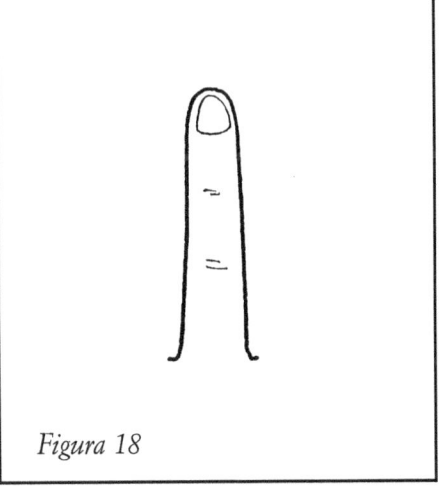

Figura 18

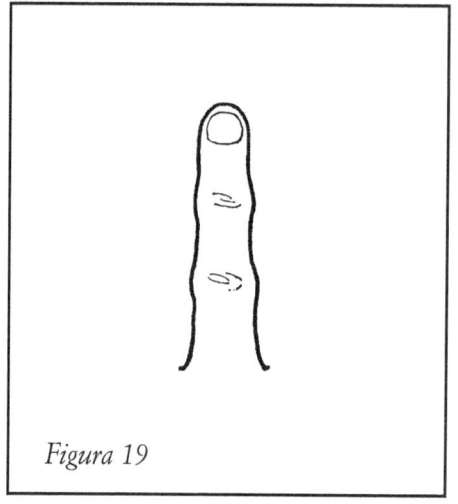

Figura 19

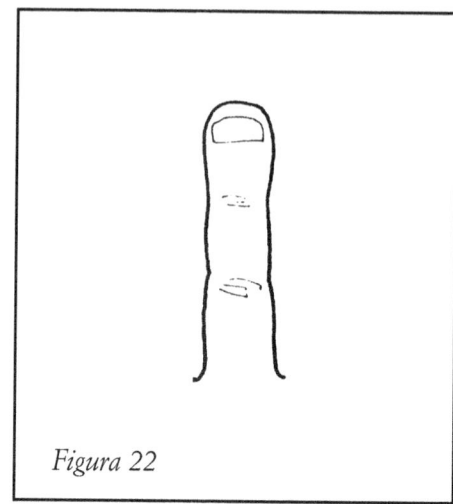

Figura 22

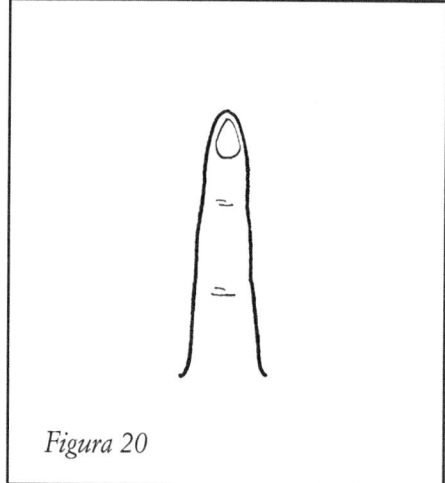

Figura 20

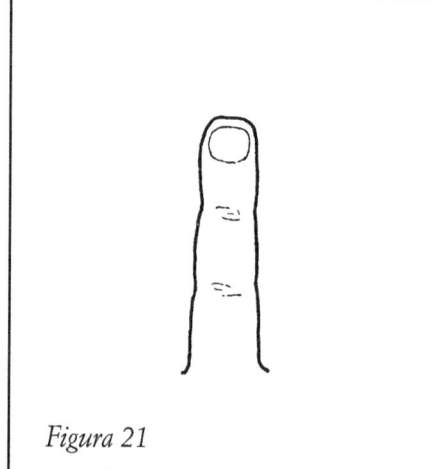

Figura 21

tiroso, simulador o sensible, inteligente, nervioso. Este tipo de dedos indica casi siempre falta de orden (fig. 20).

Los dedos cuadrados pertenecen a los amantes de la verdad, de la claridad interior, de la justicia y del orden. Son los dedos de los individuos realistas, de los críticos, de los jueces (fig. 21).

El amor por el movimiento, el deporte, los viajes y la aventura viene representado por los dedos espatulados (fig. 22). Son los dedos de los hombres positivistas.

Los dedos cónicos, es decir, los de forma intermedia entre los puntiagudos y los cuadrados, indican cualidades intermedias. En el mejor de los casos, estos dedos reflejan un equilibrio entre las cualidades de los dos tipos (fig. 23).

Algunas veces la forma de los dedos puede revelar algunos excesos:

Dedos demasiado puntiagudos indican la necesidad de independencia, las exageraciones, las mentiras, el fanatismo religioso, la afectación en los gestos y en las palabras.

Dedos exageradamente cuadrados muestran un fanatismo por el orden y por el método.

Dedos demasiado espatulados indican horror por las injusticias y una manifiesta tendencia a la rebelión y al ateísmo.

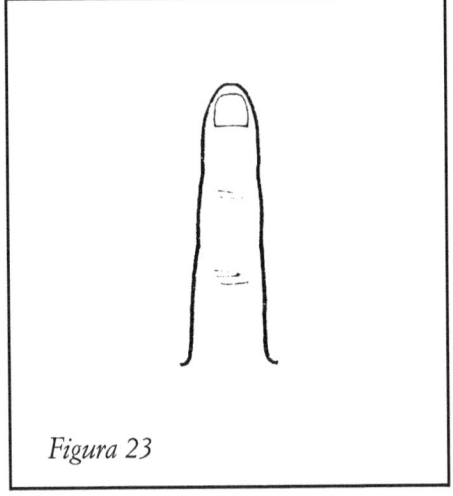

Figura 23

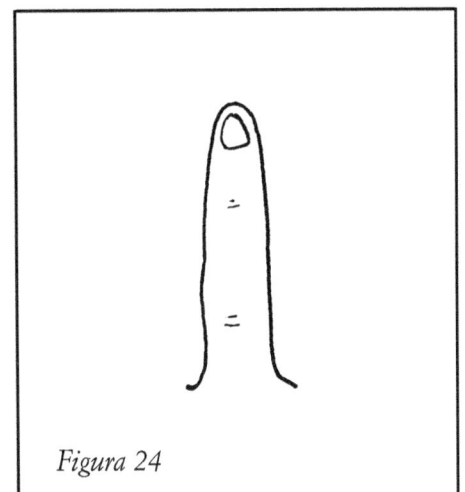

Figura 24

También otros aspectos interesantes de la personalidad pueden ser descubiertos por la forma de los dedos.

Dedos rectos indican la necesidad de independencia, de franqueza, al mismo tiempo un temperamento que para alcanzar su meta no repara en obstáculos (fig. 24).

Dedos que no son rectos: habilidad y disimulo (fig. 25).

Dedos con forma de garfio dan una idea poco simpática de ostentación y de testarudez (fig. 26).

Dedos rígidos indican un carácter introvertido.

Dedos flexibles que fácilmente se doblan hacia atrás indican diplomacia, tacto, habilidad en persuadir y también talento en lo manual (fig. 27).

Dedos curvados hacia fuera manifiestan que las ideas afloran de manera tumultuosa y exagerada (fig. 28).

Dedos puntiagudos y nudosos denotan un temperamento impulsado hacia las artes y las ciencias exactas; pero si la mano no es armoniosa el significado se vuelve negativo y expresa más bien una tendencia a la falta de exactitud en el razonamiento (fig 29).

Dedos puntiagudos y con uñas curvas: fuerte predisposición a la tuberculosis (fig. 30).

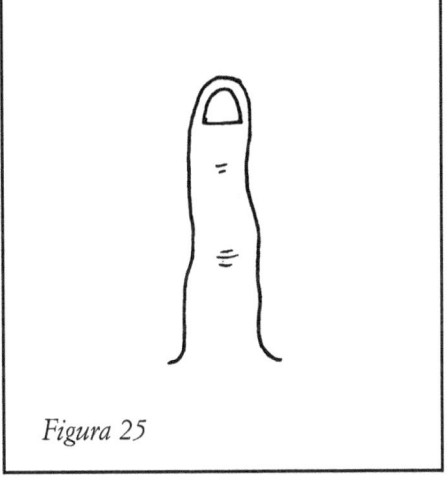

Figura 25

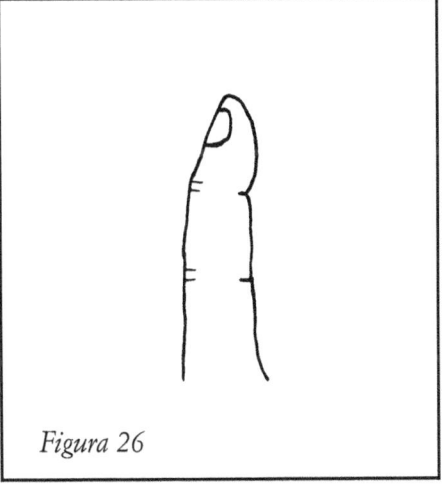

Figura 26

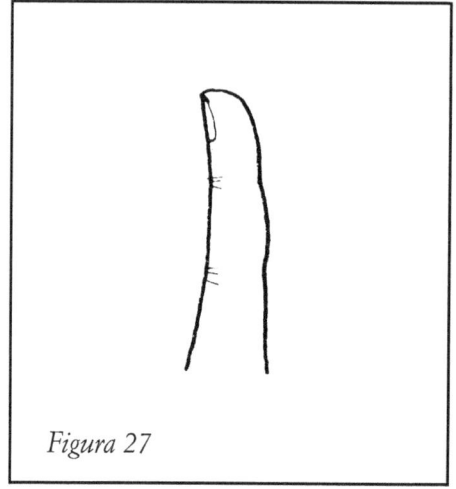

Figura 27

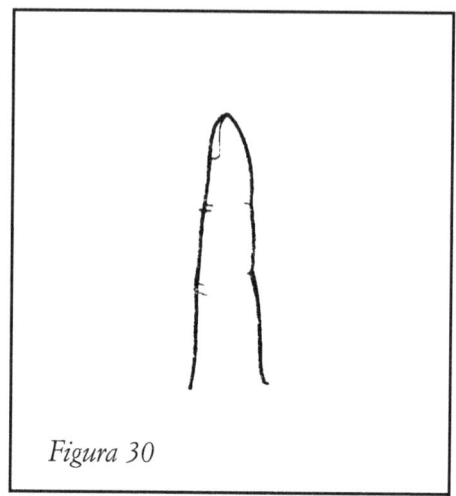

Figura 30

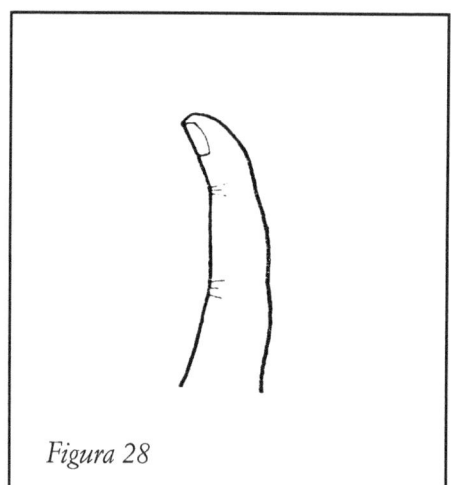

Figura 28

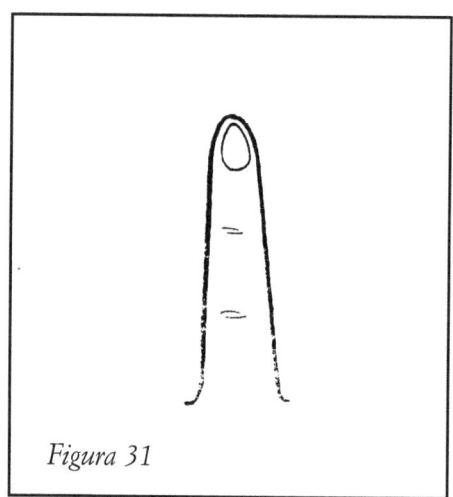

Figura 31

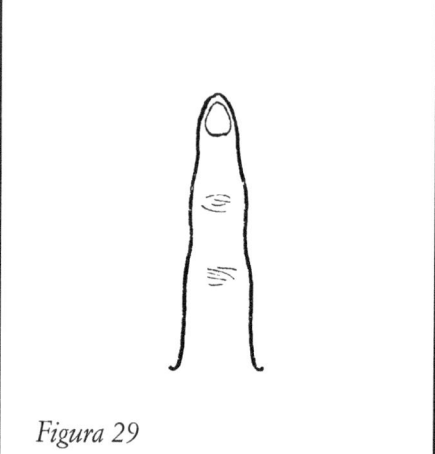

Figura 29

Dedos puntiagudos y con uñas almendradas: infidelidad, inconstancia (fig. 31).

Dedos puntiagudos, lisos y con las terceras falanges abultadas: extremada sensualidad (fig. 32).

Dedos con las primeras falanges nudosas, es decir, con los nudos filosóficos: espíritu de investigación, disposición para las ciencias y las matemáticas (fig. 33).

Si los nudos son exagerados están hinchados en el dorso y sobre todo si el monte de la Luna está muy desarrollado: acentuada aptitud para los inventos.

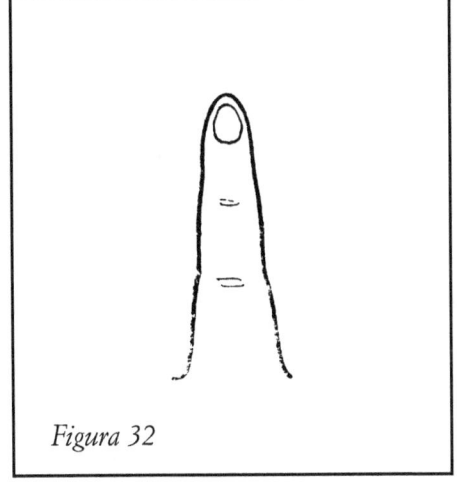

Figura 32

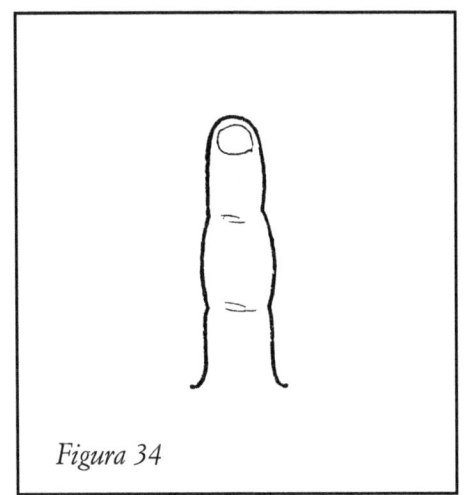

Figura 34

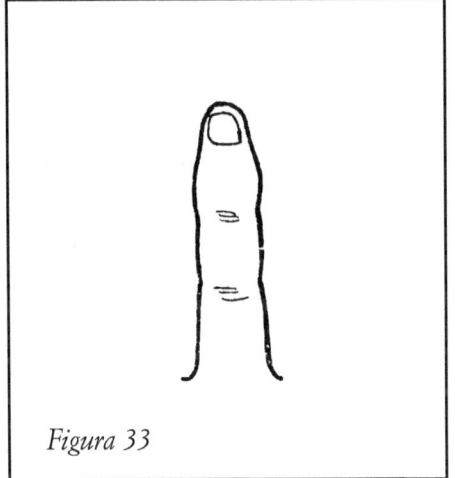

Figura 33

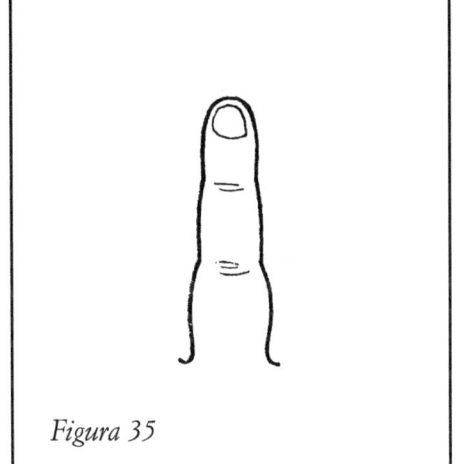

Figura 35

Si los nudos son exagerados: afición a la paradoja.

Dedos con nudos filosóficos y con el dedo meñique grande, más desarrollado de lo normal, indican con frecuencia envidia o presunción.

Dedos con la segunda falange nudosa: orden, reflexión, amor por el análisis (fig. 34).

Dedos con nudos en la tercera falange: aptitud para las labores domésticas (fig. 35).

Dedos con la tercera falange más delgada indican que el individuo no tiene necesidad de las comodidades materiales (fig. 36).

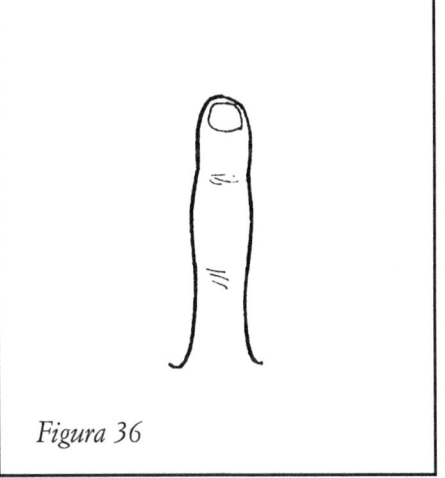

Figura 36

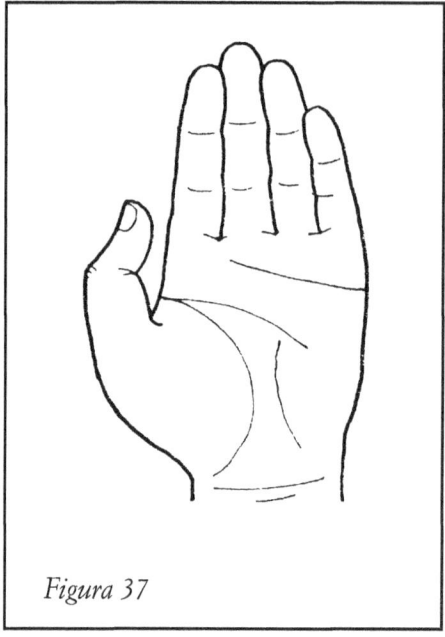

Figura 37

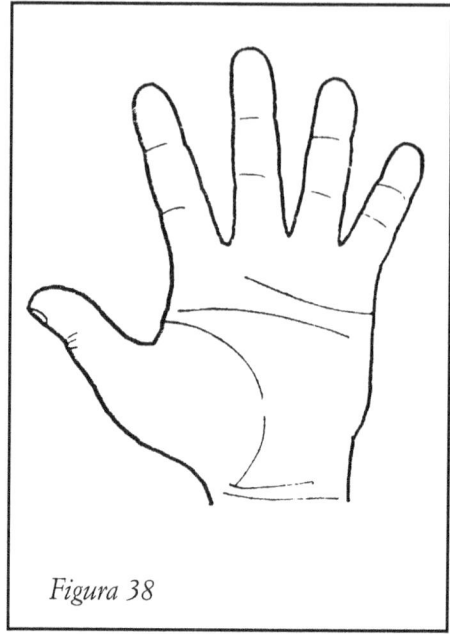

Figura 38

Dedos con la yema desarrollada de forma exagerada pueden indicar una tendencia al desequilibrio mental.

Si las yemas están casi aplastadas o si incluso faltan: escasa inteligencia, falta de iniciativa, incapacidad de tener ideas propias.

Cuando los dedos tienden a inclinarse en dirección al dedo medio (dedo de Saturno) hay que pensar en una necesidad de perfección del individuo.

Dedos inclinados hacia el anular (dedo de Apolo): amor por el arte y la investigación.

Inclinado hacia el pulgar (dedo de Venus): grupo astral en el que prevalecen los signos de Mercurio.

Dedos muy unidos entre sí dejan entrever una cierta tendencia a la avaricia (fig. 37).

Si están unidos entre sí sólo en la base: sentido de la discreción y de la economía.

Dedos unidos en las extremidades y separados en la base por ser delgados, enjutos: miedo a la miseria.

Cuando los dedos tienen tendencia a separarse: prodigalidad, amplitud de miras (fig. 38).

El pulgar o dedo de Venus

El pulgar es el símbolo de las fuerzas que regulan el destino humano «superior», por este motivo es un elemento de gran importancia dentro del análisis quiromántico y debe ser tenido particularmente en cuenta.

Así pues, el dedo de Venus indica el grado de voluntad, de lógica, de raciocinio, de vitalidad, de fuerza creadora de un individuo y constituye la base del estudio de un carácter.

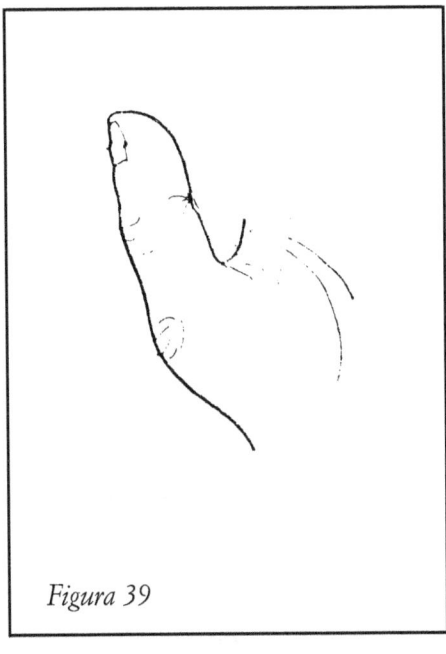

Figura 39

La primera falange (la de la uña) refleja el grado de voluntad y la fuerza de las cosas; la segunda indica la lógica; la última representa la materia, la fuerza física, el amor (fig. 39).

El caso más positivo es aquel en el que las dos falanges son de igual longitud y proporción. Es difícil, por no decir casi imposible, encontrar un pulgar con estas características, no obstante, cuanto más cerca esté del ideal tanto más positivo será el significado.

Empecemos el estudio partiendo de sus dimensiones generales.

Un pulgar largo, cuya longitud supere la unión de la palma con el índice, indica energía, voluntad, capacidad de perseverar (fig. 40). Si además de ser largo tiene las dos falanges iguales muestra equilibrio entre la voluntad y el sentido lógico. Si es demasiado largo denota excesiva energía y una voluntad terca que puede ser contraproducente.

Pulgar corto: falta de voluntad, energía débil, poca o ninguna perseverancia (fig. 41).

Pulgar excesivamente corto: falta total de energía, de resistencia, incapacidad de tomar una decisión; puede significar también entusiasmo escaso y abatimiento.

Un pulgar macizo, aun siendo corto, refleja vigor, pero también apego a las opiniones propias (fig. 42).

Si es delgado señala debilidad moral y a menudo incluso física, especialmente si es puntiagudo y un poco corto (fig. 43).

Largo y con la primera falange muy larga: exceso de voluntad, orgullo desmesurado, tiranía. El significado será más favorable si la primera falange es mode-

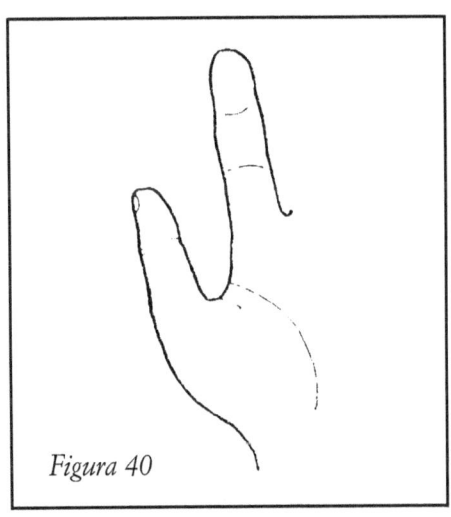

Figura 40

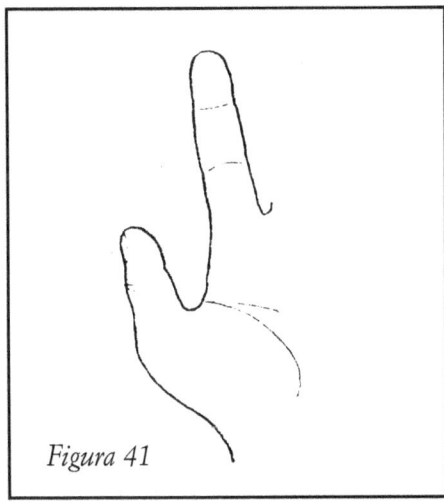

Figura 41

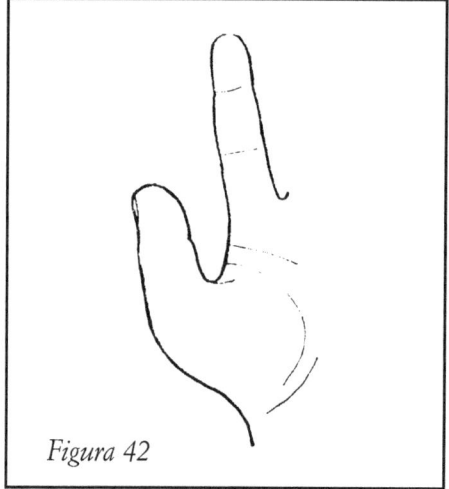

Figura 42

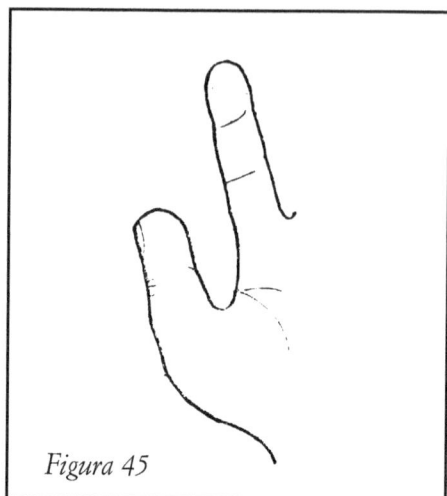

Figura 45

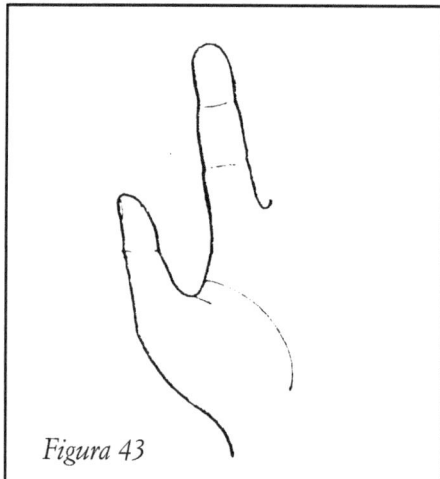

Figura 43

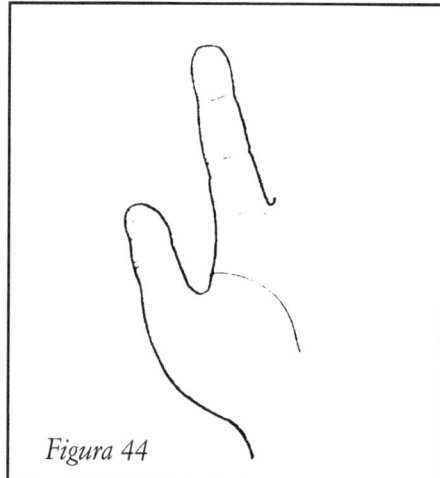

Figura 44

radamente larga: en este caso hay un indicio de testarudez.

Un pulgar normal indica un equilibrio entre la voluntad, la lógica y la fuerza de carácter (fig. 44); normal pero con la primera falange corta: falta de firmeza y de iniciativa.

Pulgar ancho: perseverancia y también testarudez (fig. 45).

Pulgar largo y ancho: obstinación, rencor, violencia, orgullo desenfrenado.

Pulgar nudoso: carácter, personalidad original (fig. 46).

Pulgar liso: nobleza, aunque acompañada de una cierta molicie (fig. 47).

Pulgar rígido, o sea, sin flexión: aspereza de carácter, en algunos casos también brutalidad.

Pulgar flexible: fácil adaptación a las diferentes sorpresas de la vida (fig. 48).

Pulgar recto: sentido práctico y franqueza.

Pulgar que se dobla fácil y naturalmente hacia atrás: generosidad, temperamento pródigo (fig. 49).

Si el pulgar se dobla mucho hacia atrás puede tener un significado de debilidad moral frente a los deseos propios.

Pulgar muy grueso o hinchado en su unión con la palma y que a la altura de la primera falange se estrecha: se-

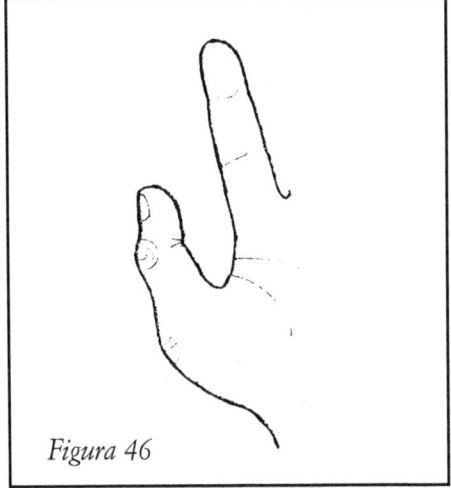
Figura 46

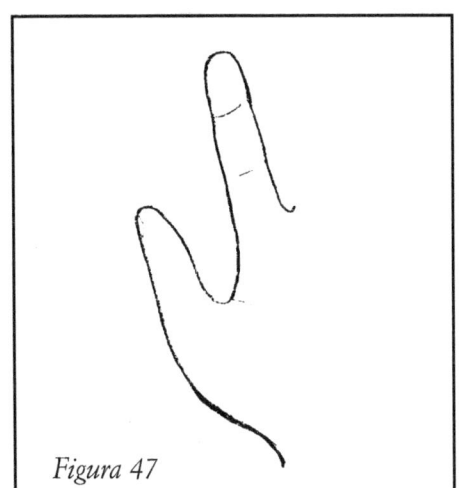
Figura 47

xualidad desenfrenada y en la mujer histerismo (fig. 50).

El pulgar vuelto hacia dentro en su postura natural indica firmeza, aunque también puede indicar avaricia (fig. 51).

Si está muy suelto con respecto a los otros dedos: voluntad independiente, desprecio por toda clase de prejuicios.

Si, al contrario, parece atado a los demás dedos: falta de generosidad y debilidad vital.

Cuando el pulgar se dobla hacia el índice y tiene la primera falange en forma de garfio: egoísmo, avaricia, falsedad.

Cuando el pulgar tiene una cierta tendencia a encerrarse en la mano y es muy corto: falta de recursos, tendencia a doblegarse ante los demás, a dejarse mandar y guiar.

Si la base de la segunda falange forma claramente un ángulo es señal de sentido del ritmo (fig. 52).

Si el ángulo aparece en la base de la última parte del pulgar, sentido de la melodía.

Estos dos últimos tipos de dedo pulgar son característicos de la mano de los músicos y algunas veces de los poetas.

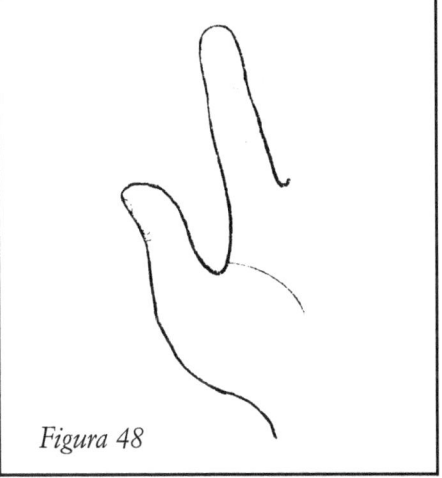
Figura 48

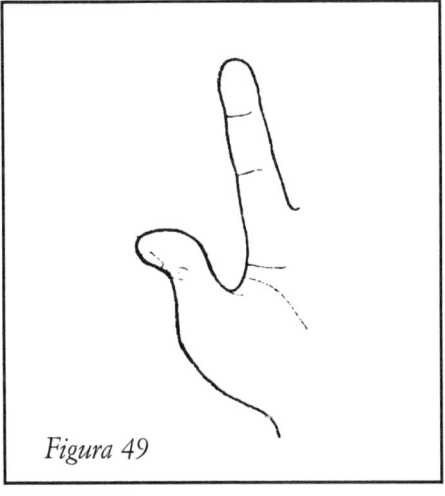
Figura 49

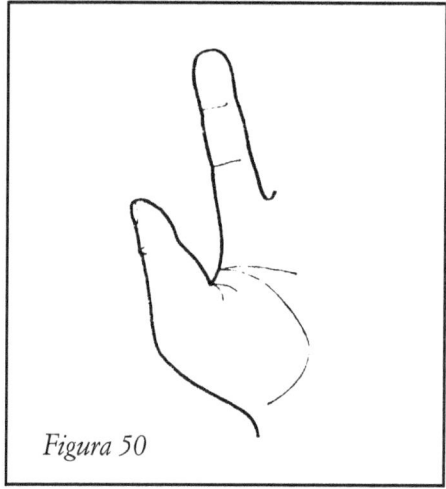

Figura 50

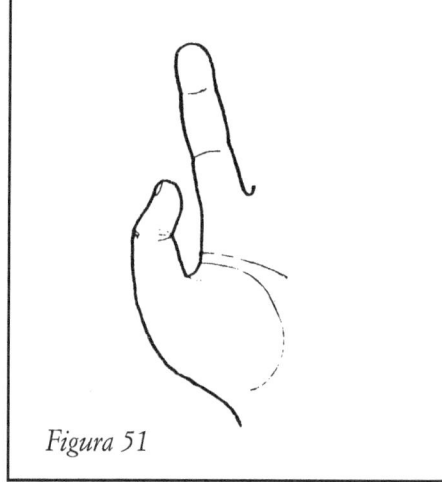

Figura 51

Primera falange del pulgar

Esta falange señala principalmente la voluntad, la energía y el poder. Veamos de qué manera se puede presentar y sus diferentes significados.

Falange normal: voluntad, energía, dotes para el mando pero en una justa medida; a veces puede indicar resistencia pasiva o escasa tendencia al mando (el significado depende de la mayor o menor presencia de otros signos en la palma) (fig. 53).

Falange larga: buena capacidad para el mando y una voluntad notable (fig. 54).

Excesivamente larga: despotismo, orgullo, testarudez, un deseo desmesurado de sobresalir, de guiar a los demás, de ser un jefe.

Corta: indecisión, incertidumbre, espíritu impaciente; o bien alternancia continua entre vivacidad y tristeza; necesidad de saberse dominado (fig. 55).

Muy corta: incertidumbre extrema y total falta de voluntad, desaliento, cólera pasajera, alegría imprevisible y desenfrenada.

Si la primera falange tiene forma de maza: falta de dominio sobre sí mismo, violencia e ira que pueden de-

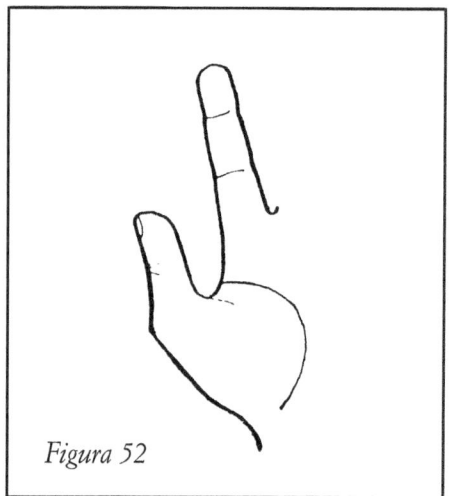

Figura 52

Figura 53

sencadenarse en cualquier momento (fig. 56). Este pulgar es propio de muchos criminales y asesinos.

Cortada: impaciencia, cólera, excitabilidad; puede indicar también un espíritu original (fig. 57).

Primera falange puntiaguda: sensibilidad y dotes de inspiración (fig. 58).

Corta y con forma de maza: invencible testarudez, escasa sociabilidad, tremenda melancolía que puede llevar tanto al suicidio como a la brutalidad contra los otros. Es una forma de falange propia también de los asesinos.

Corta, maciza y muy ancha: enorme testarudez.

Muy corta pero con grosor normal: pasividad y desaliento.

Cuadrada: voluntad práctica, orden, tendencia a la mecánica (fig. 59).

Segunda falange del pulgar

La segunda falange tiene como significados principales la lógica y el pensamiento, mientras que la primera tenía la voluntad y la fuerza.

Si se presenta larga y delgada indicará lógica y claro entendimiento.

Si es muy larga: juicio recto pero también tendencia al sofisma.

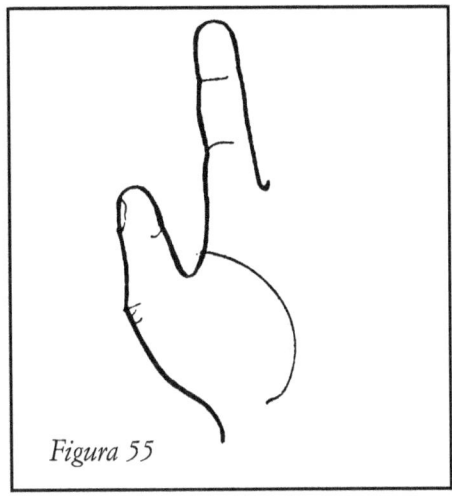

Figura 55

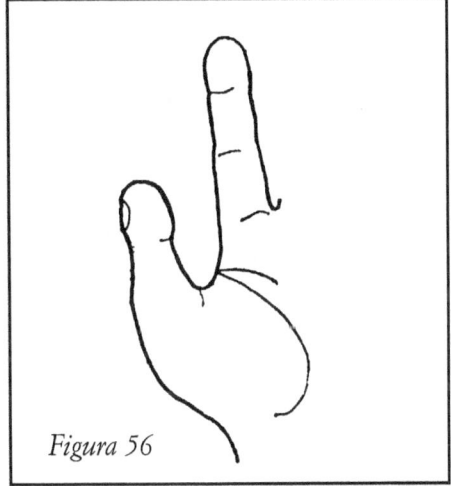

Figura 56

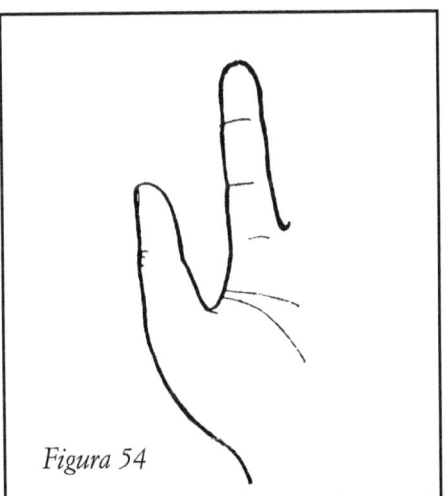

Figura 54

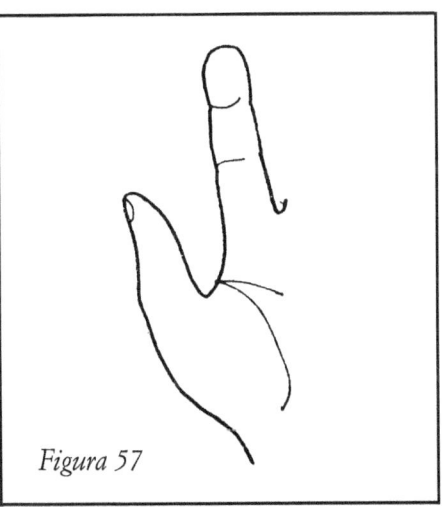

Figura 57

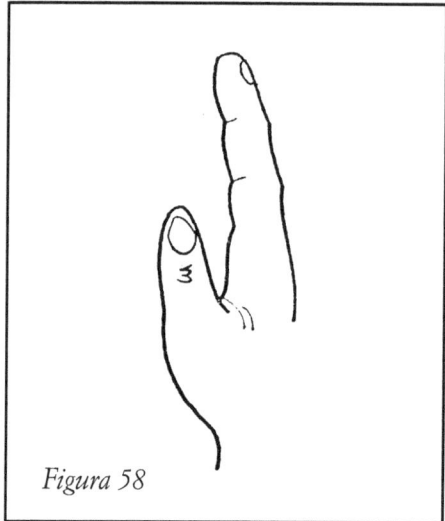
Figura 58

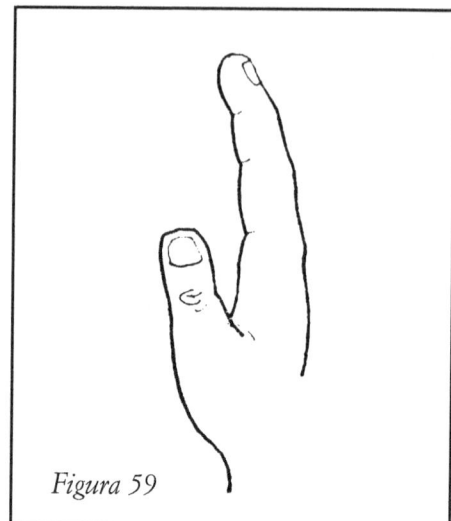
Figura 59

Más larga que la primera falange: sobre la voluntad prevalece la lógica y de esto nace una indecisión en la vida práctica.

Corta y delgada: el individuo carece de lógica.

Corta y delgada, frente a una primera falange excesivamente larga: la voluntad domina demasiado sobre la lógica haciendo imposible la reflexión. Es un signo que puede llevar incluso a actos impensados.

Corta y delgada, mientras que la primera falange es larga: falta de lógica y espíritu de tirano.

Signos sobre las falanges del pulgar

Si los signos se encuentran sobre la primera falange:

— una cruz indica obstáculo a la voluntad;
— una estrella situada más bien hacia la parte interna de la mano denota un temperamento galante, a veces en exceso;
— una estrella situada hacia la parte externa indica vicio y lujuria;
— unos rayos ascendentes indican energía y personalidad;
— unos rayos transversales significan obstáculos a la voluntad y a la realización de los propios deseos (fig. 60).

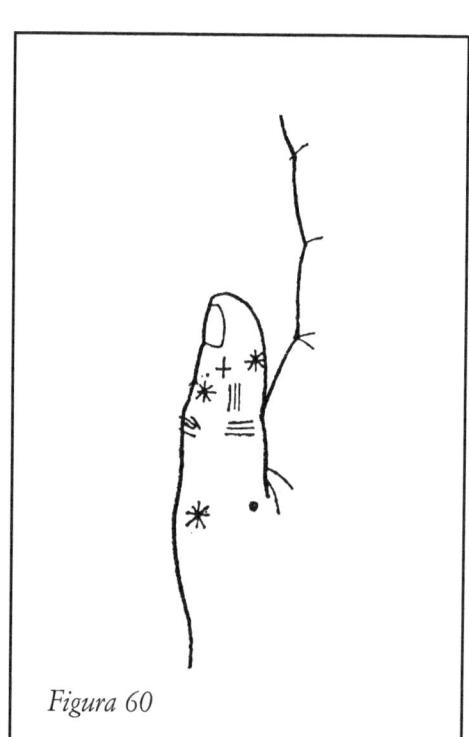
Figura 60

Si los signos se encuentran sobre la segunda falange:

— una estrella situada en la base, encima de la unión con la última parte del dedo, indica un amor infeliz, desgracias provocadas por mujeres, fracaso matrimonial; según ha afirmado el célebre Desbarolles, el único tipo astral que puede modificar esta estrella es el de Júpiter;
— un punto negro en la base indica unión o matrimonio infeliz (fig. 60).

El índice o dedo de Júpiter

El orden, la disponibilidad para mandar, para dirigir, la ambición, el sentido religioso y la sensualidad están representados en el índice. Pertenecen a este dedo los atributos que se refieren a la posición social (fig. 61). Estudiemos los diferentes aspectos y los distintos significados.

Si el índice está bien formado y es recto denota espíritu de decisión, de mando, temperamento de jefe (fig. 62).

Largo: orgullo, ambición (fig. 63). Pero si es demasiado largo: despotismo, desprecio hacia los más débiles.

Corto: ambición débil o incluso nula (fig. 64).

Puntiagudo: ambición desordenada, incapaz de organizar de manera útil

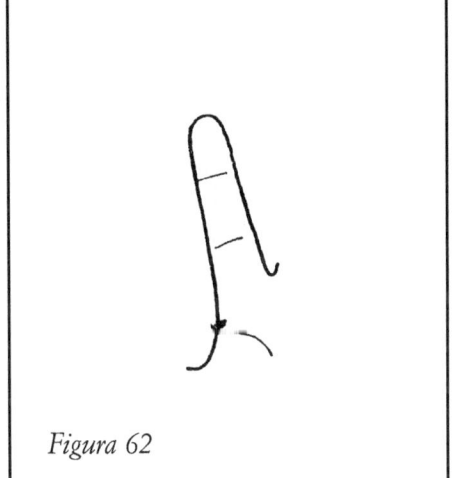

Figura 62

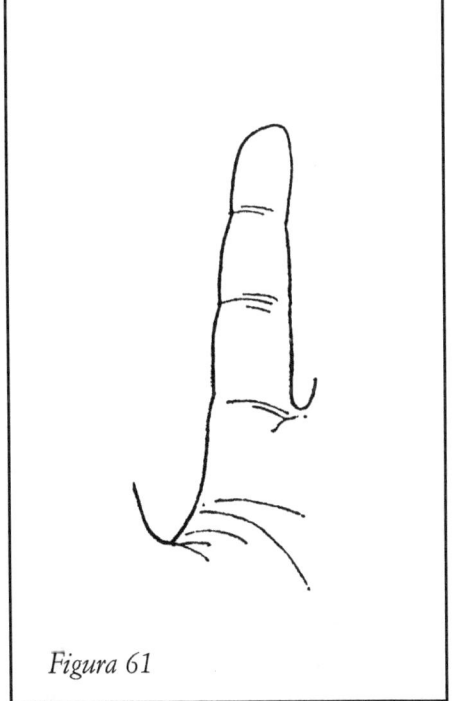

Figura 61

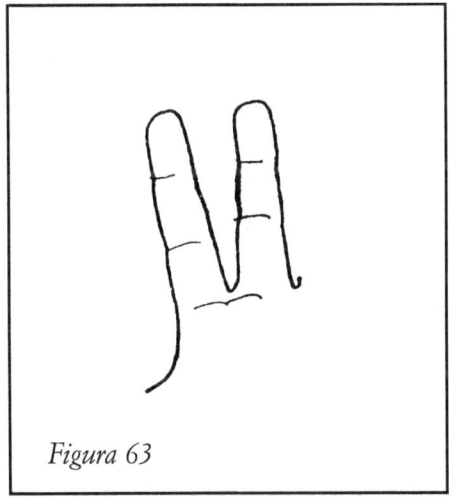

Figura 63

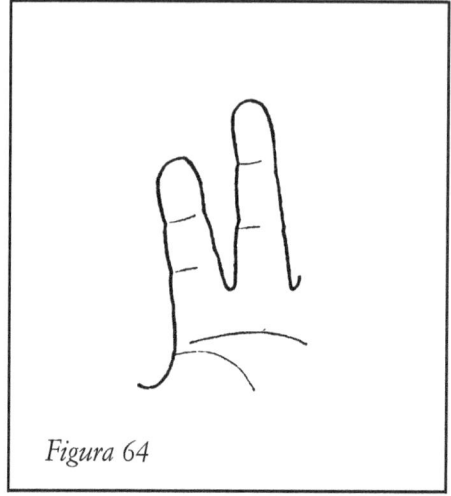

Figura 64

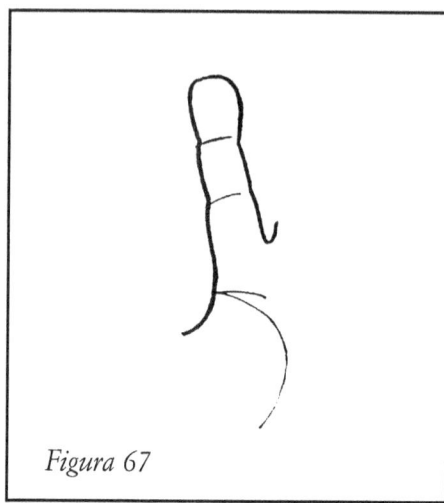

Figura 67

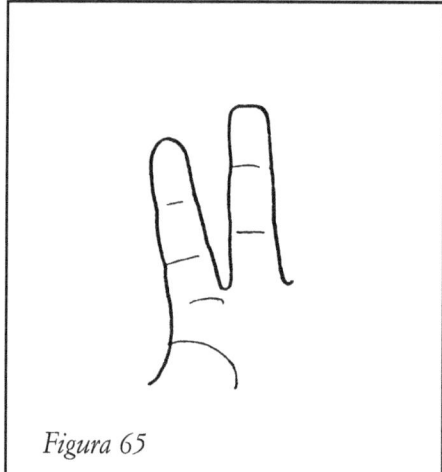

Figura 65

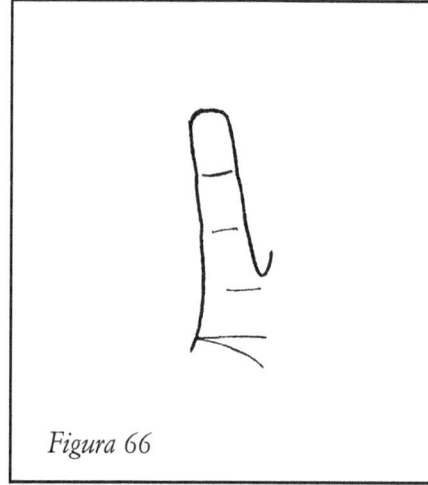

Figura 66

los propios deseos; pero también curiosidad intelectual, sentido estético, misticismo.

Si los restantes dedos son cuadrados: espíritu elevado (fig. 65).

Índice cuadrado: apego y gusto por las conveniencias sociales (fig. 66).

Espatulado: exceso de misticismo, alguna vez fanatismo (fig. 67).

Cónico: decisión, independencia, religiosidad, pero todo en la justa medida.

Nudoso: ambición ligada al cálculo, mucha prudencia (fig. 68).

Liso: espontaneidad exagerada, falta de reflexión (fig. 69).

Delgado: falta de deseos respecto al bienestar material.

Macizo: lo contrario al anterior, amor hacia los placeres materiales.

Flexible: ambición que para manifestarse recurre a la diplomacia.

Índice muy separado de los dedos restantes: suerte.

Largo y recto: orgullo unido a nobleza de ánimo.

Largo y rígido: orgullo egoísta, falta de bondad y de comprensión.

Corto, grueso y duro: ambición ciega que puede llegar a la violencia.

Corto, duro, macizo y espatulado: ambición ciega, violencia desenfrenada.

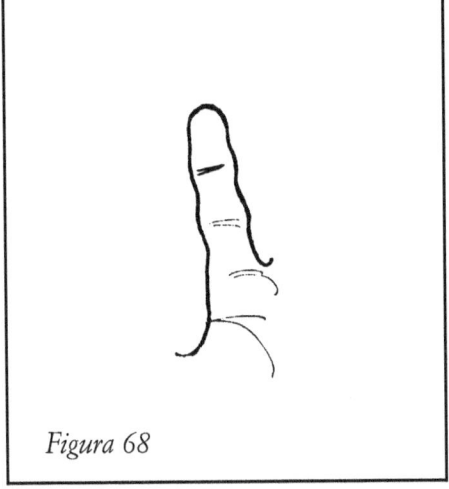

Figura 68

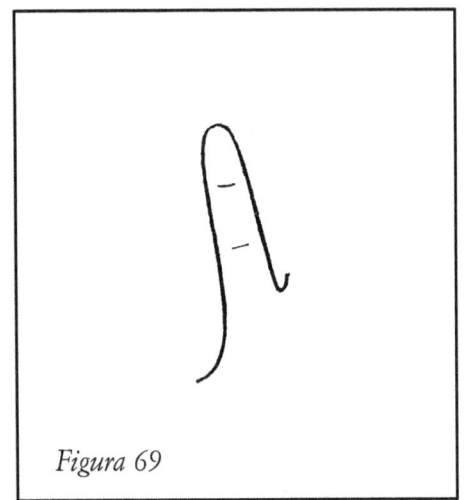

Figura 69

Recto y nudoso: despotismo.

Más largo que el anular: preponderancia del materialismo sobre el sentimiento, del dinero sobre la gloria; pero también fuerte ambición y, sobre todo si el dedo es puntiagudo, orgullo vivaz (fig. 70).

Primera falange del índice

Esta falange tiene como principales significados el misticismo y la religión, pero indica también la intuición y el espíritu filosófico.

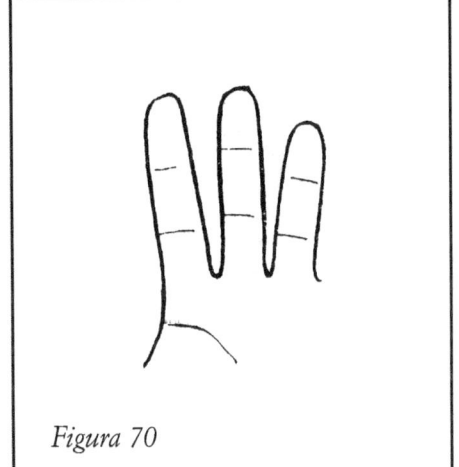

Figura 70

Falange larga: dominio, capacidad de imponerse y de mandar, espíritu místico o filosófico (fig. 71).

Corta: escepticismo, religiosidad escasa (fig. 72).

Carnosa: misticismo sensual, falso espíritu religioso.

Delgada: espíritu austero y sensible.

Corta, ancha y maciza, especialmente si la uña está curvada: predisposición a la tisis (fig. 73).

Segunda falange del índice

La segunda falange del índice o dedo de Júpiter es la indicadora de la ambición personal.

Si es larga, el significado es de gran ambición ligada a una actividad vivaz (fig. 74).

Corta: falta de energía. Este aspecto puede menguar la impresión de energía dada por un buen pulgar (fig. 75).

Carnosa: materialismo.

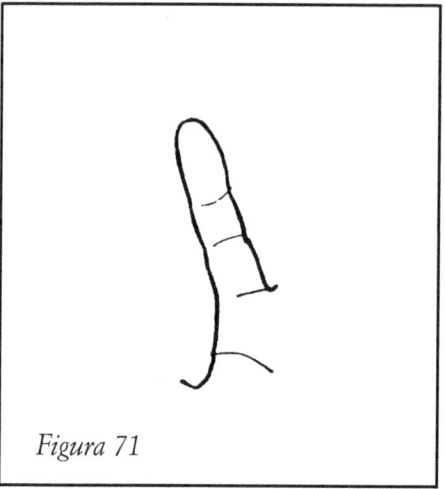

Figura 71

Delgada: ambición orgullosa y desprecio por la gloria.

Tercera falange del índice

La tercera falange manifiesta el grado de sensualidad del individuo.

Larga y fuerte: ambición orientada a honores y realizaciones sexuales (fig. 76).

Muy larga, fuerte y desarrollada: orgullo y deseo de mando.

Corta: falta de orgullo, desinterés por la vida.

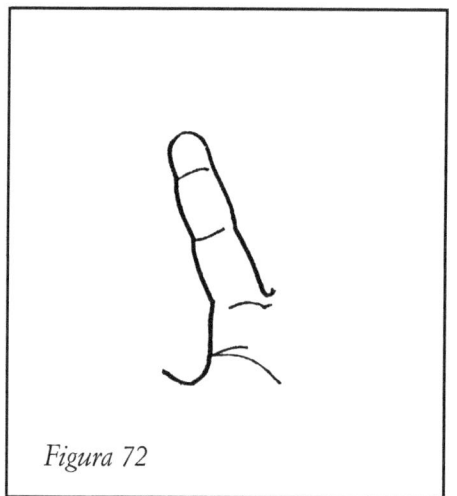

Figura 72

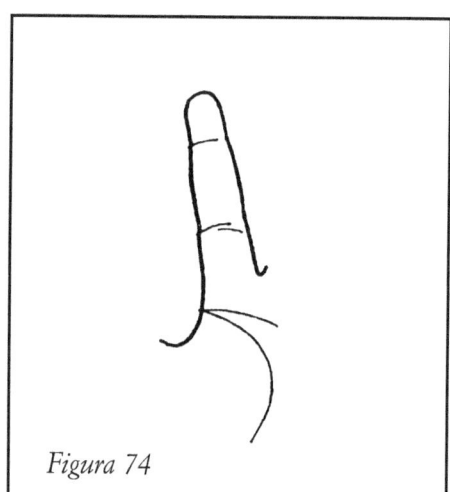

Figura 74

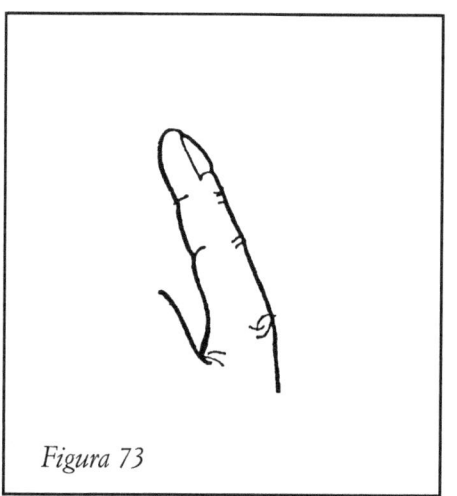

Figura 73

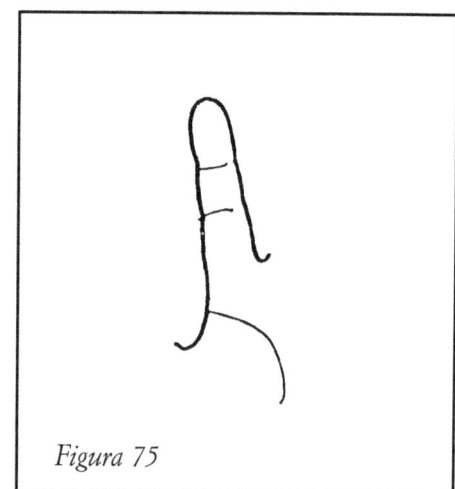

Figura 75

Carnosa: predominio de los sentidos.

Delgada: ascetismo y desprecio de los placeres materiales.

Signos sobre las falanges del índice

Sobre la primera falange:

— una estrella situada hacia la punta indica peligro o fatalidad;
— una estrella hacia la mitad manifiesta aptitudes diplomáticas;
— rayos en sentido ascendente significan una religiosidad o un misticismo exagerado, pudor;
— rayos transversales indican obstáculos a la vida religiosa y filosófica.

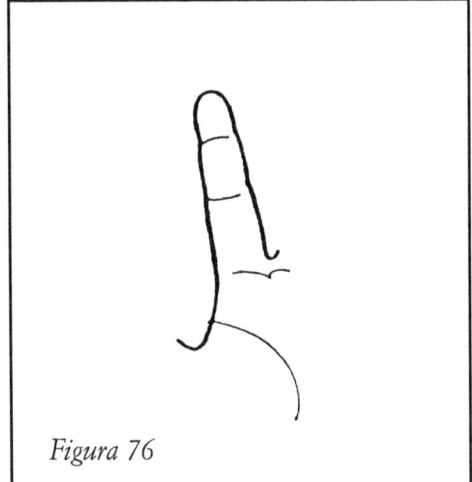

Figura 76

Sobre la segunda falange:

— una cruz indica protección de parte de personajes y gente influyente, amistad con personas poderosas, ambición dirigida a la meta más alta en los campos filosófico y religioso;
— una estrella con líneas ascendentes que prosiguen más allá de la unión de la primera falange denota castidad provocada por el pudor o por la timidez; a menudo esta castidad es falsa;
— una estrella y un pequeño semicírculo a su lado indican maldad y atrevimiento;
— rayos ascendentes muestran ambiciones con probabilidad de ser logradas;
— rayos transversales denotan envidia, malignidad, mentira, falta de honestidad.

Sobre la tercera falange:

— una cruz indica lujuria con algo de desequilibrio;
— una cruz en la base significa suerte, felicidad;

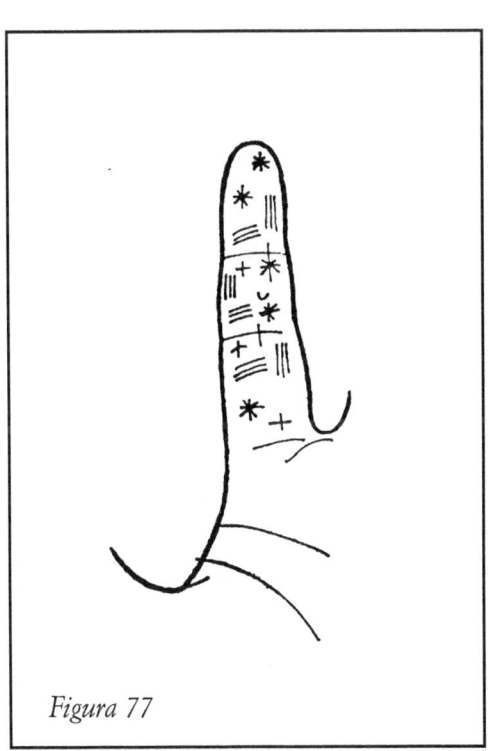

Figura 77

- una estrella indica en los hombres felicidad y en las mujeres impudicia;
- una estrella en la base de la falange revela grandes éxitos que satisfarán totalmente la ambición y el orgullo;
- rayos ascendentes significan actividad sexual;
- rayos transversales denotan obstáculos a todo lo que concierne a la sexualidad:
- una línea corta y ascendente que corte la unión de la segunda falange con la tercera indica ambición calculadora y brutal; algunas veces, éxito (fig. 77).

El dedo medio o de Saturno

En el dedo de Saturno o medio se manifiesta la tendencia a la concentración, el estudio, la búsqueda, la aplicación intelectual, así como también la duda, el escepticismo e incluso la superstición (fig. 78). Es el dedo del destino. He aquí sus aspectos y significados:

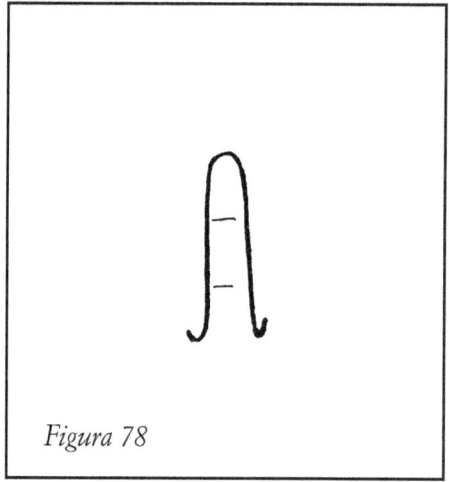

Figura 78

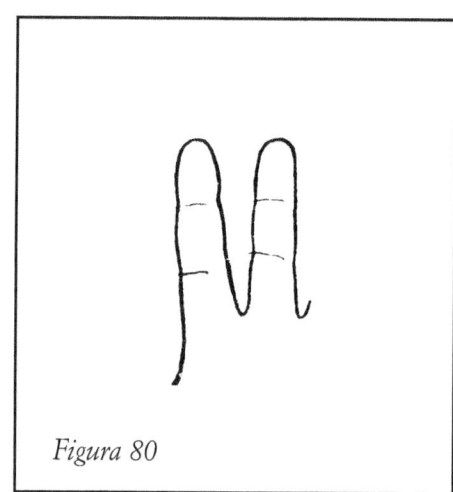

Figura 80

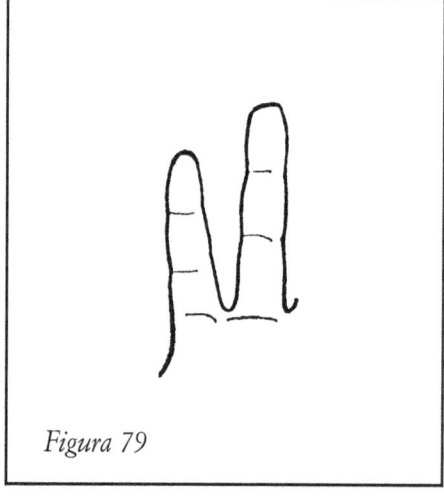

Figura 79

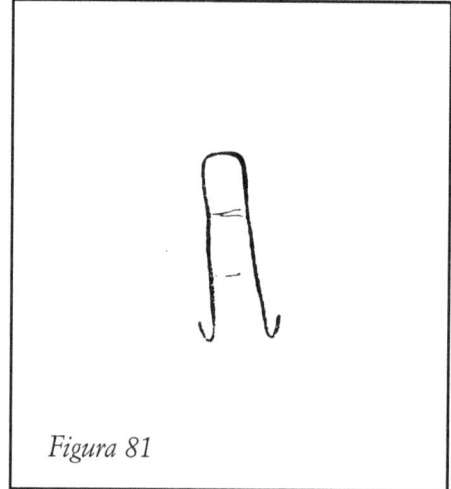

Figura 81

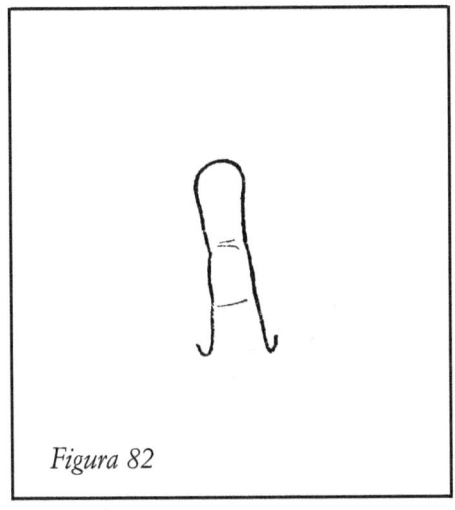

Figura 82

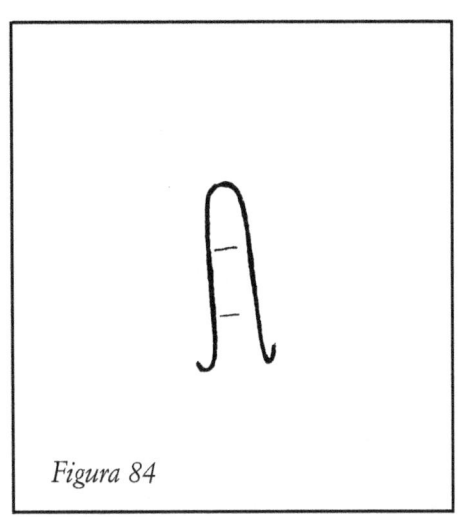

Figura 84

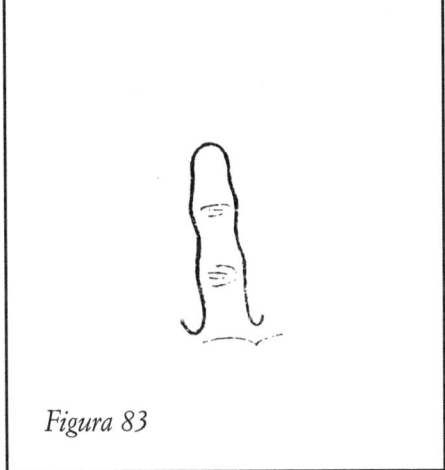

Figura 83

Figura 85

Si es largo refleja un orgullo disimulado, además de fatalidad y mala suerte (fig. 79).
Corto: destino dudoso (fig. 80).
Cuadrado: seriedad, constancia, laboriosidad (fig. 81).
Con forma de espátula: ideas sombrías, tendencia a la rebelión (fig. 82).
Nudoso: reflexión, escepticismo, pesimismo, fuerza de razonamiento (fig. 83).
Liso: inspiración y espontaneidad, especialmente en el terreno científico (fig. 84).

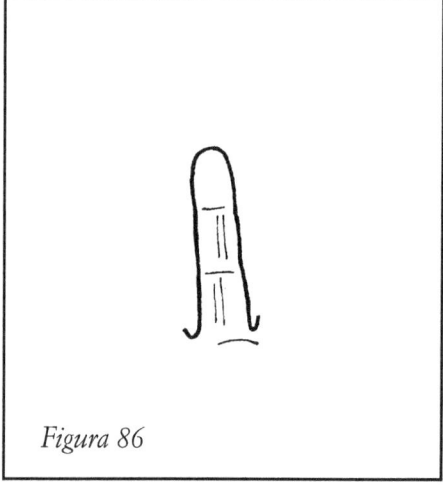

Figura 86

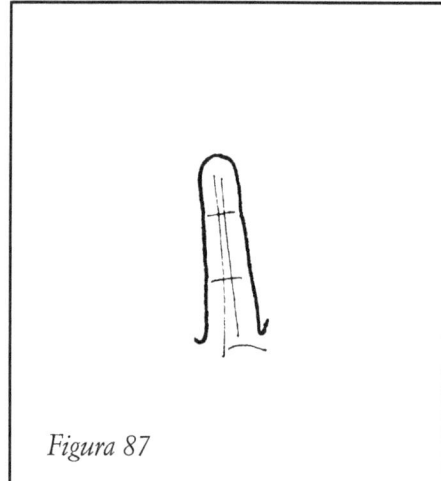

Figura 87

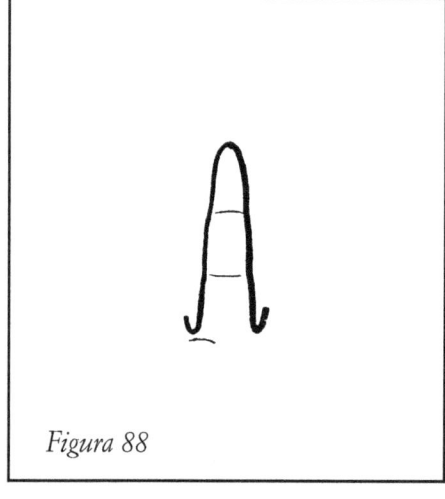

Figura 88

Rechoncho: tendencia a posturas filosóficas en el ámbito material.

Delgado: rigor, espiritualidad.

Retorcido y deformado: espíritu muy sutil.

Mal formado, ancho y torcido: peligro de condena a muerte, tendencia al delito (fig. 85).

Muy largo y ancho, y espatulado: tristeza y melancolía.

Muy espatulado: pesimismo, ideas sombrías; pero también orgullo tiránico, fanatismo en las ciencias positivistas, aptitud para el deporte y las exploraciones, predisposición a las enfermedades del hígado.

Inclinado hacia el dedo de Júpiter (el índice): preponderancia clara del orgullo.

Inclinado hacia el dedo de Apolo (el anular): predominio del sentido artístico.

Con rayos ascendentes iguales y paralelos: facilidad para las ciencias naturales (fig. 86).

Con líneas que cruzan todas las junturas y que nacen en el monte de Saturno: desequilibrio mental, locura (fig. 87).

Primera falange del dedo medio

La primera falange nos revela el escepticismo, la prudencia, la tristeza y la superstición del individuo.

Si es puntiaguda, las cualidades de peligro y de fatalidad de Saturno disminuyen o quedan anuladas (fig. 88).

Cuadrada: falta de tolerancia, seriedad, positivismo (fig. 89).

Corta: sumisión al propio destino (fig. 90).

Larga y ancha: prudencia, tristeza, superstición; a veces neurastenia (fig. 91).

Carnosa: desenvoltura, valor.

Delgada: escepticismo o misticismo muy fúnebre.

Segunda falange del dedo medio

En términos generales, la segunda falange del dedo medio o de Saturno representa la actitud de la persona respecto a las ciencias, sobre todo las ciencias exactas y las naturales.

Cuando es larga: amor por las ciencias exactas y por la agricultura, si los dedos son nudosos; si, por el contrario, los dedos son lisos, amor por las ciencias ocultas (fig. 92).

Corta: incapacidad de extraer algo útil de las experiencias vividas.

Carnosa: aptitud para las ciencias, de manera especial en las relacionadas con la agricultura.

Delgada: un destacado amor por las ciencias.

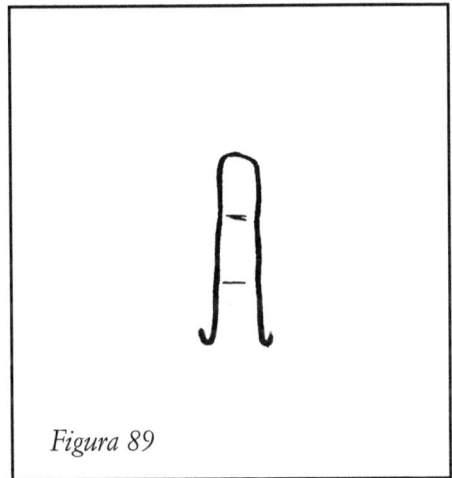

Figura 89

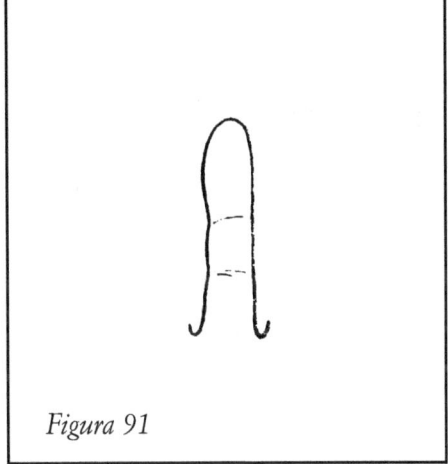

Figura 91

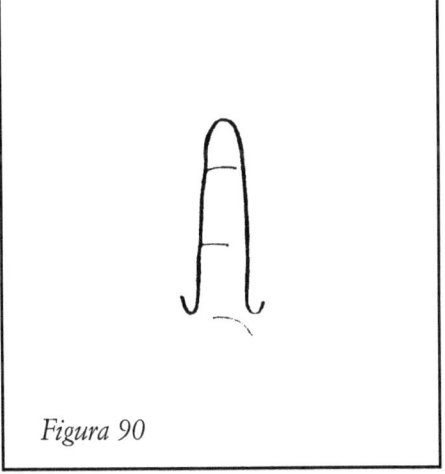

Figura 90

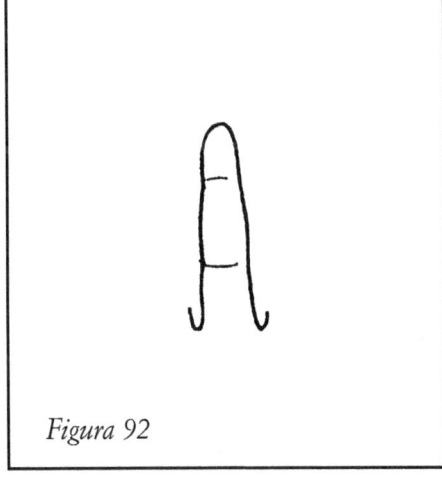

Figura 92

Tercera falange del dedo medio

Indica la concentración, el estudio, la necesidad de utilizar la inteligencia para algo útil.

Si es larga: deseo de riquezas, avaricia (fig. 93).
Corta indica economía.
Muy corta denota avaricia.
Carnosa, es señal de seriedad y franqueza.
Carnosa y larga: sociabilidad, pero también egoísmo y depravación.
Carnosa y delgada: seriedad unida con la avaricia y el egoísmo.
Delgada presagia mala suerte, especialmente si la mano tiene la palma cóncava.

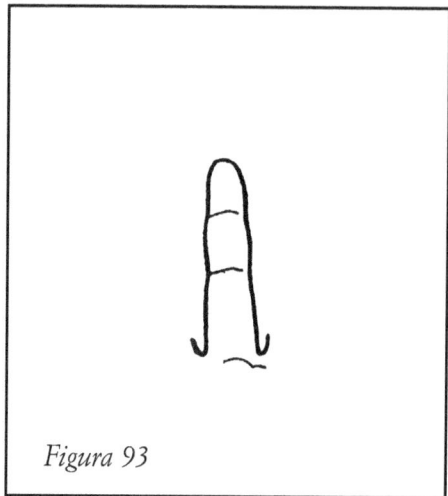

Figura 93

Signos sobre las falanges del dedo medio

Sobre la primera falange:

— una cruz muy marcada y situada en dirección al anular significa un exagerado nerviosismo y una exaltación religiosa provocadora de crisis;
— una estrella cerca de la punta: peligro;
— cuando la mano es armoniosa, la presencia de una estrella es un magnífico signo que puede indicar un suceso extraordinario más allá de cualquier previsión; pero si la mano carece de armonía es un presagio nefasto;
— un pequeño triángulo denota una vida moral y material desenfrenada;
— líneas ascendentes pero tortuosas indican contrariedades y obstáculos.

Sobre la segunda falange:

— una cruz indica fatalidad;
— una estrella tiene un significado muy nefasto, de inevitable catástrofe;

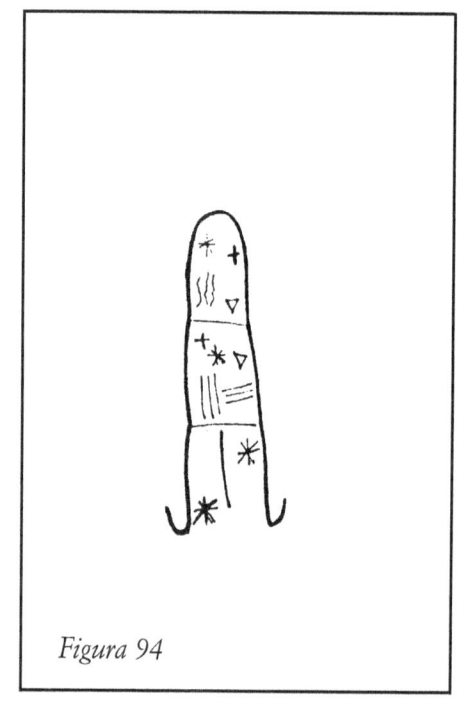

Figura 94

- un pequeño triángulo significa aptitud para las ciencias ocultas y éxito en ellas;
- en cambio, líneas ascendentes muestran una clara predisposición para las ciencias en general, así como también éxito en las mismas;
- líneas transversales indican un rigor exagerado (fig. 94).

Sobre la tercera falange:

- una estrella alerta de fatalidad en la familia; una estrella situada encima de la unión con la palma y dirigida hacia el índice, indica que una gran desgracia se cierne sobre algún pariente cercano.
- una línea muy marcada y ascendente simboliza seriedad, reflexión en los estudios.

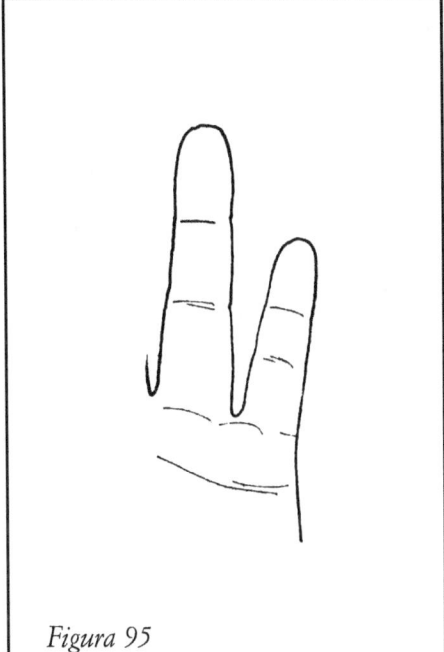

Figura 95

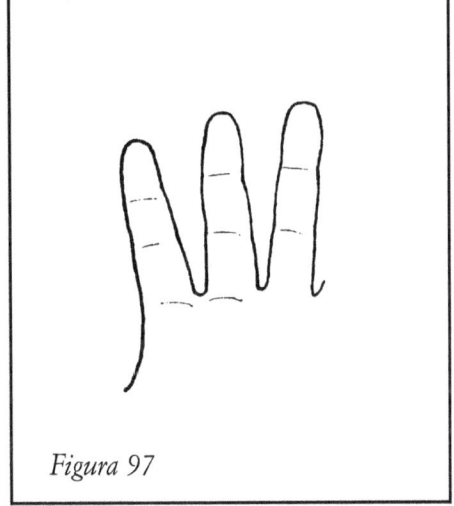

Figura 97

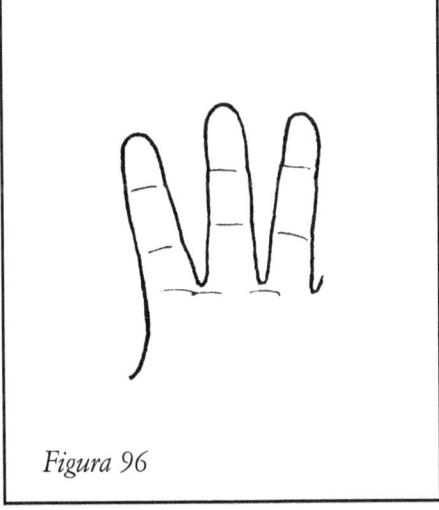

Figura 96

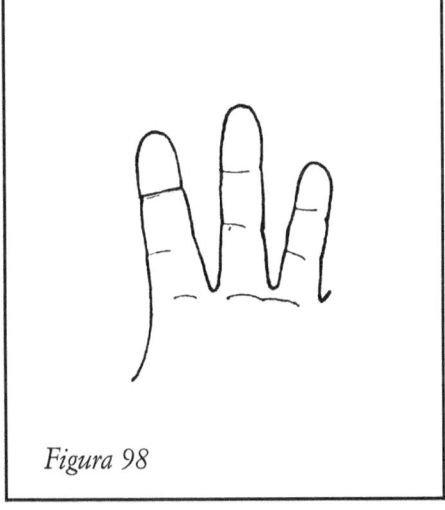

Figura 98

El anular o dedo de Apolo

Las tendencias artísticas, el sentido de la estética, de la crítica y la capacidad para aquilatar las cosas aparecen reflejados en el anular. Es el dedo de la belleza y del arte, por lo que se le llama también *dedo del ideal* (fig. 95).

Veamos cómo interpretar su aspecto y los signos que en él se encuentran:

Anular largo: amor por el lujo, orgullo, deseo de celebridad, dotes artísticas (fig. 96).

Muy largo: amor excesivo y absurdo por el éxito (fig. 97).

Corto: falta de amor por lo bello y por el arte (fig. 98).

Demasiado corto: instintos bajos, vileza.

Puntiagudo: felices inspiraciones en el terreno artístico; misticismo en el arte (fig. 99).

Cuadrado: amor por la verdad y la justicia; necesidad de realización artística; también gusto por las riquezas (fig. 100).

Espatulado: gran actividad artística (fig. 101).

Demasiado espatulado: predisposición a desarreglos circulatorios y enfermedades del corazón.

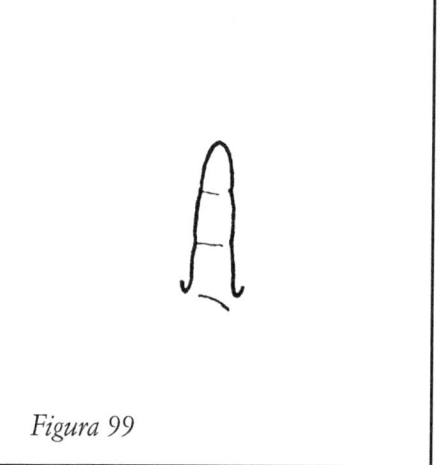

Figura 99

Figura 100

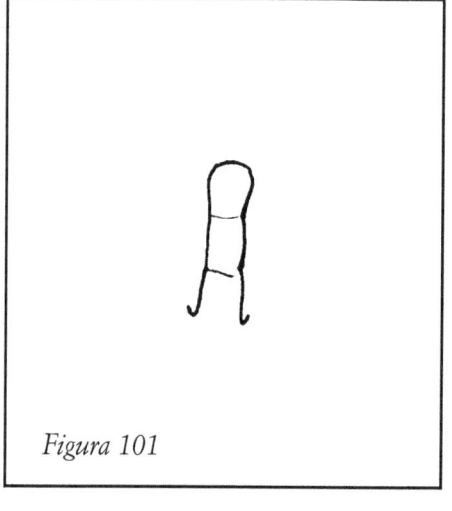

Figura 101

Figura 102

Liso: fuerte inclinación artística (fig. 102).

Deforme: malos instintos, codicia, tendencia a la paradoja (fig. 103).

Liso y espatulado: amor por lo bello y por las aventuras.

Nudoso: tendencia hacia el arte y las ciencias; sentido artístico ligado a una vivaz capacidad crítica (fig. 104).

Más largo que el índice: el arte prevalece sobre la ambición; tipo idealista.

Tan largo como el medio: el individuo siente una fuerte atracción por las empresas peligrosas y los juegos de azar.

Más largo que el índice, y el dedo medio se inclina hacia el anular: inspiración, amor al arte.

Más corto que el índice: prevalece la materia sobre el espíritu, egoísmo, gusto por las apariencias.

Primera falange del anular

Indica la belleza, el ideal.

Si es larga es signo de inteligencia y excentricidad, demás de una auténtica tendencia hacia las artes (fig. 105).

Corta significa escaso sentido artístico y también simplicidad (fig. 106).

Carnosa: sensualidad.

Delgada: rigor, espiritualidad.

Figura 104

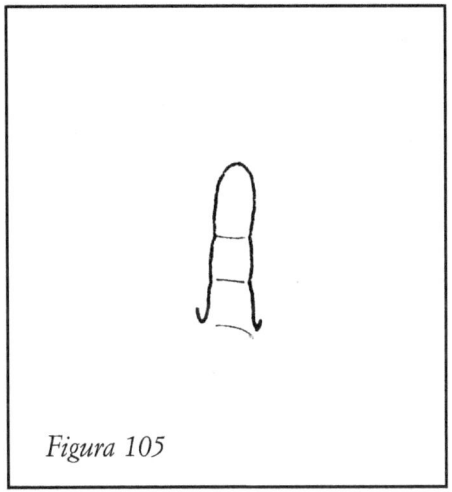

Figura 105

Figura 103

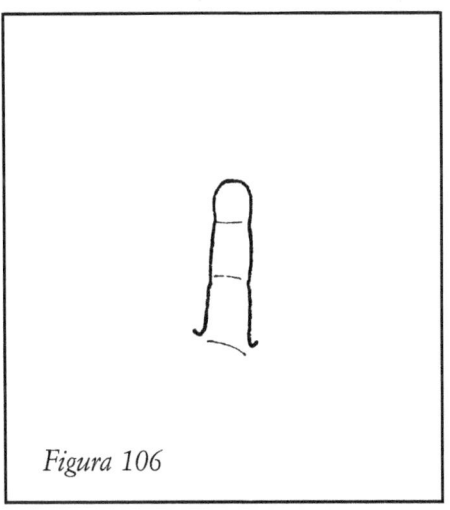

Figura 106

Segunda falange del anular

En la segunda falange del anular podemos descubrir los aspectos de la persona relacionados con la lógica, la crítica, el deseo de triunfar en una profesión y la dignidad.

Larga, denota la lógica en las artes, la aplicación útil de un hecho artístico (fig. 107).

Corta: falta de sentido crítico y estético.

Delgada: concepción del arte puro, el arte por el arte con un fin en sí mismo.

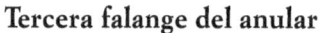

Figura 107

Tercera falange del anular

La tercera falange del anular delata la ostentación, la vanidad, el deseo de sobresalir, el amor por las formas, la falta de un verdadero sentido creador.

Larga: deseo de figurar, de alcanzar el éxito (fig. 108).

Corta: incapacidad en el terreno artístico, fracaso en las artes.

Carnosa: amor por el decoro.

Delgada: desprecio por la dignidad y las riquezas; despreocupación.

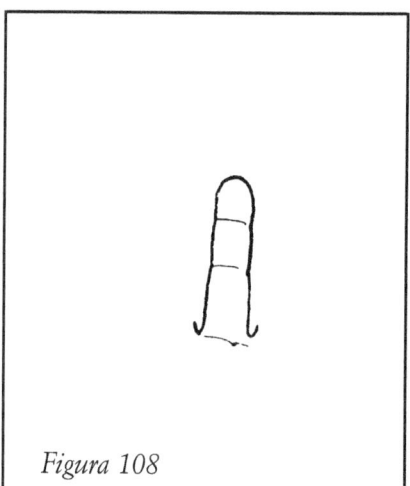

Figura 108

Signos sobre las falanges del anular

Sobre la primera falange:

— una cruz en el extremo indica peligros;
— una cruz orientada hacia el dedo medio significa un cambio de religión;
— una estrella en la punta indica graves peligros;
— una línea procedente de la unión del dedo con la palma, o del monte de Apolo, representa grandes honores (fig. 109).

Sobre la segunda falange:

— una cruz denota un auténtico sentido religioso, profundamente razonado;
— unos hoyos indican fiebre amarilla, malaria o fiebres perniciosas;
— una línea muy recta que nace en el monte de Apolo refleja sabiduría y bondad de ánimo (fig. 109).

Sobre la tercera falange:

- una cruz muestra cierta tendencia a la castidad;
- una estrella sobre la unión con la palma significa enfermedad o defecto de la vista;
- manchas negras o negruzcas sobre la unión con el pulgar indican enfermedad de la vista o bien del corazón más bien grave;
- un pequeño semicírculo es señal de destino infeliz;
- líneas rectas y ascendentes señalan una existencia más bien feliz (fig. 109).

El meñique o dedo de Mercurio

El meñique, el dedo más pequeño de la mano, representa diversas cualidades: inteligencia, finura, habilidad, elocuencia; pero también tendencia al enredo y al robo, y avidez de riquezas (fig. 110).

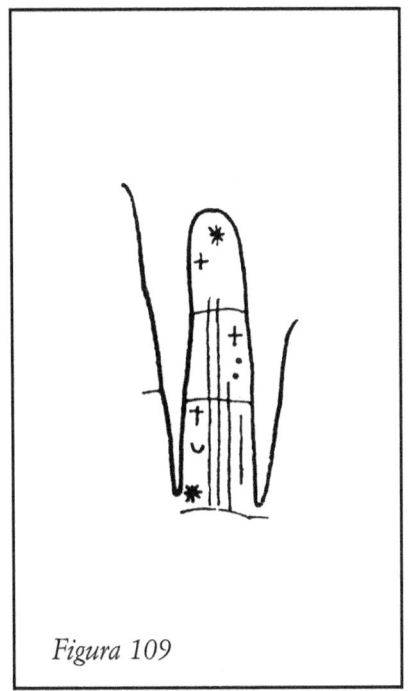

Figura 109

Veamos sus diferentes aspectos y significados relativos:

Meñique largo: aptitud para los estudios profundos, para la reflexión; notable habilidad; dotes que favorecen el éxito en la vida (fig. 111).

Muy largo: amor hacia el estudio emprendido con seriedad y concienzudamente, deseo de perfección.

Corto: intuición, dotes para las ciencias (fig. 112).

Muy corto: gran capacidad de asimilación.

Puntiagudo: tendencia al misticismo; elocuencia, oratoria, habilidad diplomática (fig. 113).

Cuadrado: grandes facultades comunicativas; visión lógica y precisa; gusto por la investigación científica (fig. 114).

Con forma de espátula: elocuencia; dotes para el baile y la gimnasia; cierta tendencia hacia el robo (fig. 115).

Curvado hacia dentro y retorcido a modo de garfio: avidez de riquezas, falta de honestidad (fig. 116).

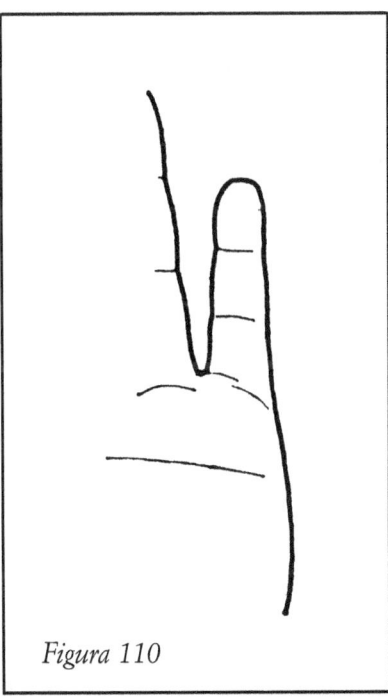

Figura 110

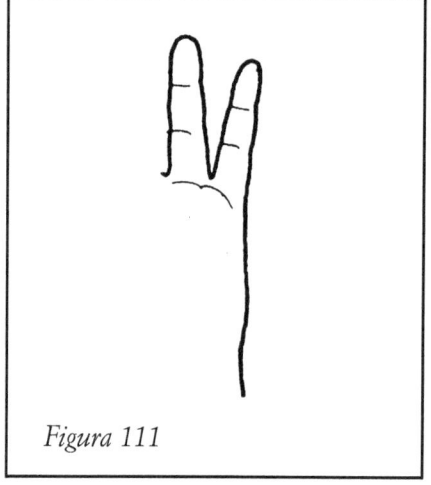

Figura 111

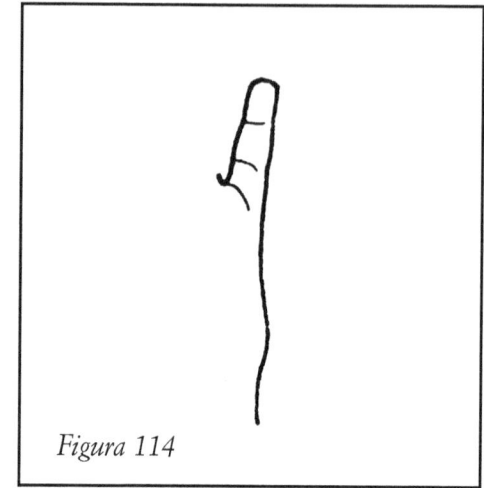

Figura 114

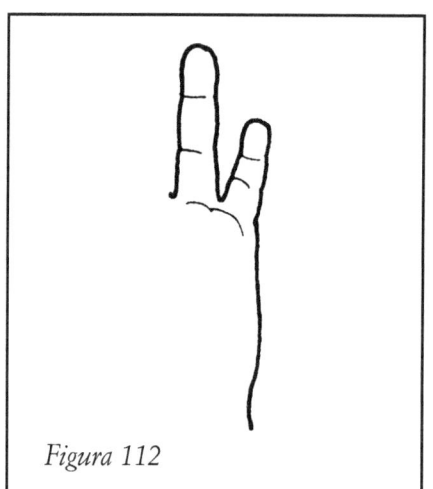

Figura 112

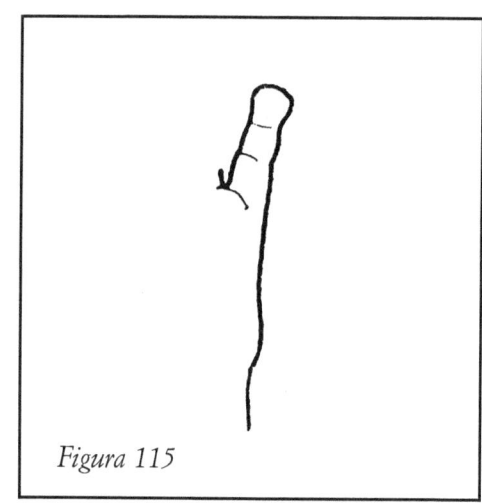

Figura 115

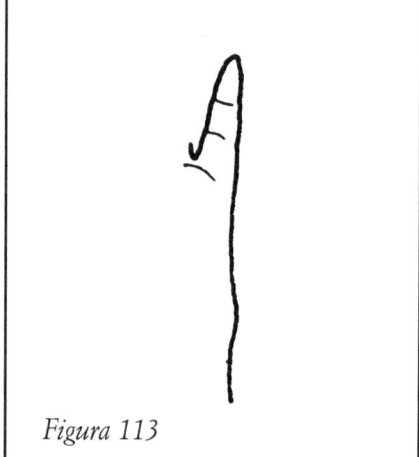

Figura 113

Flexible: diplomacia, habilidad dialéctica (fig. 117).

Flexible y delgado: habilidad, sutileza, inteligencia, astucia; éxito en la industria y el comercio.

Rígido: falta de tacto, arrogancia, escasa sociabilidad.

Macizo, pesado: falta de fineza, carácter rústico.

Liso: abundantes intuiciones fácilmente felices (fig. 118).

Nudoso: habilidad, diplomacia y elocuencia, mezcladas con dotes de reflexión y de razonamiento (fig. 119).

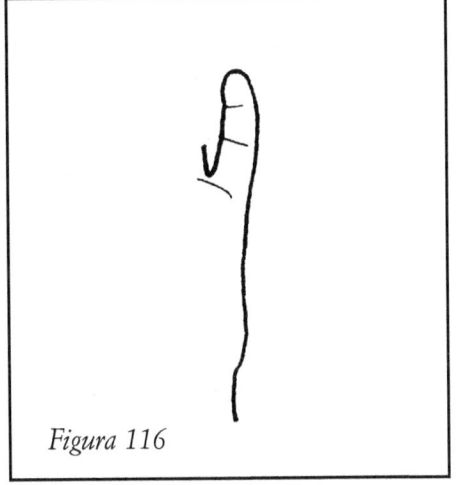

Figura 116

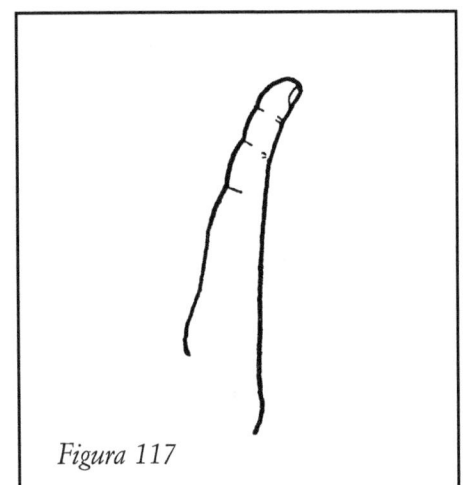

Figura 117

Delgado, fino: espíritu muy sutil, malignidad.

Muy corto y liso: extremada facilidad de pensamiento y decisión.

Con nudo filosófico (nudo a la altura de la primera falange): dotes de adivinación (fig. 120).

Con el nudo filosófico muy desarrollado: búsqueda inteligente y paciente en el terreno científico.

Con nudo filosófico y el resto liso: facilidad para los inventos de tipo mecánico.

Con nudo material (nudo a la altura de la segunda falange): clara tendencia al comercio y a los negocios en general (fig. 121).

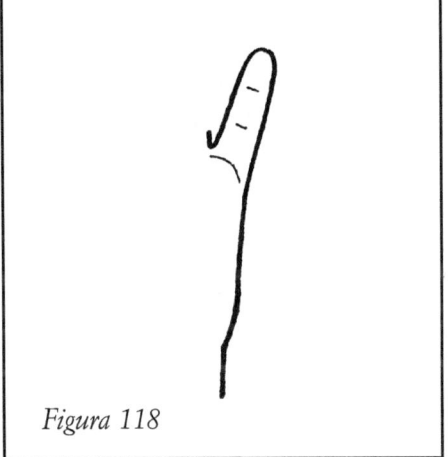

Figura 118

Primera falange del meñique

La primera falange muestra la elocuencia y el verdadero amor por las artes y las ciencias, así como el gusto por el estudio.

Si la falange es larga: elocuencia, amor al estudio de las ciencias y de las artes (fig. 122).

Corta: falta de deseo de instruirse, de amor al estudio, a las artes y a las ciencias (fig. 123).

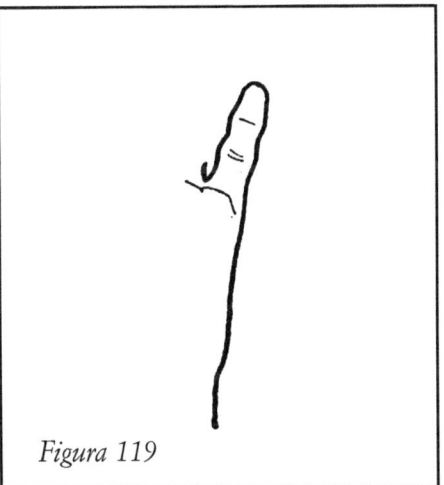

Figura 119

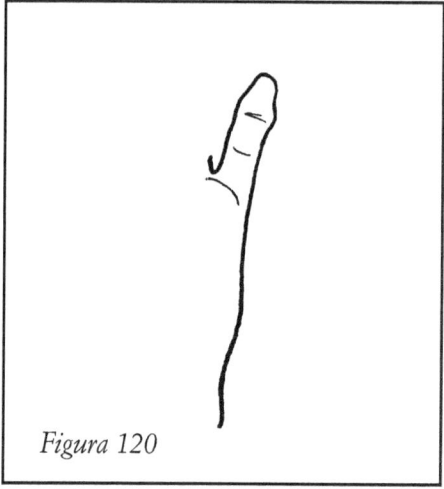

Figura 120

Cuadrada: lógica y claridad de espíritu; tendencia a la aplicación práctica de las ciencias.

Espatulada: elocuencia dinámica y habilidad física; también predisposición a las enfermedades del bazo.

Carnosa: falta de finura, espíritu grosero.

Delgada: delicadeza de espíritu, tacto; comprensión e intuición para los negocios.

Demasiado pequeña en relación con las otras falanges: desequilibrio.

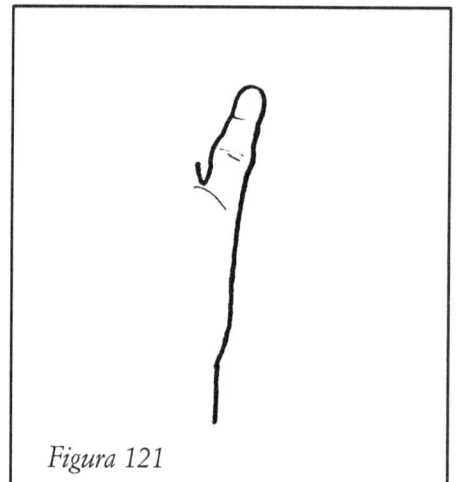

Figura 121

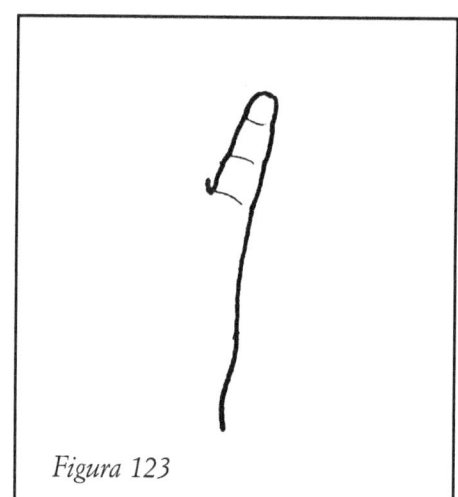

Figura 123

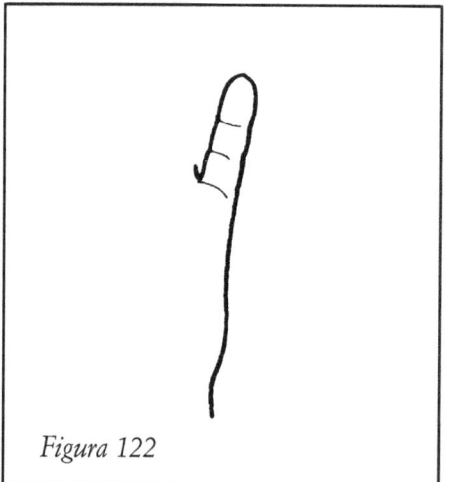

Figura 122

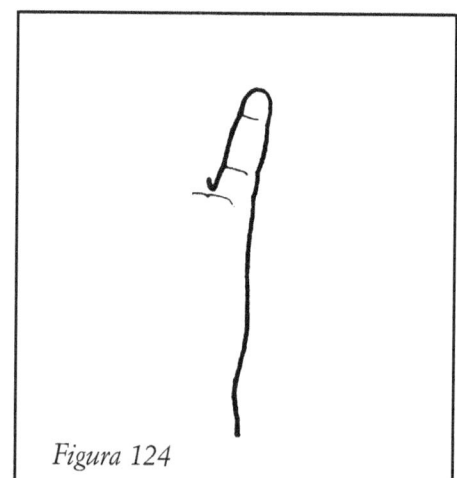

Figura 124

Segunda falange del meñique

La segunda falange es el exponente de la industria, el comercio, la practicidad en lo referente a intereses.

Si es larga expresa capacidad y éxito en los negocios (fig. 124).

Corta: escasa aptitud para los negocios; pero también lealtad.

Carnosa: deseo de placeres y éxito material; notable habilidad práctica.

Delgada: en general, buen sentido teórico de los negocios pero falta de sentido práctico.

Tercera falange del meñique

La astucia, la habilidad y también el enredo y la mentira pueden verse reflejados en la tercera de las falanges del meñique.

Cuando la tercera falange es larga, denota astucia, egoísmo (fig. 125).

Corta: excesiva simplicidad; a veces estupidez.

Carnosa: tendencia a la impudicia; o por lo menos indica gustos muy materiales.

Delgada: espíritu muy fino pero avaricioso y calculador.

Signos sobre las falanges del meñique

Sobre la primera falange:

— una cruz indica facilidad para las ciencias en general y en particular para las ocultas; algunas veces, si el resto de la mano lo confirma, representa cleptomanía;
— una estrella hacia la punta indica peligros, aunque a menudo significa también elocuencia;

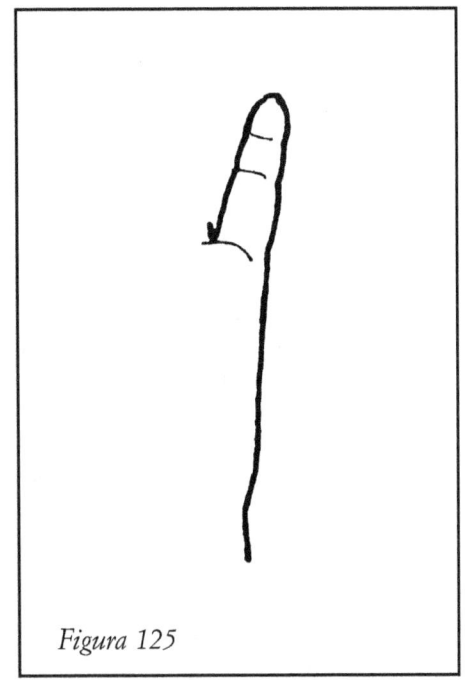

Figura 125

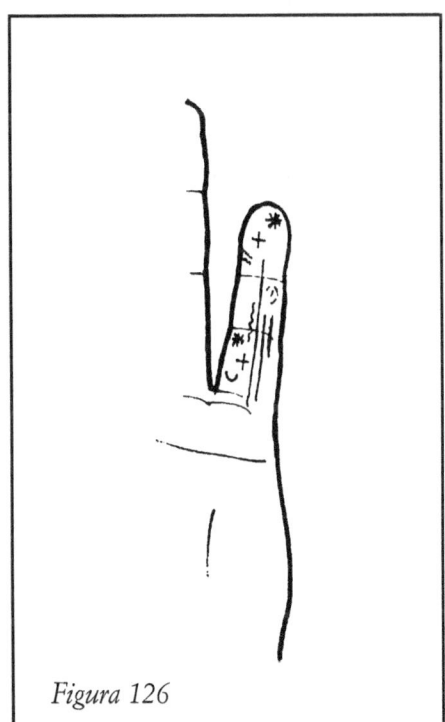

Figura 126

- unas líneas semejantes a grietas y dirigidas hacia el dedo de Apolo (el anular) son señales de una constitución débil;
- una línea que nace en la base del dedo denota éxito en las ciencias (fig. 126).

Sobre la segunda falange:
- unos signos confusos y desordenados indican hurto y mentira;
- una línea tortuosa que nazca en la tercera falange significa sutileza y astucia, sobre todo en la defensa de los intereses propios;
- una línea recta y bien trazada que proceda de la tercera falange marcará el éxito y la elocuencia;
- una línea recta que nazca en el monte de Mercurio significará agilidad, elocuencia, inteligencia (pone de manifiesto la influencia mercuriana);
- una línea corta y ascendente sobre la unión de la segunda con la tercera falange anuncia que se presentará la ocasión para un negocio que podría parecer incierto, pero que saldrá bien gracias al apoyo aportado por el cálculo (fig. 126).

Sobre la tercera falange

- una cruz representa robo; dos líneas que forman una cruz tienen el mismo significado;
- una estrella indica espíritu vivaz, elocuencia, habilidad;
- un pequeño círculo o un semicírculo denotan tendencia al robo; una línea gruesa, más bien profunda, que se asemeja a una cicatriz, tiene idéntico significado; e igualmente si se trata de pequeñas líneas mal dibujadas y retorcidas, también semejantes a cicatrices.

Una vez determinado, a través del examen de cada dedo, el significado primordial de su forma y dimensiones, y de las principales líneas y signos existentes, es decir, el aspecto con el que se nos manifiesta cada uno, podemos pasar al estudio de las reglas quirománticas propiamente dichas.

Segunda parte

La Quiromancia

Los montes

Los montes son pequeñas protuberancias o hundimientos que se encuentran en la palma de la mano, justamente debajo del nacimiento de los dedos. Estos montes toman el nombre del planeta que directamente ejerce su influencia sobre ellos. De igual manera que los dedos, los montes indican las tendencias, los defectos y los instintos que caracterizan cada personalidad.

En líneas generales observamos que el significado de un monte es favorable cuando la protuberancia es ligeramente pronunciada y se presenta sin signos transversales o dibujados de manera confusa. Si el monte se presenta hundido es más un indicio de defecto que de cualidad, pero siempre considerado en el ámbito de actividades inherentes al mismo monte. Si aparece excesivamente pronunciado, y además surcado por líneas desfavorables, el significado será de mala salud, como veremos más adelante examinando cada caso por separado.

Los montes mayores dominan a los más pequeños, excepto cuando algunas líneas indican lo contrario. Si un monte no está en su situación habitual, es decir, centrado bajo la raíz del dedo, sino que está desplazado o incluso apoyado en otro monte, aquel acabará por transferirle algunos de sus atributos. Debemos recordar además que, en los montes, todos los radios trazados en línea ascendente representan energía, fluido vital y éxito, y tienen casi siempre un significado positivo, mientras que los radios transversales representan dificultades, obstáculos e impedimentos que se interponen a los logros de un objetivo; y finalmente, los montes planos o inexistentes indican tendencias criminales.

Después de estas observaciones generales pasaremos a examinar detalladamente cada monte, empezando por el de Venus, que es el más importante.

Monte de Venus

Está situado en la base del pulgar o dedo de Venus (fig. 127) y representa la fuerza vital, la sensualidad, el amor, la sensibilidad, el afecto. Los quirólogos han establecido algunos significados fundamentales que dependen de la naturaleza, de la forma y de la situación del monte.

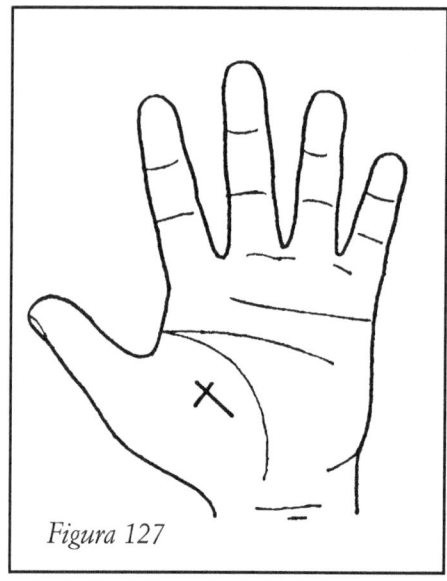

Figura 127

Monte de Venus normal, bien formado, que no sea duro, estriado normalmente: bondad de corazón; elegancia; ternura; sensibilidad; amor; energía creadora y generadora; buena salud; apego a la familia.

Monte escasamente prominente: aptitudes y cualidades inferiores a las del monte normal.

Plano: egoísmo; aridez; esterilidad.

Hundido y débil: sensualidad controlada; falta de energía vital y de fuerza creadora.

Excesivo y con demasiados radios: desbordante fuerza vital y energía amorosa; también una fuerte tendencia a la lujuria; predisposición a las enfermedades venéreas o de los órganos genitales.

Estrecho: falta de sensibilidad de corazón; ausencia total de celos; esterilidad; en las mujeres peligro de parto doloroso.

Débil y con abundantes radios (si va acompañado de un pulgar corto): tendencia a la lujuria.

Débil y sin radios: calma e indiferencia; espíritu tranquilo, sentimientos muy controlados.

Espeso, grueso y duro (cuando va acompañado de un dedo índice y un monte de Júpiter bien desarrollados): sensualidad fuerte; infidelidad conyugal; infidelidad en los sentimientos y en las relaciones afectivas.

Inclinado hacia el monte de Marte: demasiada sensualidad que puede desembocar en la brutalidad.

Inclinado hacia el monte de la Luna: volubilidad, libertinaje.

Inclinado hacia el monte de Júpiter: apego a la familia, vivo entendimiento en las relaciones conyugales.

Si el monte se presenta hinchado por la base: inclinación hacia los placeres materiales; volubilidad, infidelidad.

Signos sobre el monte de Venus

Una cruz bien hecha, con brazos de igual longitud, tiene un significado positivo en cuanto a que el individuo amará fuertemente a una sola persona toda su vida (fig. 128). Si la cruz se presenta con líneas desiguales, el significado será penoso: el único amor resultará una fuente de dolor y proporcionará un destino infeliz.

La cruz puede también estar situada en la unión con la falange del pulgar: en este supuesto el individuo sufrirá algunos disgustos a causa de un amor, pero es probable que la situación se solucione bien (fig. 129).

Si la cruz está situada en la parte baja del monte alertará de algo fatal, pero en edad avanzada (fig. 130).

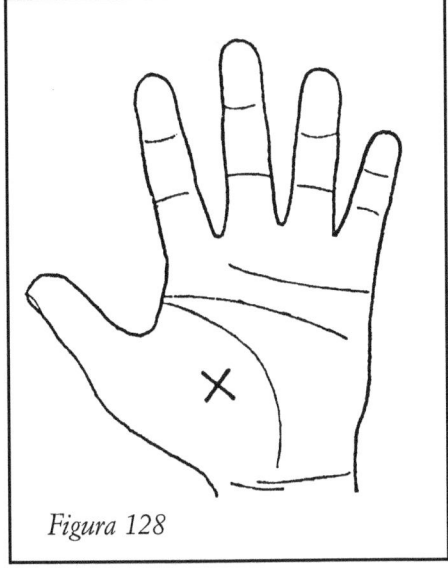

Figura 128

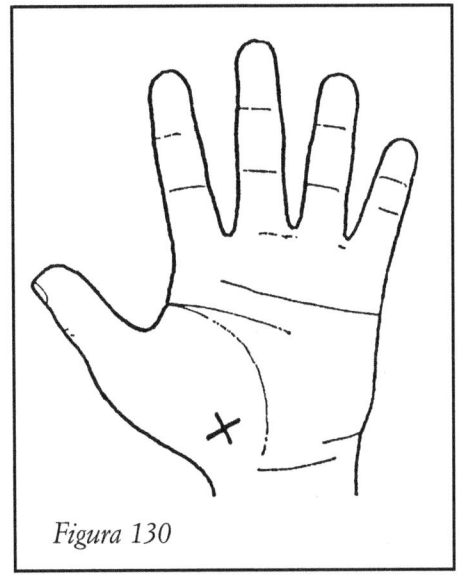

Figura 130

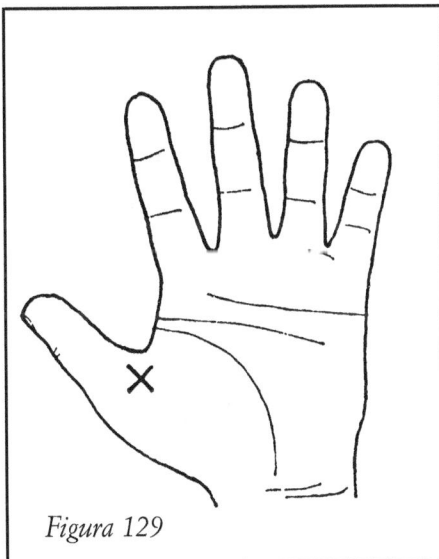

Figura 129

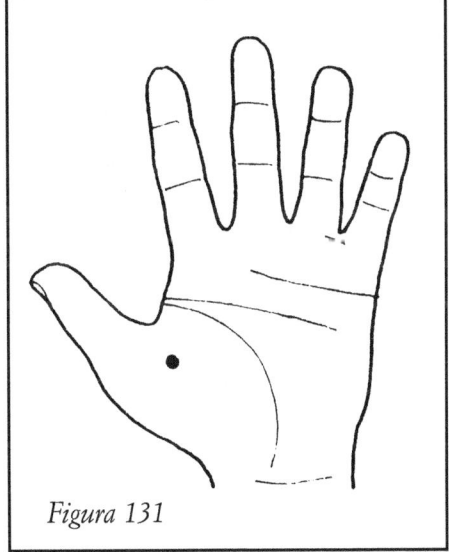

Figura 131

Un punto rojo sobre el monte: desgracia causada por un amor desgraciado; también pérdida de una persona querida (fig. 131).

Un cuadrado cerca de la línea de demarcación del monte (línea de la vida) representa una vida llena de sacrificios. Para interpretar exactamente este signo hay que observar cómo se presentan las otras líneas (fig. 132). Si el cuadrado está separado de la línea de demarcación, tiene un significado favorable: protege de las funestas influencias del planeta Venus (fig. 133). El cuadrado puede también presentarse no aislado o estar formado por otras líneas, pero mantiene siempre el mismo significado del anterior (fig. 134).

Si sobre el monte encontramos una especie de reja, hay que pensar en materialismo, en amor por los placeres físicos; pero si la mano presenta una bonita lí-

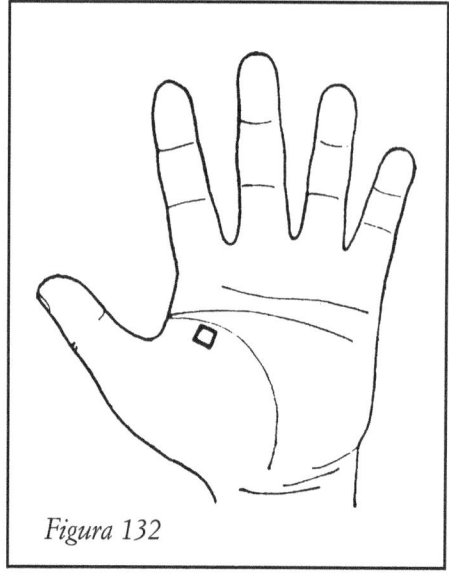

Figura 132

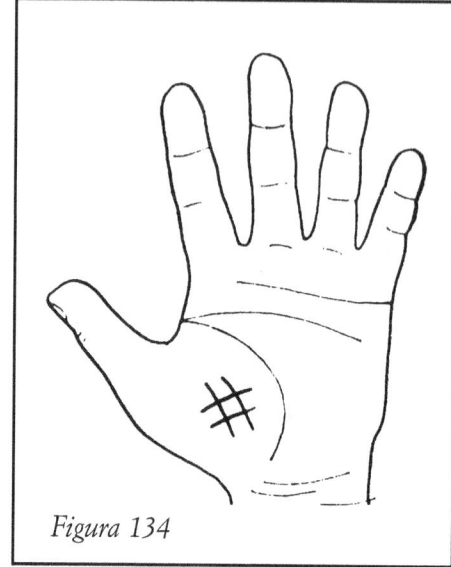

Figura 134

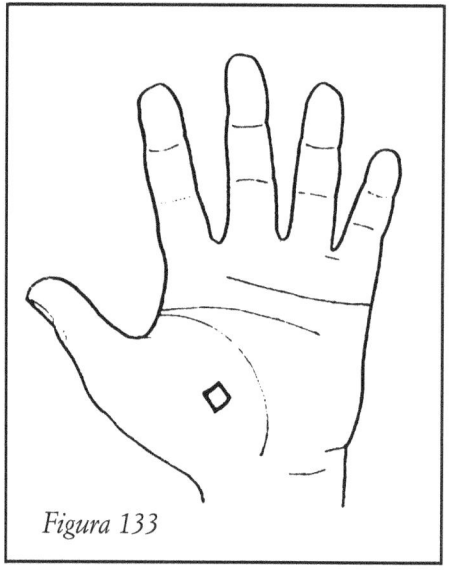

Figura 133

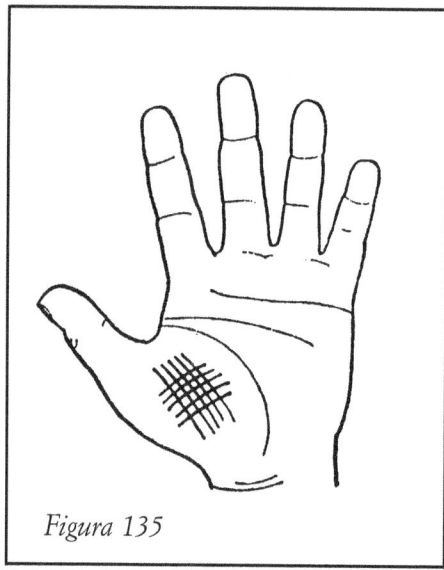

Figura 135

nea del Sol y una línea de la cabeza recta, el significado de la reja será más bien de fuerte vitalidad con marcadas tendencias artísticas (especialmente si el pulgar es macizo). Hay que tener presente que la reja puede representar un obstáculo a las buenas cualidades de cada monte o planeta (fig. 135).

Las estrellas tienen siempre un significado de suceso imprevisto, sea con significado bueno o malo; por esta razón debe definirse la naturaleza del suceso inesperado de acuerdo con los otros signos de la mano. Además, el suceso será tanto más importante cuanto mayor sea la dimensión de la estrella. En nuestro ejemplo (fig. 136), la estrella situada en el monte de Venus puede indicar la muerte de un familiar o de una persona querida, pero para descubrir cuándo sucederá, calcularemos los años sobre la línea de la vida, como estudiaremos más

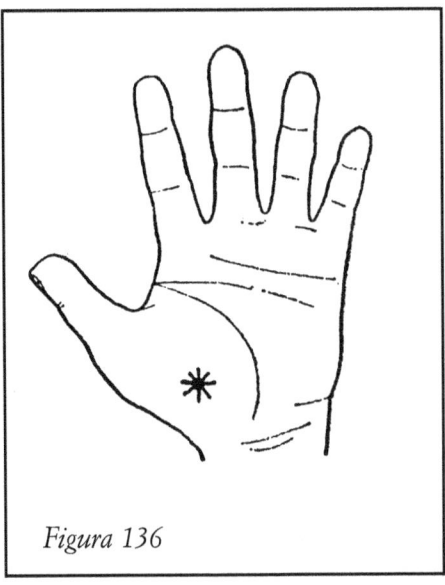

Figura 136

adelante. La misma estrella, situada en la unión con el pulgar indica, como en el caso de la cruz, un serio percance para una persona querida.

Líneas de influencia sobre el monte de Venus

Una línea que nace de la línea de demarcación y la sigue sin alejarse, o alejándose poco y sólo en algunos tramos, significa un afecto que durará toda la vida (fig. 137). Si esta línea se aleja en dirección al centro apenas comenzado su recorrido, representa un amor que se pierde (fig. 138).

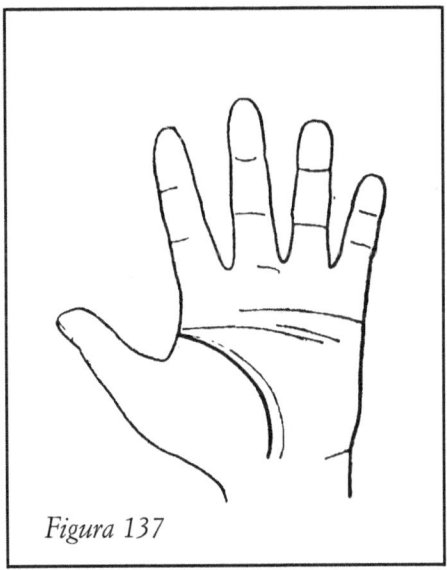

Figura 137

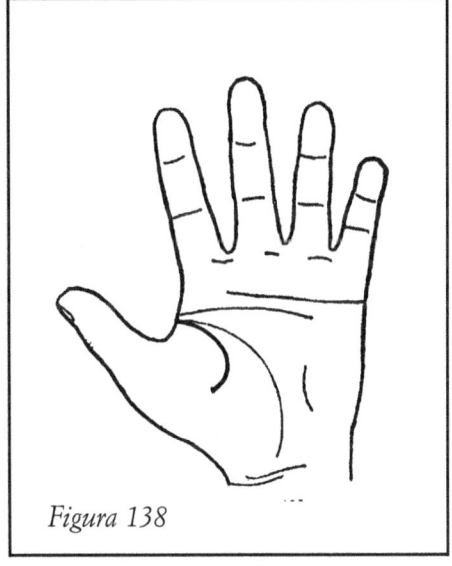

Figura 138

Una línea de influencia que alarga algunas de sus ramas hacia la línea de la vida indica un amor perdido pero que volverá a aparecer tantas veces como ramas se presenten y según la distancia que hay entre ellas (fig. 139).

Obsérvese bien el curso de la línea de influencia en la figura 140. Si se nota una especie de huso (en lenguaje quiromántico es llamado *isla,* término que se aplica también a las agrupaciones de líneas que no pueden definirse como cuadrados, triángulos o círculos), el amor al que nos hemos referido antes será adúltero. El significado no varía tanto si la línea es vertical como horizontal.

Cuando la línea de influencia sigue su curso más allá de la de demarcación cortándola, se interpreta como señal de fuerte dolor proporcionado por la persona querida (fig. 141).

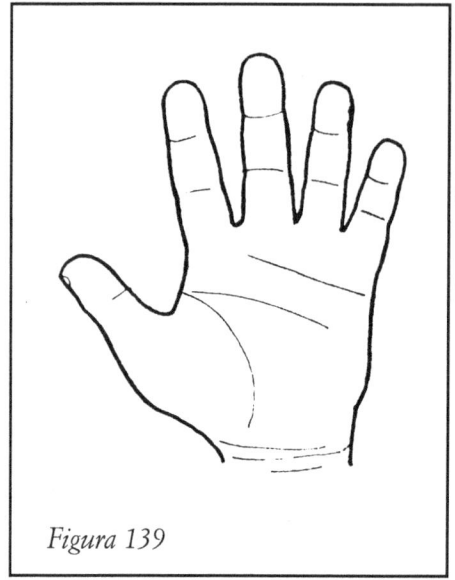

Figura 139

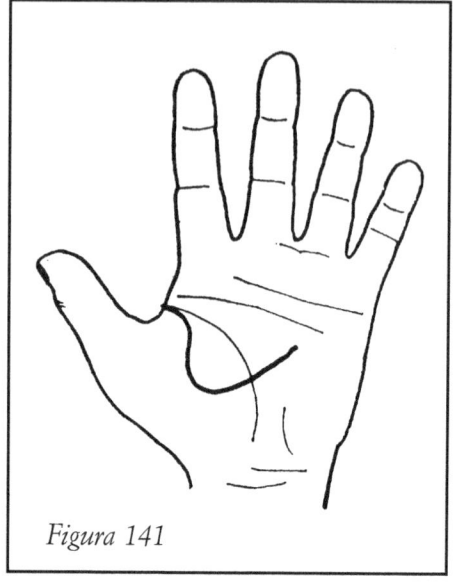

Figura 141

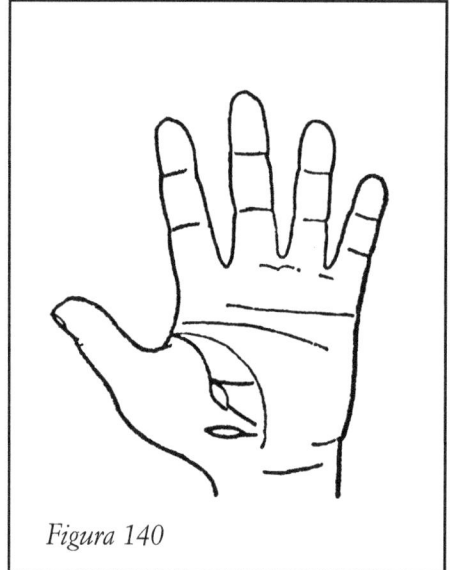

Figura 140

Monte de Júpiter

El monte de Júpiter está situado en la raíz del dedo índice (fig. 142). En él aparece reflejado el dominio, la condición social de cada uno, la familia, la religión, el orgullo y todo lo que se atribuye al planeta Júpiter, que es el que preside el dedo índice.

Hay que tener presente que este monte en una mano con dedos puntiagudos indica de forma prevaleciente religiosidad; en una mano con dedos espatulados, orgullo; en una mano con dedos cuadrados, ambición. En el primer caso predomina la representación del mundo divino; en el segundo, la del mundo material, mientras que en el tercero se representa el mundo espiritual.

Cuando un monte es pronunciado mejora las cualidades que confiere; cuando está hundido, las disminuye; y si falta totalmente, las excluye. Pero si el monte, además de ser pronunciado, es abultado y duro, exagera las cualidades que le son inherentes; si además tiene rayas o líneas o signos funestos, indica defectos físicos o morales. En el caso del monte de Júpiter, su sola presencia indica que el individuo es un hombre con dignidad, orgullo y amor propio. Si el monte falta totalmente, es una señal negativa porque nos encontramos frente a una persona débil e insignificante que no se preocupa mucho por su reputación personal.

Otra vez aconsejaremos mucha prudencia antes de formular un juicio, y sobre todo no olvidemos que cada parte de la mano no expresa más que un indicio, una

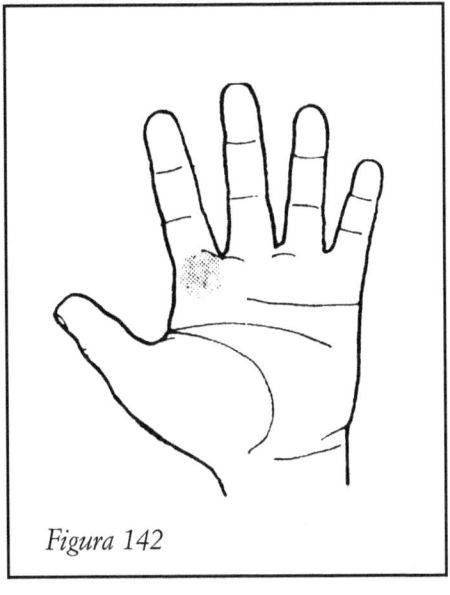

Figura 142

impresión, cuya confirmación debe ser dada por la síntesis de todos los elementos estudiados.

A continuación presentamos los atributos que se confieren al monte de Júpiter en relación con su aspecto:

Monte normal: nobles ambiciones; carácter sosegado; amor afortunado; éxito debido en su mayor parte al deseo de alcanzarlo sólo por sus propios medios, equilibrio y buen sentido.

Monte poco prominente: éxito discreto pero no excepcional; tranquilidad; sentido de la familia.

Monte plano: pocas y mediocres cualidades correspondientes al planeta Júpiter.

Hundido, es decir, cóncavo: falta de disposiciones y cualidades de Júpiter; o bien disposiciones contrarias, como tendencias vulgares o falta de amor propio.

Prominente: orgullo; amor egoísta; deseos de supremacía; superstición.

Excesivo: vanidad; deseo de dominio y de honores obtenidos con los peores medios; también apoplejía.

Monte situado entre el índice y el medio: desprecio por lo material; también escaso amor hacia los demás.

Monte que tiende a desviarse hacia la línea del corazón: orgullo y fiereza en los sentimientos. Si se desvía hacia la línea de la cabeza: excesivo buen juicio sobre la propia inteligencia. Si se desvía hacia el dedo medio: confianza en sí mismo y seguridad en el éxito por sus propios medios.

Signos sobre el monte de Júpiter

Una cruz indica, en caso de matrimonio, mucha felicidad (fig. 143). Si la cruz está unida o ligada a una estrella, el matrimonio se efectuará con una persona socialmente importante o con un artista (fig. 144).

Una estrella aislada en el monte anuncia un suceso imprevisto pero favorable: éxito total, destino elevado y seguro (fig. 145).

Una reja sobre el monte indica que la ambición y el orgullo se verán muy obstaculizados; el éxito social será difícil porque encontrará una fuerte oposición (fig. 146).

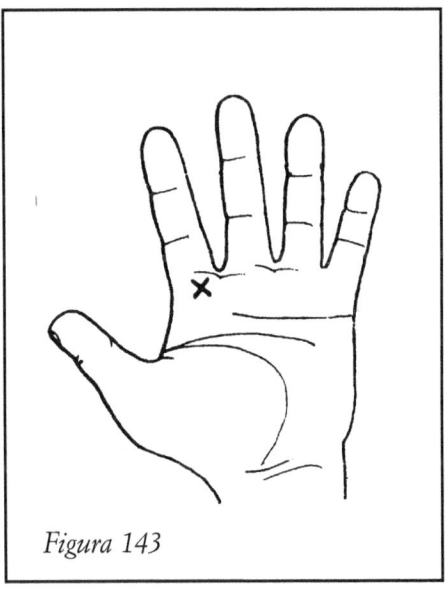

Figura 143

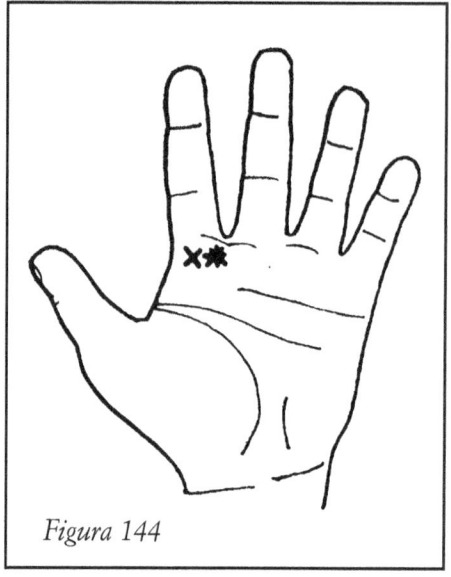

Figura 144

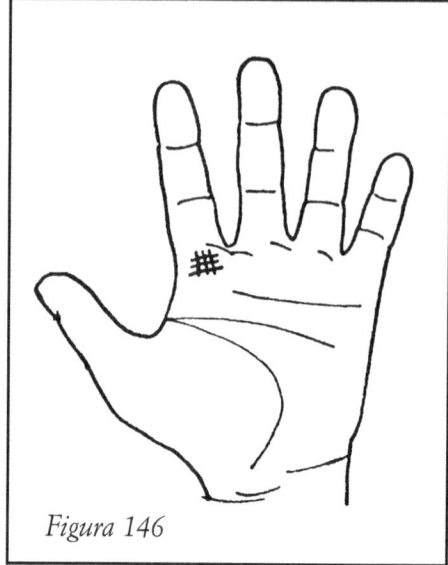

Figura 146

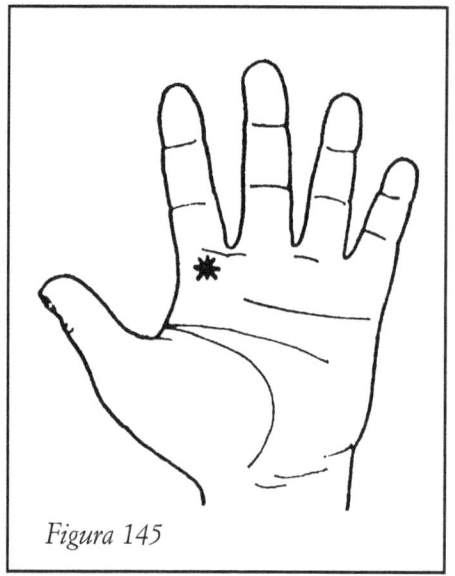

Figura 145

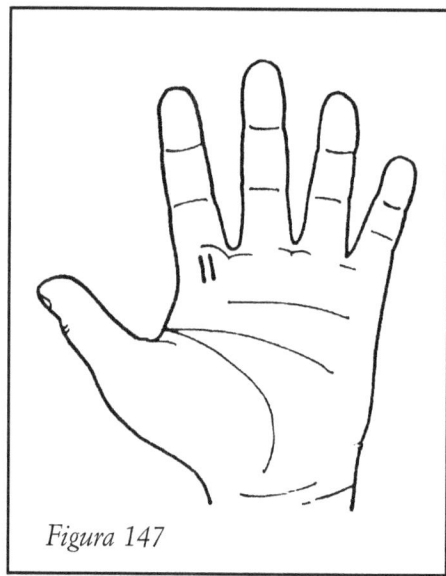

Figura 147

Una línea aislada sobre el monte de Júpiter manifiesta éxito, aunque arranque de la línea de la vida. Dos líneas, e incluso tres, favorecen el éxito (fig. 147).

Si las estrellas, las cruces o las líneas están mal hechas o entrecortadas por otras transversales, entonces la realización de los hechos anunciados sería difícil a causa de los obstáculos que se presentarán.

Un cuadrado sobre el monte de Júpiter indica protección o por lo menos preservación de todo mal. El significado de este signo es siempre positivo (fig. 148).

Un punto sobre Júpiter indica desastre financiero o pérdida de la posición social (fig. 149). En este caso, si se examina la línea de demarcación, encontraremos entre otras una línea que la cruza de manera muy clara señalando así la época en la que sucederá el desastre.

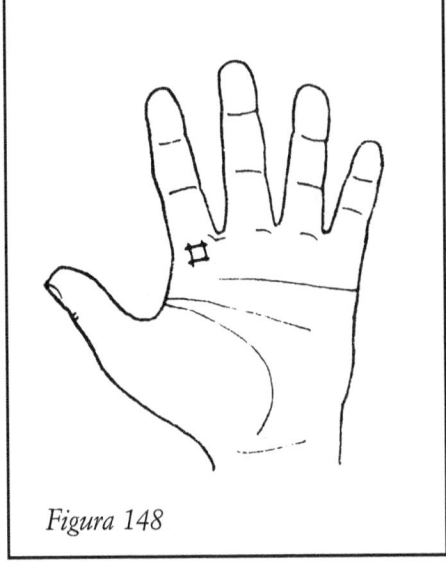

Figura 148

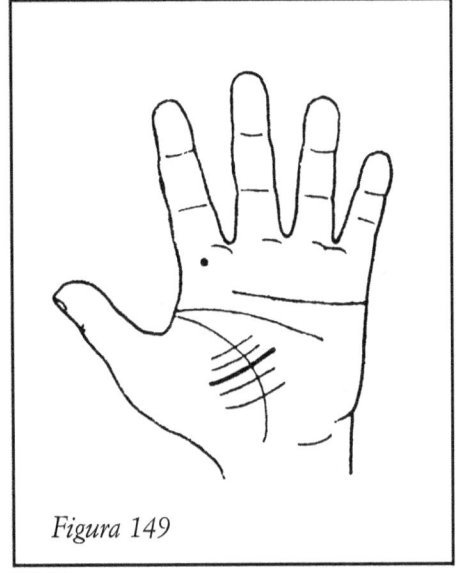

Figura 149

Si sobre el monte de Júpiter se notan algunas líneas desordenadas, tendrán un significado similar al que tiene la reja: imposibilidad de elevarse en la escala social (fig. 150).

Monte de Saturno

Inmediatamente debajo del dedo medio se encuentra el monte de Saturno, dedicado al planeta de mismo nombre (fig. 151). Este monte representa la sabiduría, la reflexión, la curiosidad y la duda. En una mano con dedos puntiagudos denota principalmente reflexión y prudencia (mundo divino); en una mano de dedos cuadrados, intolerancia (mundo espiritual); en una mano de dedos espatulados, tristeza (mundo material).

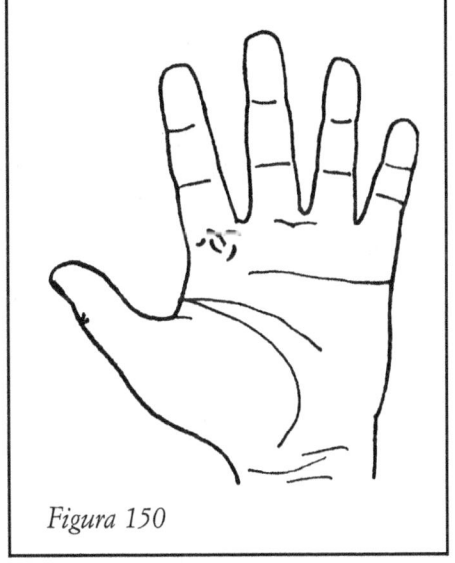

Figura 150

Dependiendo del aspecto que presenta el monte de Saturno, se desprenden los correspondientes significados:

Monte normal y sin otra línea que la terminación de la línea de la fortuna: prudencia, sabiduría, vida tranquila, destino normal, éxitos.

Escasamente prominente: las mismas disposiciones que las del monte normal pero en grado inferior.

Aplanado: desventura y vida insignificante.

Hundido o bien blando: falta de las cualidades de Saturno o bien cualidades contrarias: vida insignificante; descuido.

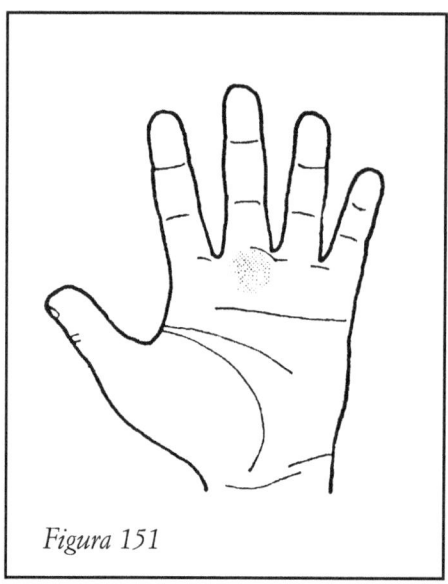

Figura 151

Prominente (de forma más bien rara): tristeza, misantropía, carácter cerrado, desprecio por la vida; orgullo desmedido; ascetismo.

Exagerado: cualidades de Saturno desarrolladas al máximo; neurosis; parálisis; histerismo; reumatismo; defectos de circulación; enfermedades de las extremidades, de las muelas, de los oídos.

Un monte que tiende a desviarse en dirección al de Júpiter: predominio de las ambiciones sobre las disposiciones científicas; enorme superstición; deseo de fama, merecida o no.

Monte con desviación hacia el de Apolo: fuerte atracción por el arte, al que, en consecuencia, se le dedica toda la vida.

Signos sobre el monte de Saturno

Una cruz indica muerte no natural, por ejemplo por accidente (fig. 152). En general es una señal de catástrofe, razón por la que el gran quirólogo Desbarolles la ha llamado *cruz funesta*. No obstante, una pequeña cruz situada debajo de la unión del dedo con el monte puede ser signo de misticismo.

El significado es aún peor si en lugar de una cruz se encuentra una estrella (fig. 153). En este caso puede simbolizar la muerte por enfermedad incurable; a menudo también es indicio de escándalo y deshonor.

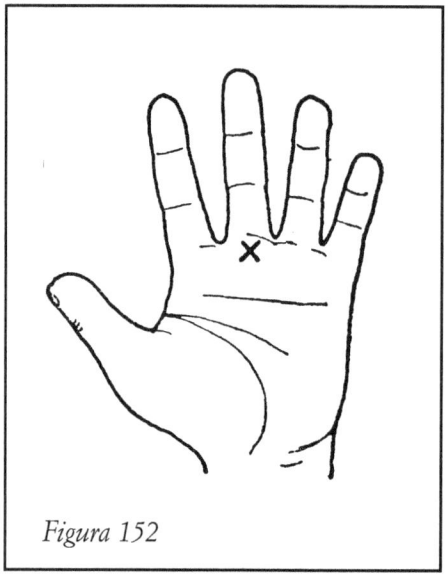

Figura 152

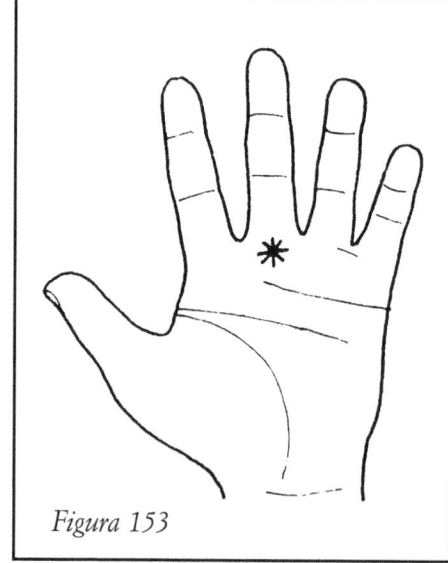

Figura 153

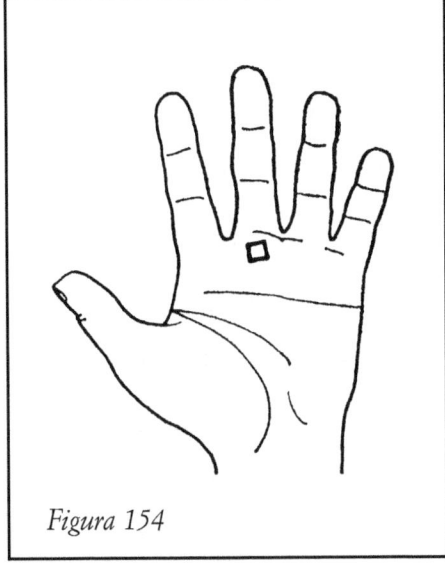
Figura 154

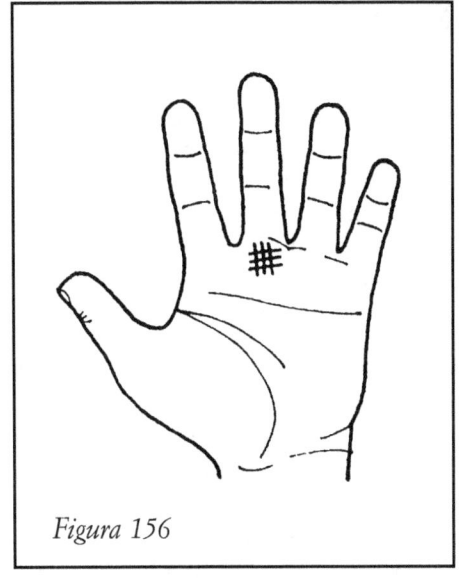
Figura 156

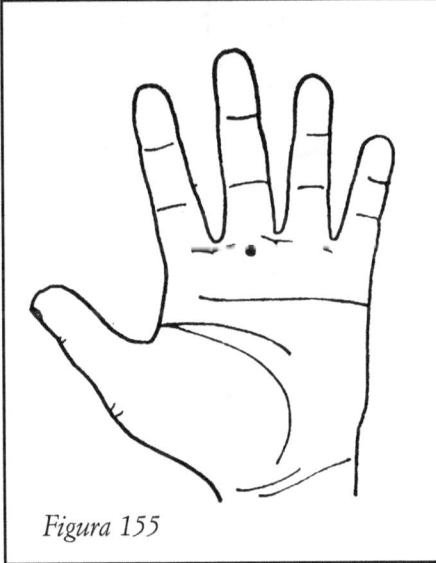
Figura 155

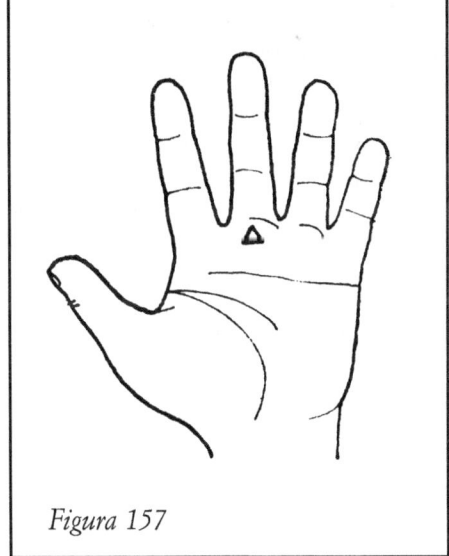
Figura 157

Un cuadrado, como hemos dicho antes, es un signo de protección y por lo tanto potencia las cualidades de Saturno y protege de los peligros (fig. 154).

Un punto sobre el monte de Saturno es siempre funesto. Si se encuentra situado sobre las líneas indica enfermedades muy graves; si no, catástrofes (fig. 155).

Una reja en Saturno denota mala suerte, melancolía y con frecuencia tendencia al suicidio (fig. 156).

Un triángulo sobre Saturno indica misticismo (fig. 157).

Una aclaración final: todos aquellos que tienen un bonito monte de Saturno y una línea de Saturno bien definida, así como los que tienen una bien formada línea hepática envejecen con una salud envidiable.

Monte de Apolo

El monte de Apolo, situado debajo del anular, simboliza el ideal, la suerte, la gloria; pero también el riesgo (fig. 158). Un monte de Apolo «bueno» es indispensable para los artistas, porque significa satisfacción en las tendencias creadoras.

Además, en una mano puntiaguda, apunta el deseo de gloria (mundo divino); en una mano de dedos cuadrados, la necesidad y deseo de lo verdadero (mundo espiritual), mientras que en una mano con forma de espátula, el predominio de las artes aplicadas (mundo material).

El monte de Apolo puede presentarse bajo los siguientes aspectos y con los siguientes significados:

Si es normal: inteligencia, genialidad, buen gusto, tendencias artísticas; probabilidad de alcanzar la gloria.

Si es poco prominente pero uniforme y sencillo: las mismas aptitudes, pero menos marcadas, que las anteriormente descritas.

Plano: materialismo, falta de cualidades artísticas.

Hundido: carencia absoluta de todas las cualidades de Apolo, incluso y con cierta frecuencia, presencia de los defectos opuestos.

Demasiado desarrollado: vanidad, amor más por las riquezas y el lujo que por el arte; tendencia a la paradoja; también enfermedades de los ojos, molestias o enfermedades del corazón y de la circulación.

Si su forma atrae hacia sí los montes de Saturno y de Mercurio: atracción predominante por el arte y por todo lo que con él se relaciona.

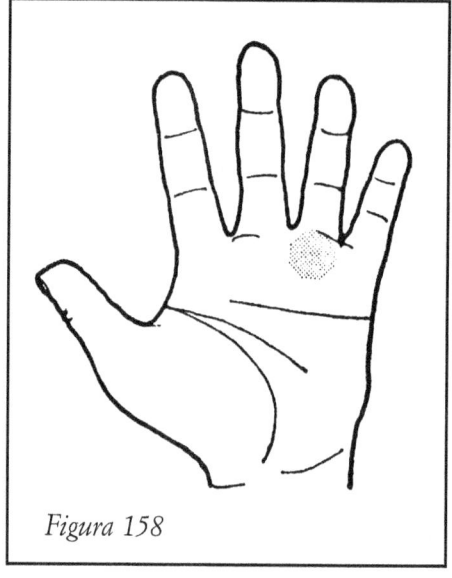

Figura 158

Si se desvía hacia el monte de Saturno: concepción artística que tiende a la reflexión, a la seriedad, al rigor, a las ciencias filosóficas.

Si se desvía hacia el monte de Mercurio: capacidades artísticas dirigidas de modo especial al mundo práctico de la industria y el comercio.

Signos sobre el monte de Apolo

Una estrella sobre el monte de Apolo indica siempre gloria inesperada, pero que acaba con frecuencia en un cruel desengaño (fig. 159).

Una cruz anuncia obstáculos que se oponen al éxito, sea cual fuere el campo en que lo busque el individuo (fig. 160).

Un cuadrado preserva de un experimento equivocado que podría resultar peligroso (fig. 161).

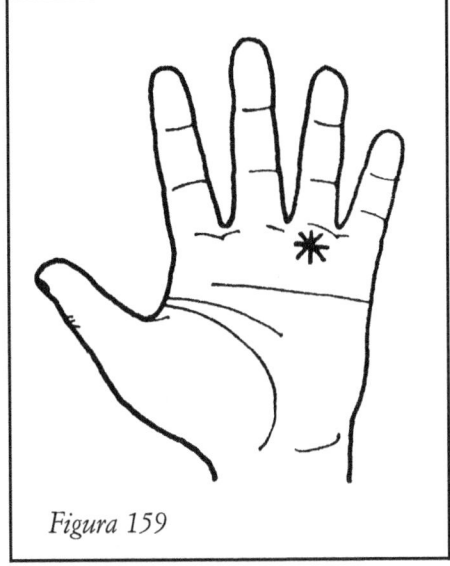

Figura 159

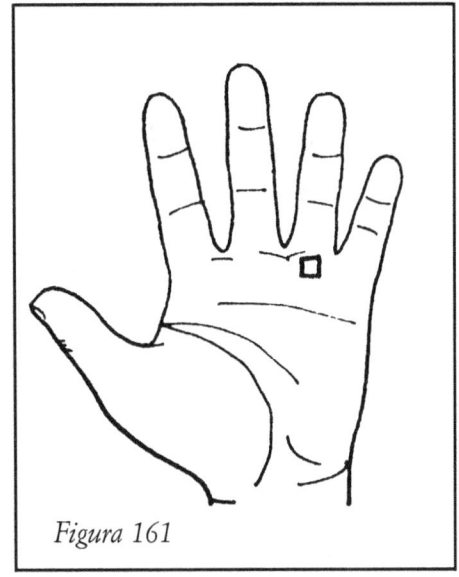

Figura 161

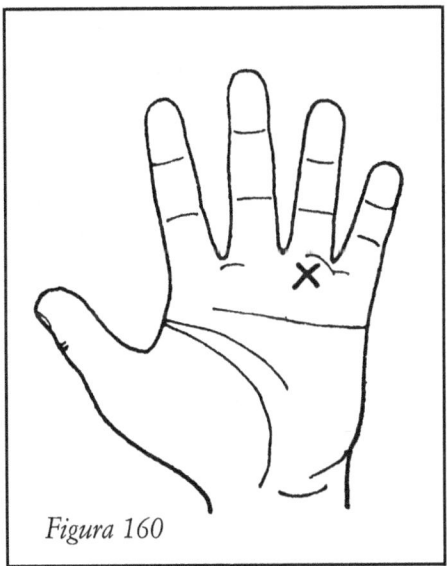

Figura 160

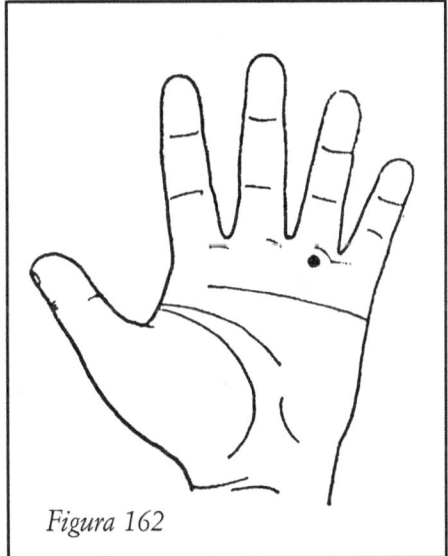

Figura 162

Un punto sobre el monte de Apolo simboliza el fracaso artístico o la ruina (fig. 162). Si el punto es blancuzco y profundo, puede interpretarse como un accidente que afecta a los ojos.

Una reja indica siempre un obstáculo que se opone a las cualidades propias del monte; también excesiva vanidad (fig. 163).

Un triángulo, en fin, es el máximo de los signos: lo poseen grandes poetas, músicos y artistas (fig. 164).+

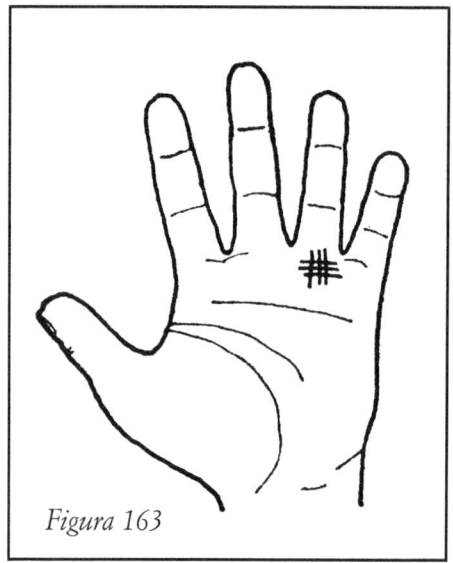

Figura 163

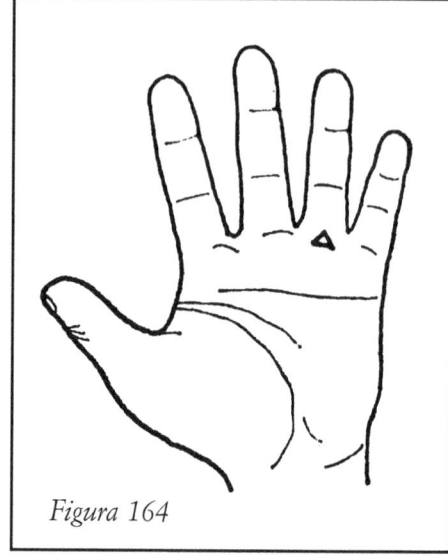

Figura 164

Monte de Mercurio

El monte de Mercurio está situado debajo del dedo meñique (fig. 165). Indica la elocuencia; las aptitudes para el comercio, la industria, las ciencias (en especial las naturales y la medicina); la astucia, la imitación, la versatilidad; el deseo de poseer, el robo, la cleptomanía; el engaño. Este monte en una mano puntiaguda muestra la prevalencia del arte (mundo divino); en una mano con dedos cuadrados denota elocuencia (mundo espiritual); en una mano con dedos espatulados indica la astucia (mundo material).

A partir de la interpretación de los diferentes aspectos del monte de Mercurio obtendremos los siguientes atributos del individuo:

Si el monte es normal: sabiduría; potencial para la industria y el comercio; elocuencia; espíritu de adaptación; habilidad; inteligencia rápida y viva.

Escasamente prominente: disposición semejante pero inferior a la del monte de Mercurio normal.

Aplanado y blando: falta total de las aptitudes dadas por Mercurio y, por lo tanto, vida sin encantos, tendencia a convertirse en un parásito. Sin embargo, este significado negativo es anulado si en el monte se encuentran unos radios ascendentes.

Hundido: falta total de las aptitudes dadas por Mercurio, o bien aptitudes diametralmente opuestas.

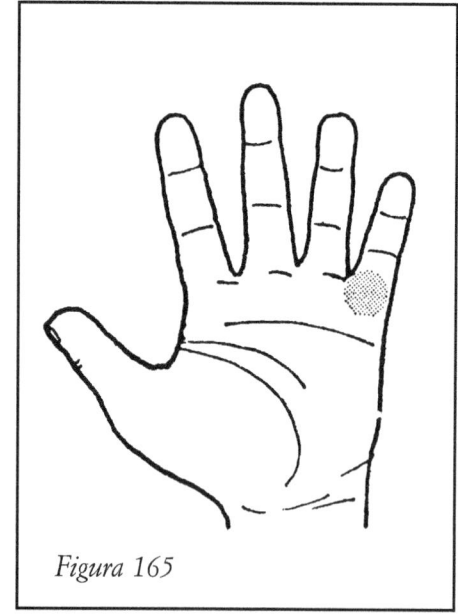

Figura 165

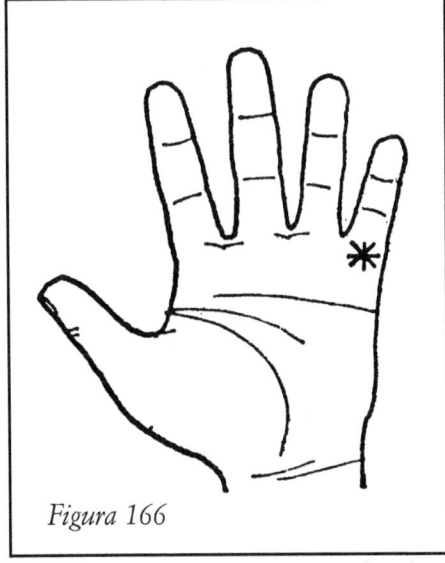

Figura 166

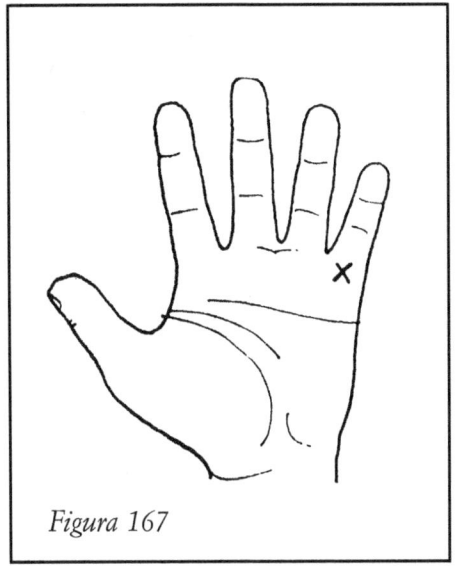

Figura 167

Prominente: potencial para las ciencias, la industria y el comercio; elocuencia; espíritu de adaptación; saber hacer; clara habilidad; inteligencia rápida y muy vivaz; es decir, todo lo que da un monte normal más la destreza, la capacidad de concretar, de encontrar la aplicación práctica a las cualidades que posee.

Demasiado desarrollado: presunción; usura; fraude; hurto; ansia de beneficio; falta de honestidad; también enfermedades de hígado y de bazo.

Hinchado y sobresaliente de la mano: astucia muy acentuada; avidez sin límites; tendencia al hurto.

Si el monte se desvía hacia el monte del Sol: facultad para la ciencia unida a la del arte; perspicacia; tendencia a los descubrimientos.

Si se desvía hacia el monte de Marte: elocuencia desbordante.

Si el monte está muy desarrollado y se encuentra en una mano con muchos radios: gran habilidad en el juego, prestidigitación, enredos; habilidad en hacer trampas en el juego.

Signos sobre el monte de Mercurio

Una estrella significa ganancias obtenidas de forma deshonesta (fig. 166).

Una cruz tiene casi el mismo significado que la estrella, por lo tanto marca una tendencia a la deshonestidad (fig. 167).

Un cuadrado aleja las malas influencias ligadas a la acción de Mercurio (fig. 168).

Un punto (fig. 169) indica un episodio enojoso con relación a los negocios; en este caso hay que averiguar si existe un cuadrado en el monte de Venus, cerca de la línea de demarcación: si existe, el peligro desaparece. Un punto puede también simbolizar una condena a prisión.

Una reja denota poca sinceridad en los negocios e imposibilidad de ganancias seguras (fig. 170).

Un triángulo se interpreta como señal segura de éxito en los negocios y las finanzas (fig. 171).

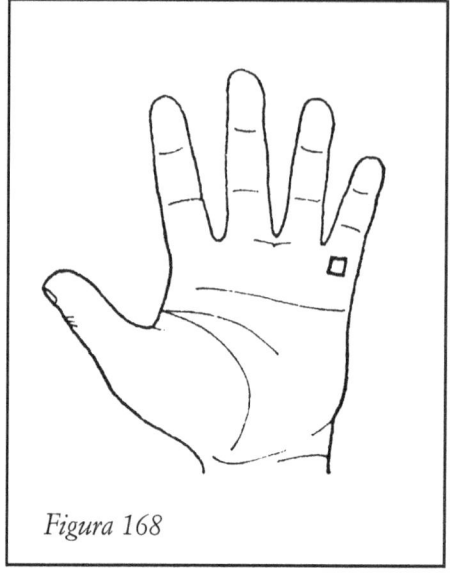

Figura 168

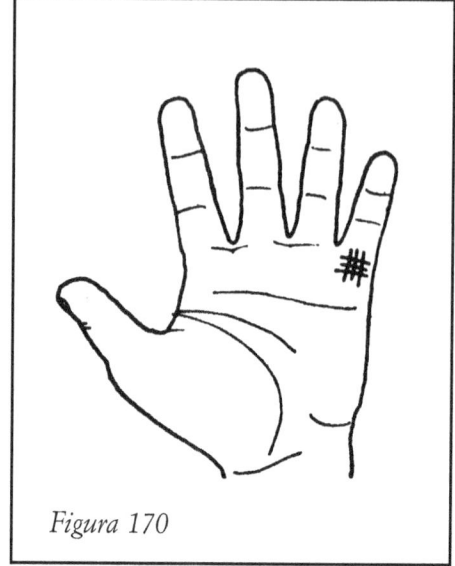

Figura 170

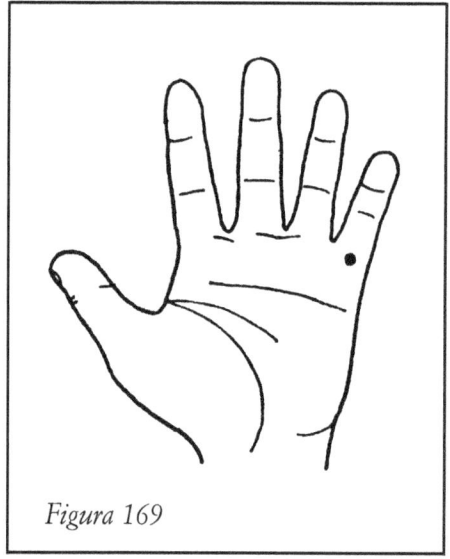

Figura 169

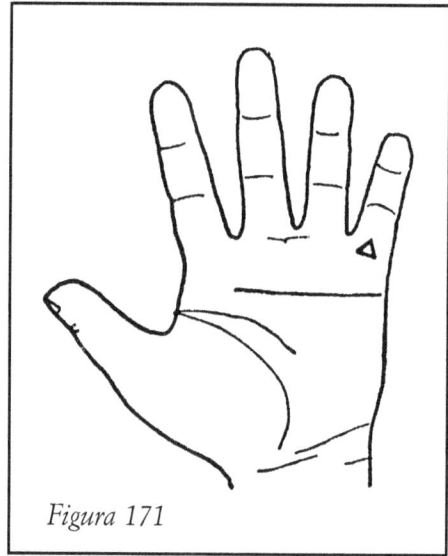

Figura 171

Monte de Marte

Inmediatamente debajo del monte de Mercurio se sitúa el monte de Marte, que se prolonga casi hasta el dorso de la palma (fig. 172). Este es el monte que representa la actividad física y mental, la fuerza, la resistencia, el valor frente al destino y las pasiones, y el amor por la lucha.

Sus atributos de acuerdo con su aspecto son:

Si el monte es normal: calma, dominio de sí mismo, valor, fiereza; energía; prodigalidad; resistencia.

Poco prominente: aptitudes iguales pero en grado inferior a las que da el monte normal.

LOS MONTES

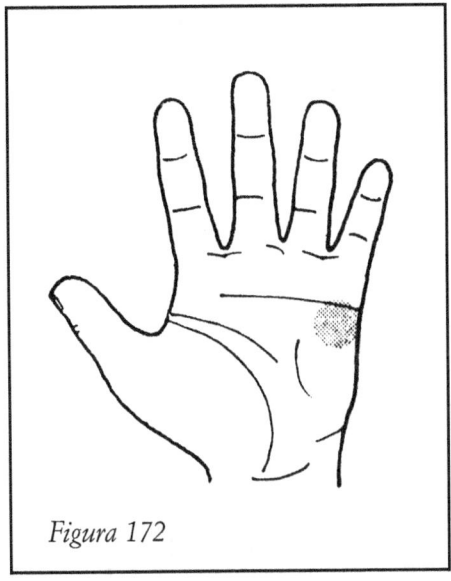

Figura 172

Plano: vileza, debilidad, poca resistencia.

Hundido: falta total de las características de Marte, o bien aptitudes opuestas.

Prominente: cólera; insolencia; crueldad, injusticia, violencia y tiranía.

Excesivo: violencia; crueldad desmesurada que puede llegar hasta el delito; voracidad; pero también fuerte dominio de sí mismo; enfermedades de la laringe y de los bronquios; infecciones de la sangre y de los intestinos.

Si no está separado del monte de la Luna (situado debajo): gran fuerza de resignación.

Si está muy desarrollado y no presenta rayas: sangre fría y mucho valor.

Desarrollado en dirección de la línea de la cabeza: perseverancia muy equilibrada.

Desarrollado hacia el monte de la Luna y formando con este casi un todo: potencia extraordinaria, en especial si la mano tiene un pulgar largo y armonioso; fuerza hipnótica si la mano tiene una línea de intuición bien desarrollada y el ángulo mediano es recto.

Hinchado junto al borde del monte de la Luna, pero separado de este: predisposición muy fuerte a las enfermedades intestinales.

Si se desvía hacia el monte de Mercurio: energía y actividad, especialmente en el terreno de la industria, del comercio, de la medicina y de la elocuencia.

Si se desvía hacia el monte de la Luna: imaginación fuerte y muy activa.

Uniforme y lleno: dominio de sí; valor; calma.

Al monte de Marte va unido el plano de Marte, que se encuentra precisamente en el centro de la palma (fig. 173). Este plano representa la lucha, las fuerzas que se mueven activamente, mientras que el monte indica más bien las fuerzas que impulsan a resistir.

Signos sobre el monte de Marte

Si el plano está cruzado por muchas y pequeñas líneas y si además tiene una cruz, el significado es de vivaz instinto

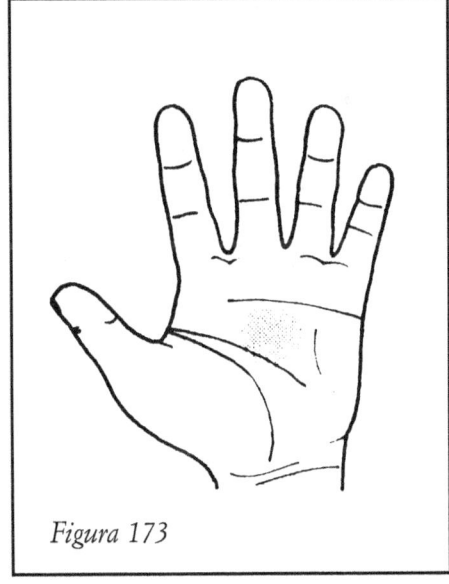

Figura 173

de lucha. Una estrella en el plano de Marte indica, en cambio, posible muerte en una lucha o por culpa de un arma (fig. 174).

Una estrella sobre el monte indica logro de honores y de una brillante situación, especialmente en la vida militar (fig. 175); quien posee este signo puede morir de muerte violenta.

El cuadrado, como siempre, aparta de los peligros, especialmente si encierra o toca una estrella que es amenazante (fig. 176).

Una cruz avisa de la posibilidad de muerte violenta (fig. 177).

Una reja es indicio funesto de muerte violenta (fig. 178).

Un triángulo evidencia que el individuo tiene predilección por la carrera militar (fig. 179).

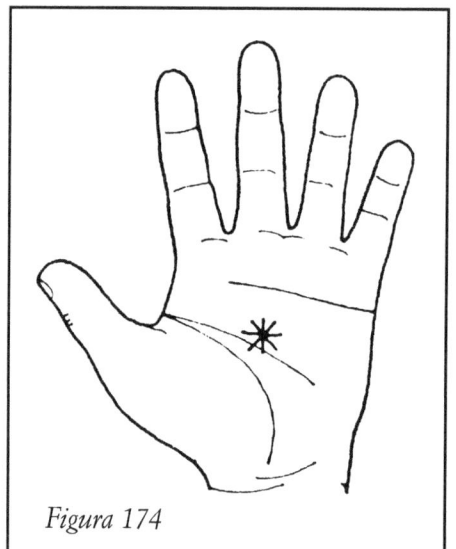

Figura 174

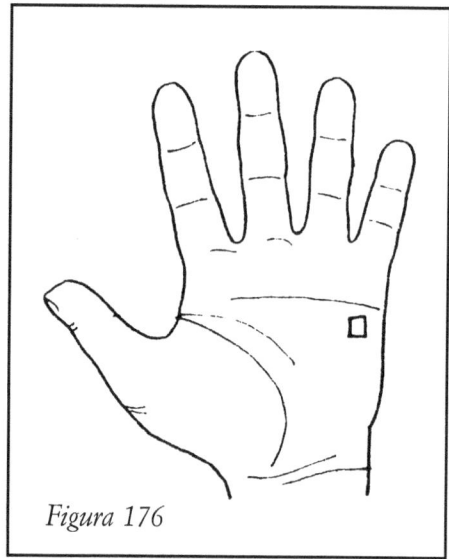

Figura 176

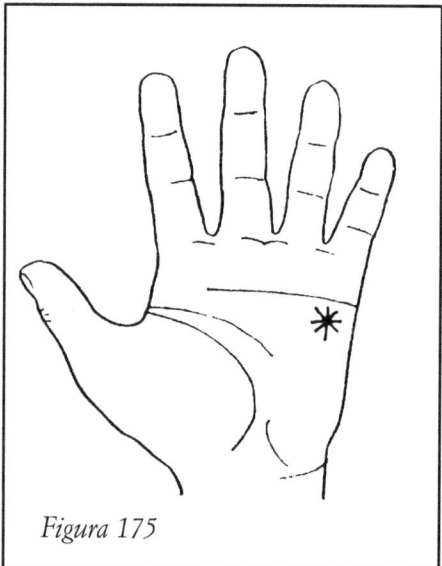

Figura 175

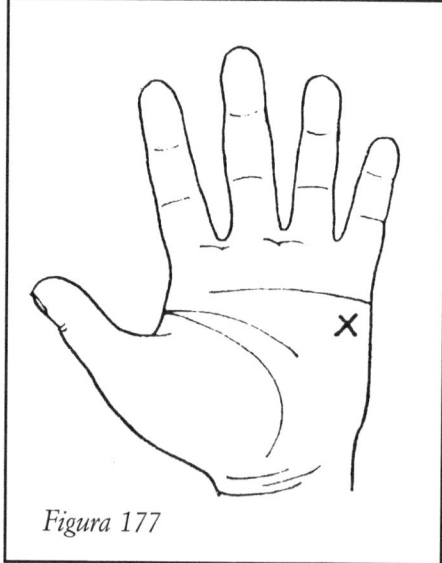

Figura 177

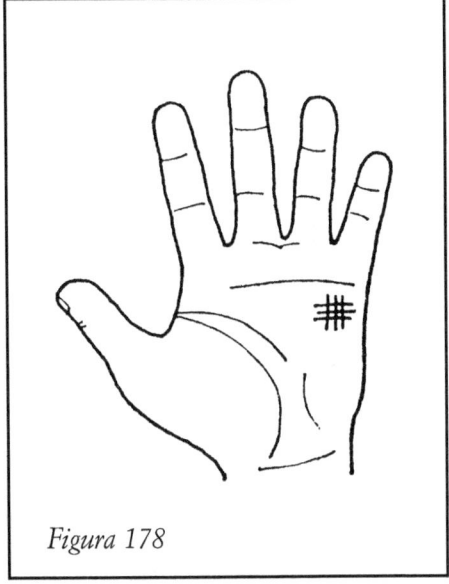

Figura 178

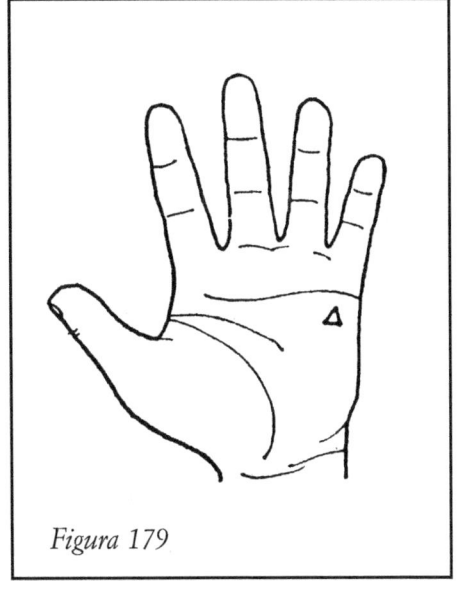

Figura 179

Monte de la Luna

En la parte opuesta al monte de Venus y precisamente debajo del monte de Marte se encuentra el monte de la Luna (fig. 180). Es el monte de la imaginación; los viajes; la memoria; la fantasía; pero también la pasividad; la tendencia a fantasear más que a actuar; el amor y la necesidad de descanso.

Se presentan los siguientes aspectos y atributos:

Si el monte es normal: imaginación, fantasía, melancolía, inclinación a las artes y a la literatura.

Poco prominente: las mismas cualidades y aptitudes que el monte normal, pero en grado inferior.

Aplanado: indica esterilidad de sentimientos.

Deprimido: falta total de todas las características dadas por la Luna.

Prominente: fantasía, irritabilidad; pero también significa superstición, volubilidad.

Demasiado desarrollado: imaginación desenfrenada y fantasía; glotonería y gula; además, presencia de ácido úrico; linfatismo; gota; hidropesía; enfermedades de la vejiga y de los riñones.

Hinchado en la base: intuición, cualidades para ejercer de médium (en especial si la mano presenta un

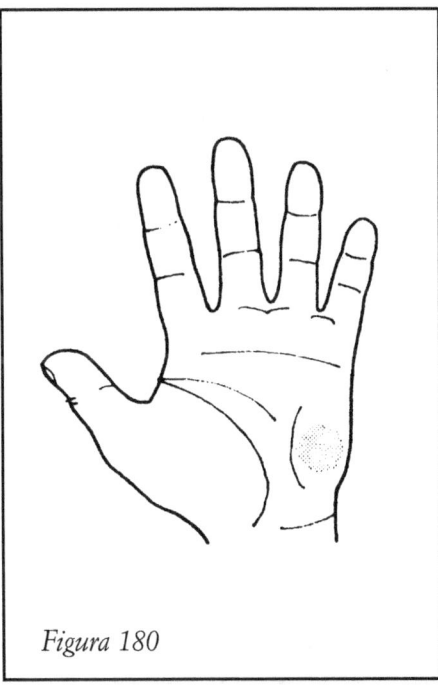

Figura 180

pequeño triángulo sobre el monte de Saturno, que indica magia negra y ocultismo; o bien una isla sobre el mismo monte, que indica fascinación por el espiritismo).

Hinchado hacia el centro: buena imaginación.

Hinchado en el punto central: excesiva imaginación; monomanías.

Fuerte: buena memoria.

Alargado pero poco acentuado: debilidad.

Si presenta una desviación hacia el monte de Marte: imaginación fuerte y original.

Si se desvía hacia el monte de Venus: portentosa imaginación novelera y sensual.

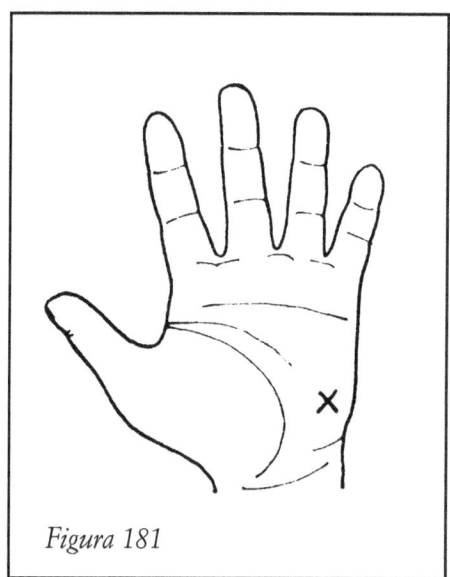

Figura 181

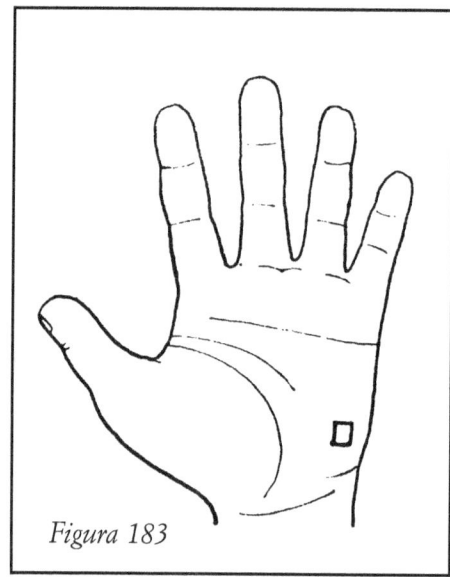

Figura 183

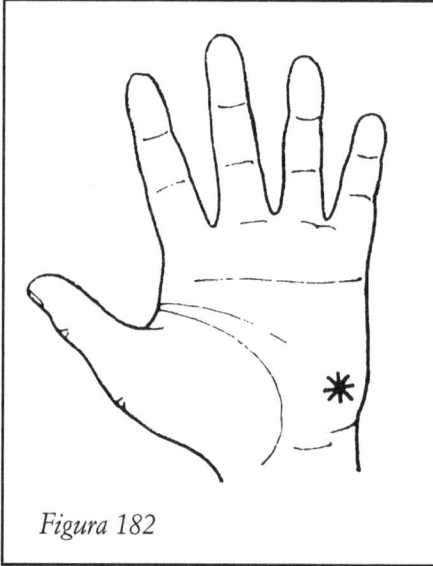

Figura 182

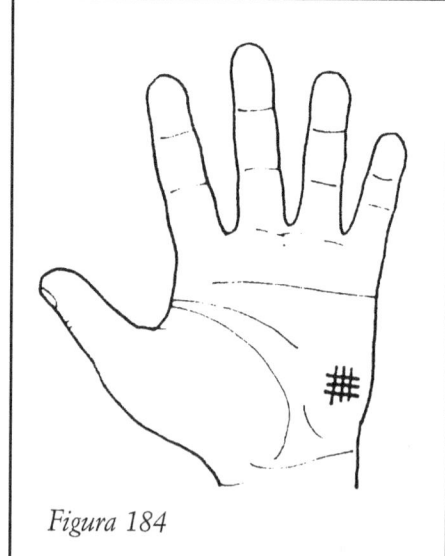

Figura 184

Si se desvía hacia la *rascetta*[1]: imaginación que se interesa por los fenómenos y las ciencias ocultas.

Si el monte está atravesado por varias líneas uniformes que se entrecruzan sin una dirección definida, el significado es de una gran zozobra por una pequeñez.

Signos sobre el monte de la Luna

Una cruz sobre el monte de la Luna denota misticismo pero también falsedad, especialmente si la cruz se encuentra aislada (fig. 181).

Una estrella en el mismo lugar indica peligro de morir ahogado y desgracias (fig. 182).

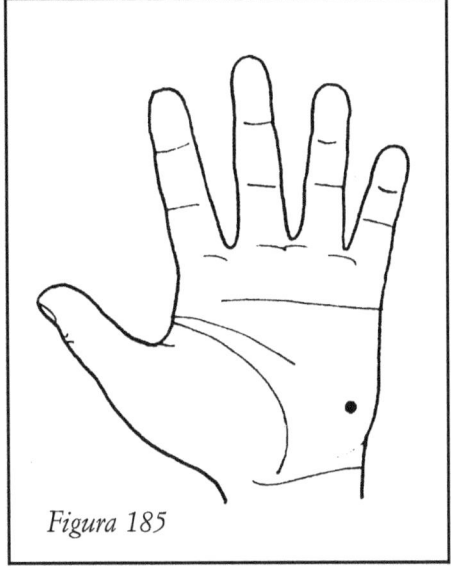

Figura 185

Un cuadrado tiene el acostumbrado significado benigno de defensa contra las malas influencias (fig. 183).

Una reja obstaculizará las cualidades del monte dando lugar a nerviosismos y distintas molestias (fig. 184).

Un punto sobre el monte de la Luna indica una influencia negativa de la imaginación que puede provocar una catástrofe (fig. 185). Pero si este punto va acompañado de una línea de la cabeza bien formada, el significado varía y puede incluso expresar buenas aptitudes para la poesía.

---

1. Parte de la muñeca, en la base de la mano, caracterizada por una serie de pliegues transversales.

El plano de Marte

Después del detallado examen de los montes es necesario prestar mucha atención a otros elementos que se encuentran en las inmediaciones del monte de Marte, pero que forman un todo completamente aparte: se trata del plano de Marte, al que ya nos hemos referido antes.

El plano de Marte abarca la zona de la palma comprendida entre los montes y la *rascetta*, e indica la acción, mientras que el monte refleja más específicamente la resistencia.

El plano de Marte se puede dividir en diferentes partes, que toman el nombre de las formas geométricas a las que se asemejan: es decir, el cuadrado, el triangulo mayor y el triángulo menor (fig. 186).

El cuadrado

Es el área de la palma comprendida entre las líneas del corazón y de la cabeza,

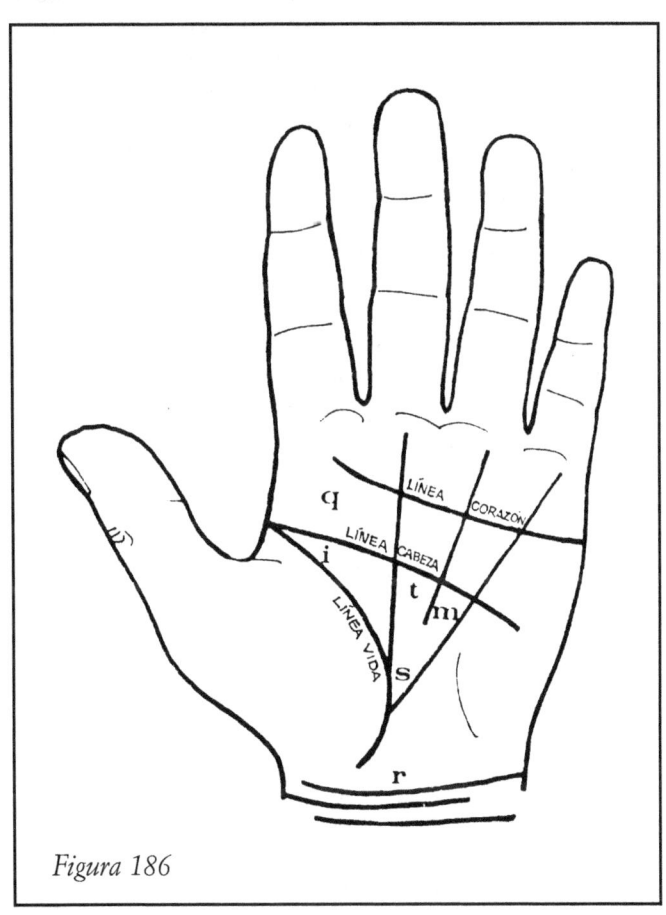

Figura 186

y los montes de Marte y de Júpiter. Según su aspecto, en él se reconocen los significados siguientes:

Grande y ancho, es decir, cuando las líneas del corazón y de la cabeza están más bien alejadas: franqueza; imprudencia; valor; temeridad.

Muy grande: exceso de franqueza.

Regular y ancho: buena constitución física y moral.

Ancho sólo en dirección a la palma: tendencia a la rebelión; amor por la libertad.

Irregular y con muchos radios: carácter indeciso, timidez.

Estrecho, es decir, con la línea del corazón y de la cabeza demasiado juntas: desconfianza; simulación; falta de decisión; defecto cardiaco.

Estrecho hacia abajo, o sea con las líneas del corazón y de la cabeza demasiado juntas hacia el monte de Marte: timidez, falta de decisión, egoísmo.

Surcado por muchas líneas: incapacidad para juzgar.

Signos sobre el cuadrado del plano de Marte

Un punto debajo de la línea del corazón, bajo el monte del Sol, con la línea del corazón en forma de horca, pálida, demasiado cercana a la de la cabeza, en unas manos llenas de líneas, con las uñas recubiertas de piel azulada (signo de mala circulación), significa una clara predisposición al asma.

Un pequeño círculo cercano a la línea del Sol, situado más bien debajo del dedo de Apolo (anular), indica ceguera.

Una cruz aislada debajo del monte de Saturno significa misticismo y tendencia a las ciencias ocultas. Si la cruz está mal trazada su significado empeora, mostrando entonces interés sobre todo por la exaltación supersticiosa.

Una cruz aislada debajo del monte del Sol significa debilidad de la vista; incluso peligro de perderla.

Una cruz debajo del monte de Saturno, o a la vez debajo de este y del monte del Sol, simboliza misticismo.

Una cruz debajo del monte de Júpiter es señal de escepticismo, falta de fe.

Una cruz grande debajo del monte de Saturno, o entre este y el monte del Sol, con algunos puntos en las extremidades de sus ramas, indica epilepsia, especialmente si el individuo tiene las uñas extremadamente cortas, la línea de la cabeza en tramos sucesivos y la línea del corazón en forma de cadena.

Una cruz debajo del monte del Sol y al mismo tiempo debajo del de Mercurio, indica buena aptitud para las ciencias ocultas y la adivinación.

Tres círculos pequeños, o algo parecido, contenidos uno dentro de otro debajo del monte de Saturno, aunque estén debajo de la línea del corazón, indican epilepsia.

Una estrella debajo del monte del Sol y del de Mercurio refleja aptitud para los descubrimientos en el campo de la medicina, para las revelaciones terapéuticas; y también aptitud para las ciencias ocultas y la adivinación.

Una estrella aislada denota buen carácter, dulzura, pero en el hombre también peligro de pervertirse por culpa de la mujer amada.

Un cuadrado debajo del monte del Sol, o debajo del de Saturno y del Sol al mismo tiempo, significa que ha sido superado un peligro de muerte por fuego.

El triángulo mayor

El triángulo mayor está delimitado por las líneas de la vida, de la cabeza y hepática, o la del Sol o la de la intuición. Presenta estos aspectos y sus correspondientes atributos:

Si el triángulo está bien hecho (especialmente si tiene como base la línea hepática), el significado es de inteligencia y salud.
Regular y de bello aspecto: equilibrio general.
Muy ancho: finura y nobleza de ánimo.
Rectangular y trazado con fuerza: aptitud para la magia.
Estrecho: mezquindad; avaricia; también cobardía.
Situado muy abajo en la palma de la mano: tendencia a dormir mucho.
También es importante examinar los ángulos:
Ángulo superior (o de la inteligencia): está formado por la línea de la vida y la de la cabeza. Si está bien hecho indica inteligencia. Bien formado y puntiagudo: prudencia y circunspección. Mal formado denota escasa inteligencia. Si no nace al principio de la línea de la vida sino más abajo: inteligencia que se desarrolla lentamente.
Ángulo de la salud: está formado por la línea de la vida (o por la de Saturno) con la línea hepática (o con la del Sol o de la intuición). Si está bien formado indica buena salud. Si es agudo: avaricia. Si está mal formado: buena salud sólo moderada. Si está mal formado y al mismo tiempo es agudo: avaricia y temperamento enfermizo.
Ángulo de la longevidad (o ángulo de medianidad): está formado por la línea de la cabeza con la línea hepática, y por la línea del Sol con la de la intuición (fig. 186). Si está bien definido indica longevidad. Si es recto denota tendencia a las ciencias ocultas y dotes paranormales. Si apenas está señalado expresa debilidad y al mismo tiempo marcada susceptibilidad. Si es obtuso, es decir, la línea de la cabeza se dirige hacia la parte inferior del monte de la Luna, revela infidelidad.

Signos sobre el triángulo mayor del plano de Marte

Algunos signos como un punto o un agujero situado dentro del ángulo de la inteligencia, más bien hacia arriba, son indicio de peligro de accidentes.
Una especie de pequeño círculo en la zona inferior, esto es, en dirección de la línea hepática: espíritu pendenciero y brutal; volubilidad, espíritu caprichoso.
Una cruz en la zona central: carácter pendenciero.
Una cruz grande situada dentro del ángulo de la inteligencia, entre las líneas de la vida y de la fortuna, y que termina con un punto en la extremidad de cada rama: molestias cerebrales; a menudo apoplejía.
Una estrella aislada dentro del ángulo de la inteligencia indica luchas, fatalidad, muchas veces catástrofes.
Un pequeño triángulo en el ángulo de la inteligencia, situado entre las líneas de la vida y la de la fortuna, significa aptitud para las armas. Un pequeño triángulo invertido, situado entre la parte baja del monte de Venus y del monte de la Luna anuncia un suceso importante que originará un cambio total en la posición social.

El triángulo menor

Las líneas de Saturno, de la cabeza y la hepática, o la línea del Sol o la de la intuición, dibujan el triángulo menor. Sus significados, determinados por su aspecto, son los siguientes:

Si está bien trazado muestra amor por la naturaleza, curiosidad intelectual, amor por el coleccionismo y las ciencias exactas.

Rectangular: grandes aptitudes para las ciencias ocultas.

Otros signos en el plano de Marte

Un punto negro muy pronunciado situado debajo del monte del Sol y por encima de la línea del corazón pronostica pérdida de la vista (de manera especial si en la mano se presentan otras indicaciones que lo confirman).

Una mancha azulada, o azul oscuro, situada entre el monte de Marte y el de la Luna, manifiesta la presencia de molestias intestinales.

Una cruz debajo del monte del Sol y al mismo tiempo debajo del monte de Mercurio y encima de la línea del corazón, o bien debajo del monte del Sol y cercana a la línea del mismo nombre (pero sin llegar a cortarla) denota tendencia a la espiritualidad.

Una estrella en la parte baja puede indicar una operación quirúrgica.

Una estrella o una cruz, con un agujero en el centro, situada en la parte baja, significa peligro mortal.

La *rascetta* y los brazaletes

La *rascetta* es la parte de la muñeca en su confluencia con la mano que aparece marcada por una o varias líneas transversales.

A estas líneas se las llama *pulseras* y su conjunto forma, en quiromancia, el denominado *brazal*. A cada una de las tres pulseras se le atribuye una cualidad o una indicación; a saber: a la primera, la salud; a la segunda, la riqueza; y a la tercera, la felicidad.

Un brazal bien formado, que posee las tres líneas, indica suerte, salud y riqueza.

Si está mal formado, es decir, si se trata de una *rascetta* con pulseras irregulares, o rotas, o que faltan, señalará dificultades en la vida, desgracias. Por ejemplo, una *rascetta* con la primera pulsera muy alta, que se eleve por un lado hasta la base del monte de Venus, significará debilidad de las partes genitales.

Signos sobre la *rascetta*

Una cruz simboliza una vida de trabajo con la satisfacción del éxito alcanzado; herencia o suerte inesperada.

Un triángulo sobre una de las tres pulseras: longevidad. Un pequeño triángulo: buen matrimonio, incluso financieramente. Un pequeño triángulo con una cruz en medio: fortuna, herencia.

Un punto rojo o rojizo: enfermedad.

Un pequeño círculo o signo parecido: enfermedad.

Debemos señalar, no obstante, que las indicaciones de las pulseras y de los signos de la *rascetta* no están suficientemente probados y provienen sólo de la tradición.

Las líneas principales

La línea del corazón

Si examinamos la palma de la mano distinguiremos a primera vista tres líneas que son las más largas y marcadas. La primera, que es la que cruza horizontalmente la palma bajo la base de los dedos, se llama *línea del corazón* o *mensal*. Tiene relación con los sentimientos, los disgustos, las cosas buenas y malas, alegres o tristes, afortunadas o no, que pertenecen a la esfera del corazón; también va ligada a las enfermedades de este órgano y a las de la circulación de la sangre.

En la línea del corazón, como en las restantes, cada suceso importante aparece indicado en relación con la época en la que sucede (veremos cómo hay que calcular el tiempo cuando estudiemos la línea de la vida).

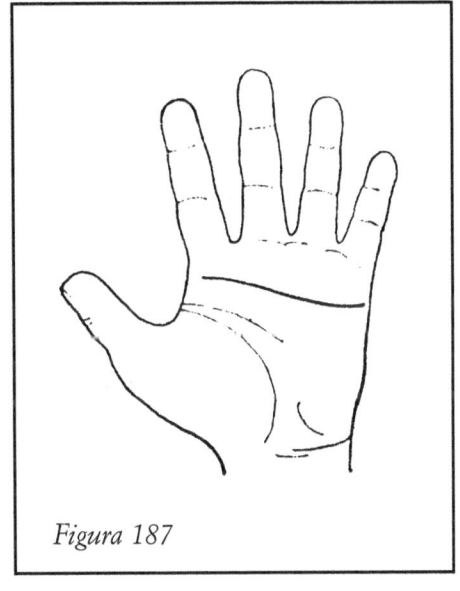

Figura 187

Interpretación de la línea del corazón

Una línea del corazón larga, bien señalada, curvada con elegancia y que no atraviesa toda la mano: bondad de ánimo, afecto, sentido de la amistad y humanidad (fig. 187).

Una línea larga y bien trazada como la anterior, pero con una rama que se prolonga hasta el monte de Júpiter: suerte en el amor; abundancia de pasiones felices (fig. 188).

Una línea fina, trazada con delicadeza, indica poca extraversión y una cierta aridez de corazón (fig. 189).

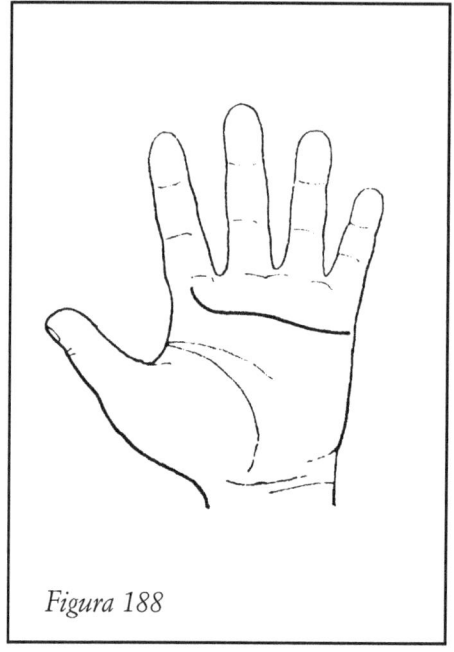

Figura 188

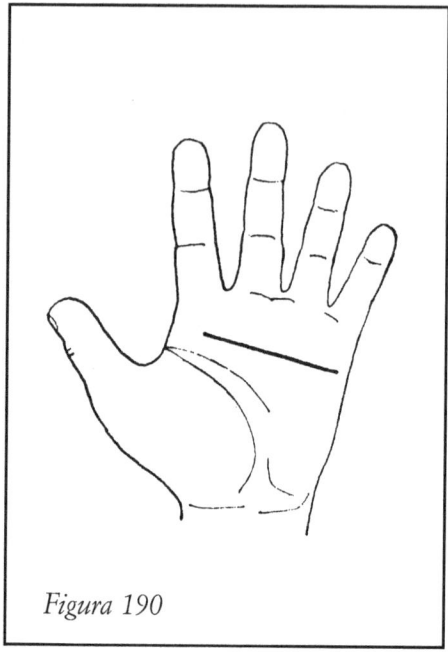

Figura 190

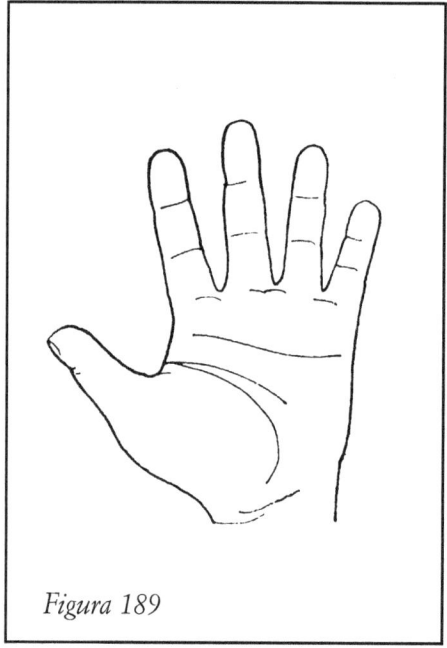

Figura 189

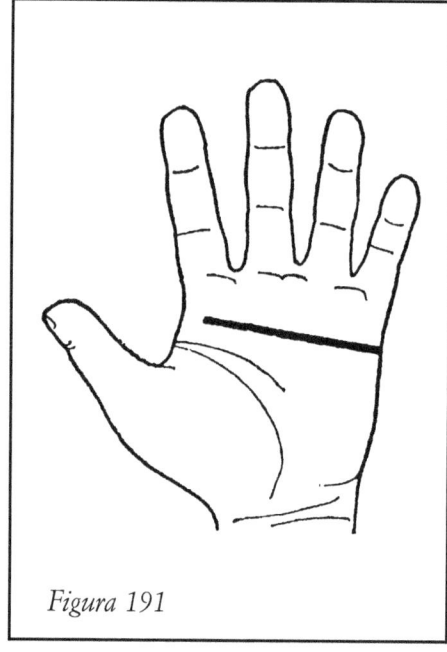

Figura 191

Carente de toda ramificación y con forma más bien recta: falta de generosidad (fig. 190).

Recta, sin ninguna rama, hundida y que atraviesa toda la mano: crueldad; egoísmo; tendencia a la violencia y al asesinato, incluso de familiares (fig. 191).

Si se aproxima mucho a la línea de la cabeza en su parte superior: hipocresía, falsedad, disimulo; en el individuo que posee este tipo de línea, la razón prevalece sobre los sentimientos, la voluntad sobre el corazón; físicamente se advierte una predisposición al asma o a los defectos respiratorios; a menudo nos encontramos frente a timidez y falta de decisión (fig. 192).

Si se acerca mucho y de cualquier manera a la línea de la cabeza: indecisión, timidez; también respiración corta y difícil (fig. 193).

Si se aproxima mucho a la línea de la cabeza en la parte baja: egoísmo, timidez e indecisión al mismo tiempo.

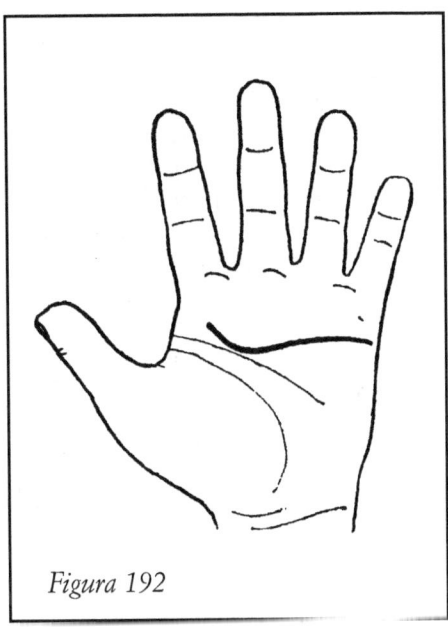

Figura 192

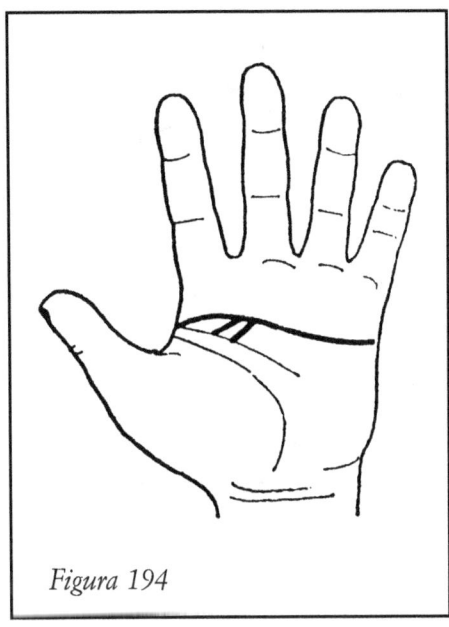

Figura 194

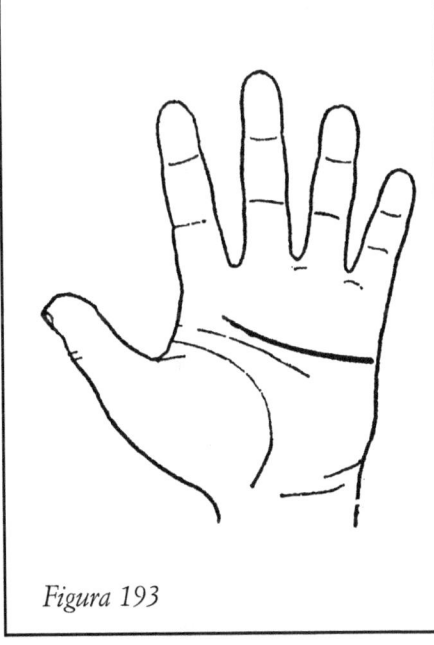

Figura 193

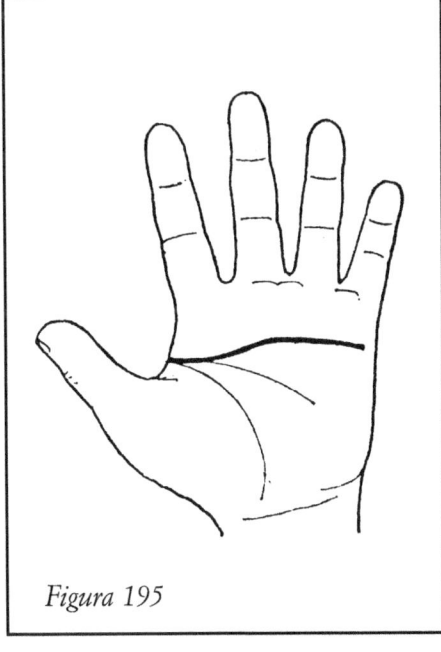

Figura 195

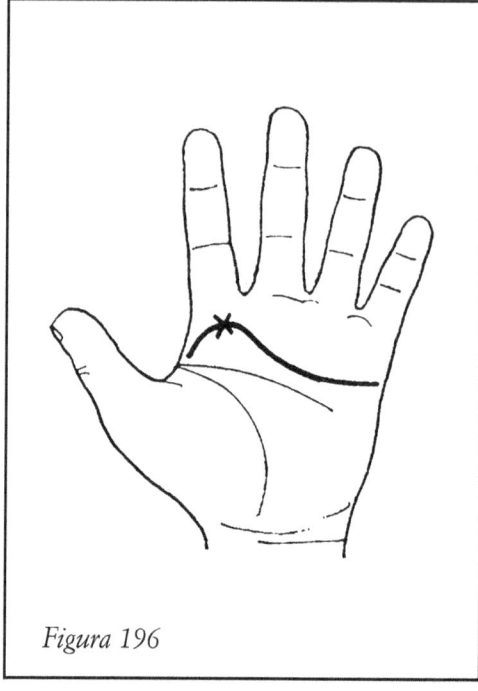

Figura 196

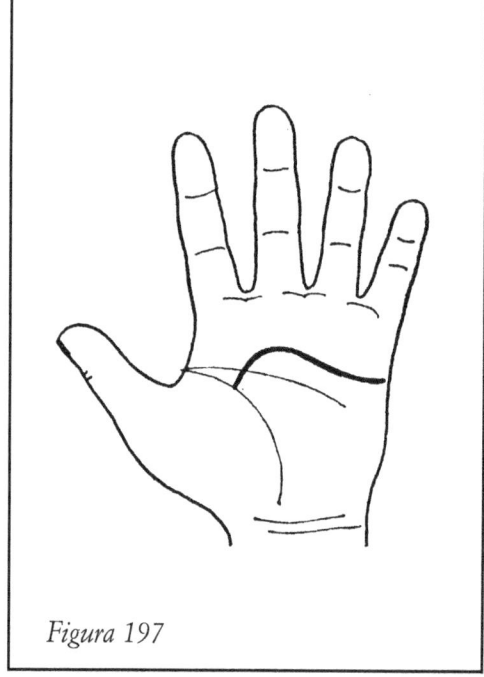

Figura 197

Si se une a la línea de la cabeza o se le acerca mucho con una de sus ramas: la razón y el cálculo prevalecen sobre los sentimientos (fig. 194).

Si se une con la línea de la cabeza y con la de la vida en el punto donde nacen, pero en una sola mano, es presagio de muerte repentina y violenta (fig. 195); y si se presenta en ambas manos, a menudo de apoplejía.

Si se une a la línea de la cabeza y a la de la vida en el punto donde nacen, después de haber formado una cruz sobre el monte de Júpiter, indica un matrimonio difícil (fig. 196).

Si se une a la línea de la cabeza sobre el eje del dedo índice: predisposición a las infecciones.

Si va a unirse a la línea de la vida después de haber atravesado la línea de la cabeza sobre el eje del dedo medio: muerte por fatalidad (fig. 197).

Si la línea del corazón está formada a modo de cadena (con eslabones), denota predisposición hacia las enfermedades de corazón, las palpitaciones, el linfatismo, la anemia; acusa graves defectos circulatorios; puede indicar también una sensibilidad exagerada (fig. 198).

Una línea tortuosa es indicio de economías que a menudo se basan en la usura. Si falta en una de las manos, indica defecto, enfermedad grave o predisposición a una grave enfermedad de corazón; en el terreno moral muestra incapacidad de tener sentimientos. Una línea de esta clase ofrece pésimas referencias tanto de quien la posee como de quienes tratan con él. Si falta en ambas manos indica una carencia absoluta de moralidad; cobardía; también muerte prematura y violenta.

Si la línea del corazón tiene forma de horca hacia el borde exterior de la mano, denota defecto de la circulación de la sangre; en el terreno moral significa inconstancia y necesidad de continuo cambio (fig. 199).

Doble línea: capacidad de amar muy fuerte, gran devoción hacia los amigos.

Línea partida a la altura del eje del dedo medio: fatalidad, vida corta, desilusiones.

Línea que se interrumpe sobre el eje del dedo anular: molestias de la circulación que pueden dañar la vista; desilusión en el terreno social.

Línea interrumpida sobre el eje del dedo meñique: habilidad, astucia, incluso en cuanto a se refiere a los sentimientos.

Línea que nace sobre el anular: ligereza de sentimientos.

Línea que nace sobre el eje del dedo medio: fatalidad, vida corta (fig. 200).

Si acaba sobre el eje del dedo medio con alguna pequeña rama: amor, especialmente sensual; también amores poco afortunados.

Si acaba sobre el eje del dedo medio debajo del monte de Saturno y sin alguna ramificación: vida escasamente tranquila, llena de preocupaciones; peligro de muerte violenta (fig. 201).

Si acaba debajo del monte de Saturno y a lo largo de su recorrido hay abundantes ramificaciones, evidencia una gran impresionabilidad; muchos amores desafortunados.

Si acaba debajo del monte de Apolo refleja un corazón frío y aridez incluso mental (fig. 202).

Si termina debajo de una unión del dedo índice, es decir, sobre el monte de Júpiter pero cerca de la unión con el dedo, indica una mala suerte persistente.

Si acaba sobre el monte de Júpiter indica fiereza y al mismo tiempo benevolencia; orgullo; felicidad en los afectos.

Una línea que acaba entre el dedo de Júpiter y el de Saturno: vida laboriosa incluso también durante la vejez (fig. 203).

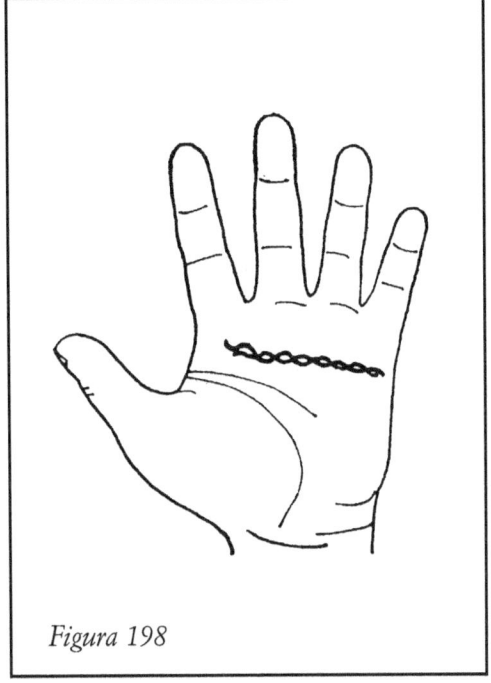

Figura 198

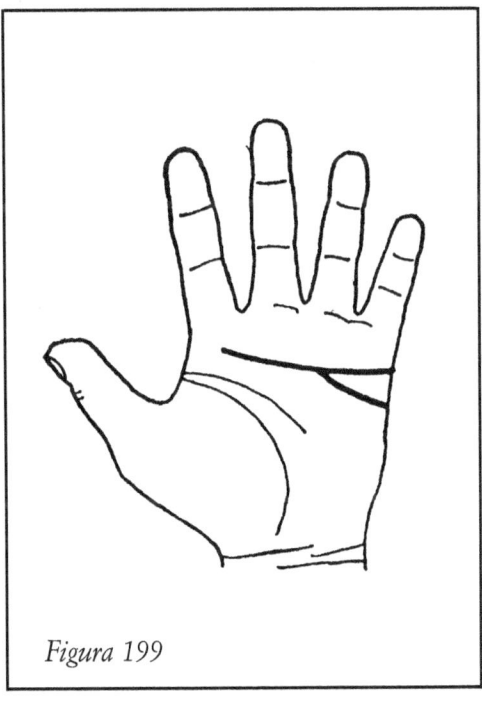

Figura 199

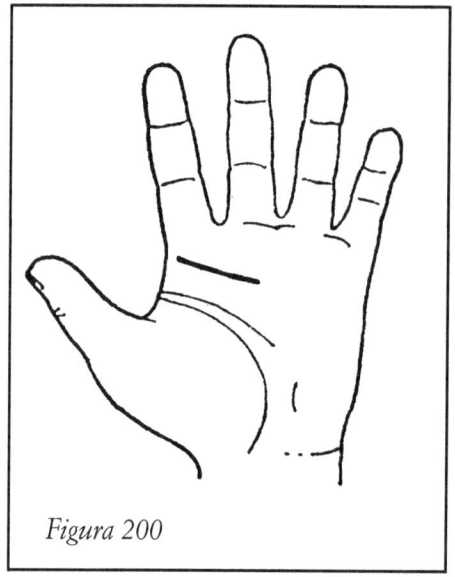

Figura 200

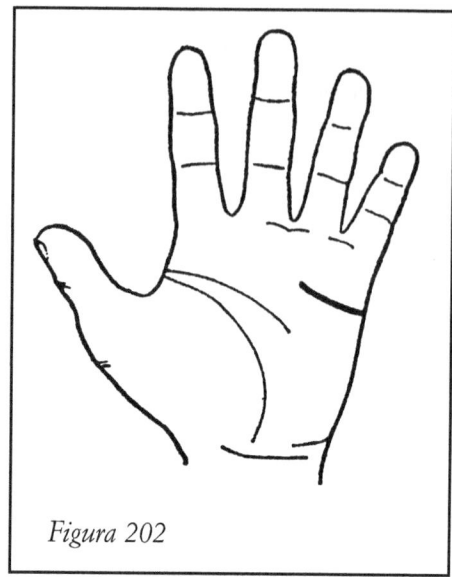

Figura 202

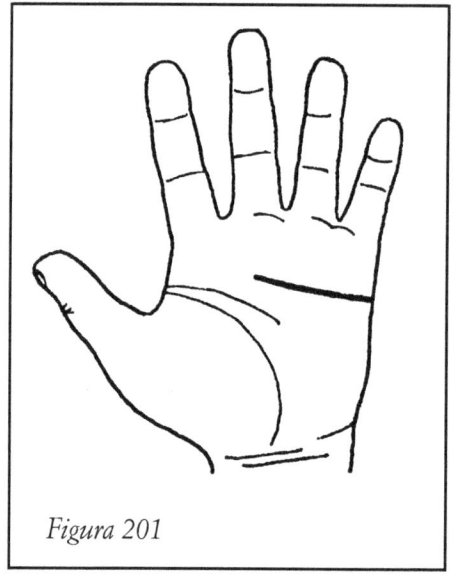

Figura 201

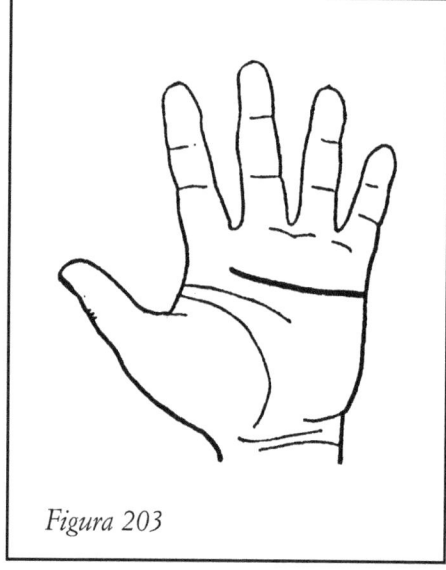

Figura 203

Si acaba con una rama sobre el monte de Júpiter: ternura y energía; suerte.

Si acaba en dos ramificaciones de las cuales una se dirige al monte de Saturno y la otra a la línea de la cabeza: clara tendencia a equivocarse en el terreno de los sentimientos (fig. 204).

Línea con tres ramas que se dirigen en forma de abanico hacia la línea de la cabeza: carácter melancólico; pesimismo; ideas suicidas (fig. 205).

Línea que acaba con tres ramificaciones sobre el monte de Júpiter, o dirigidas hacia dicho monte: grandes posibilidades de éxito y de honores (fig. 206).

Línea que acaba más allá del monte de Júpiter, sobre el dorso de la mano: amores numerosos y desordenados (fig. 207).

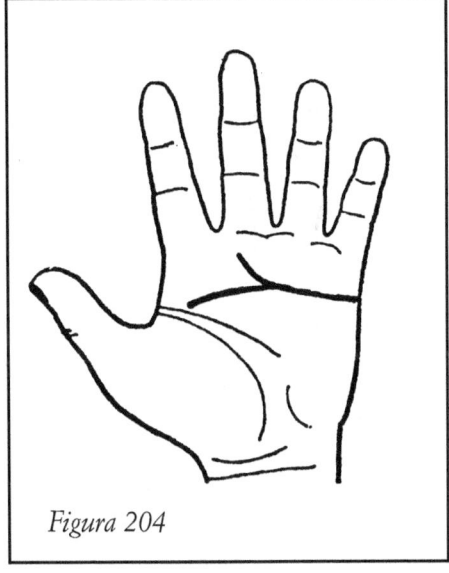

Figura 204

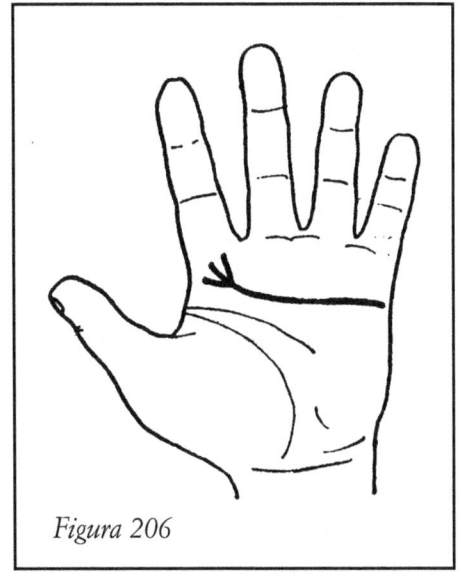

Figura 206

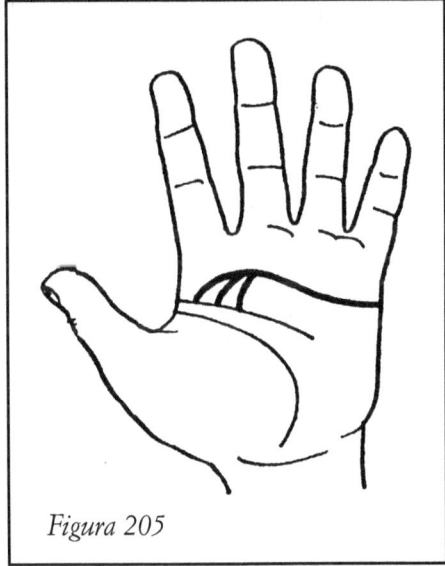

Figura 205

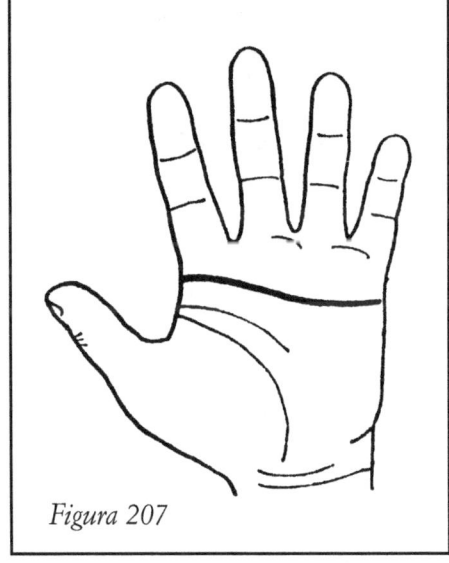

Figura 207

Línea que acaba con una clara bifurcación sobre el monte de Júpiter: fortuna y felicidad.

Interpretación de los signos secundarios

Una rama que se dirige hacia el monte de Mercurio indica ganancias que se derivan de situaciones sentimentales, o cuando menos es una indicación de fortuna. Una rama que acaba entre el dedo de Júpiter y el de Saturno: vida feliz.

Una cruz: un accidente, una enfermedad de corazón, desgracias, palpitaciones. Igual significado o aún peor tiene una estrella.

Un punto: disgusto o enfermedad que tiene su origen en un amor infeliz. En este caso encontraremos sobre la línea de la vida una línea de igual significado. Un punto o un agujero debajo del monte de Apolo: amor desgraciado hacia un artista. Un punto o un hoyo debajo del monte de Mercurio: disgusto amoroso por culpa de una persona que tiene intereses comerciales.

Una isla indica debilidad o enfermedad de corazón. Una isla debajo del monte de Apolo indica ceguera causada por la mala circulación.

También el color de la línea tiene su importancia: una línea de color semejante al rojo encendido

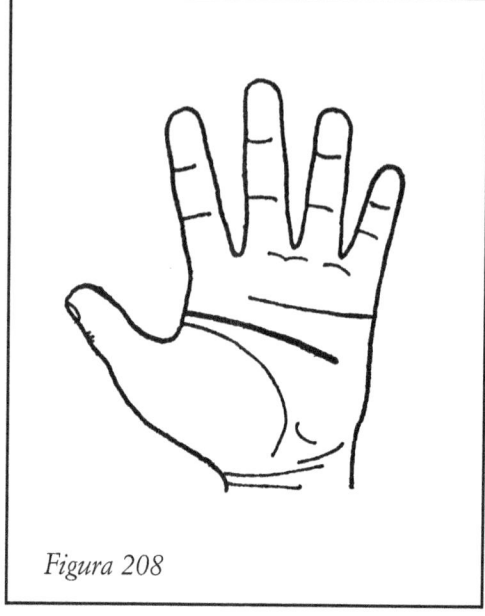

Figura 208

simboliza pasiones violentas; si la línea es de color pálido hay un indicio de frialdad, aunque también de un temperamento licencioso; si es pálida y ancha, falta de sentimiento, libertinaje; amarilla, amarillenta o lívida, predisposición a las enfermedades de hígado.

La línea de la cabeza

La línea de la cabeza, llamada también *línea natural* o *cerebral,* nace entre el pulgar y el índice y normalmente, después de un breve trecho horizontal, se curva hacia el monte de Marte o de la Luna. Esta línea representa la inteligencia, el carácter y todo lo que se relaciona con el sistema cerebral y con el nervioso.

Interpretación de la línea de la cabeza

Línea no perfectamente recta y que no se prolonga más allá del eje del dedo meñique: inteligencia, claridad, lógica, buena memoria (fig. 208).

Línea recta y que atraviesa toda la mano hasta el borde: materialismo, avaricia, avidez, cálculo; aptitudes para las ciencias relacionadas con la construcción (fig. 209).

Línea que tiende a curvarse hacia el monte de Mercurio: tendencia a la estafa, falta de escrúpulos; a menudo, si lo confirman los otros signos, suerte en los negocios (fig. 210).

Línea que se dirige hacia el monte de la Luna atravesando el plano de Marte: inclinación por la poesía y la literatura (fig. 211).

Si se une al monte de la Luna por la parte baja o se acerca a la *rascetta*: tendencia a las ciencias ocultas (fig. 212).

Línea muy corta y que sigue el trazado de la línea de la vida: fatal muerte en plena juventud; también es posible el suicidio (fig. 213).

Fina, es decir, de trazo poco perceptible: debilidad, languidez, falta de voluntad (fig. 214).

Trazada con fuerza: voluntad, coraje, energía (fig. 215).

Profunda y alargada: propensión a la crueldad; hundida, ancha y recta tiene el mismo significado.

Con trazo fino pero de bello aspecto: buena inteligencia.

Ancha, corta, recta y rojiza, indica propensión al delito pasional (fig. 216).

Formada por eslabones muestra inteligencia pero escasa concentración intelectual (fig. 217).

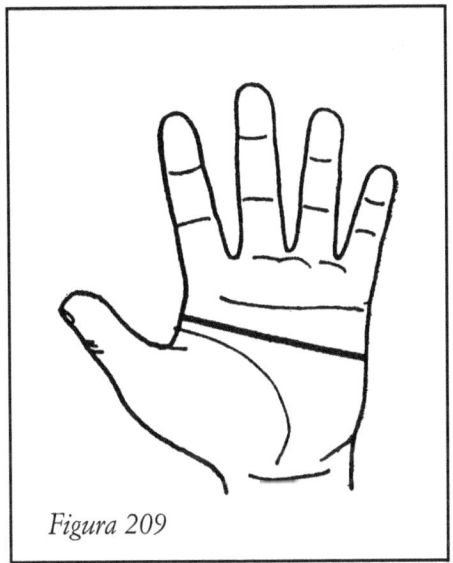

Figura 209

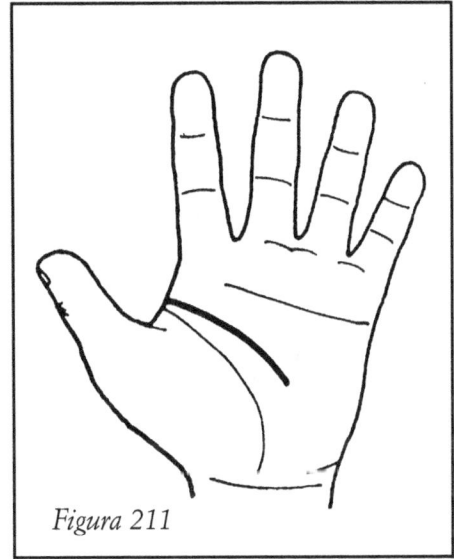

Figura 211

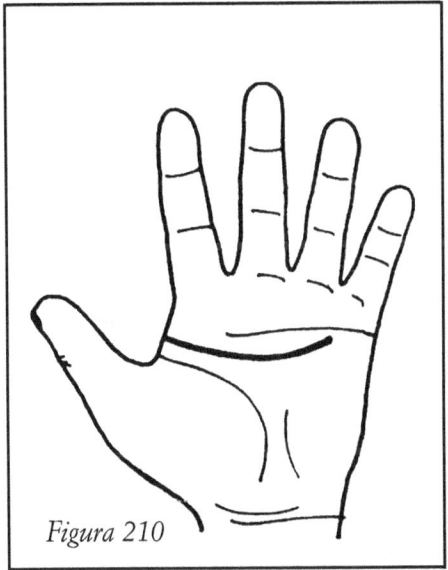

Figura 210

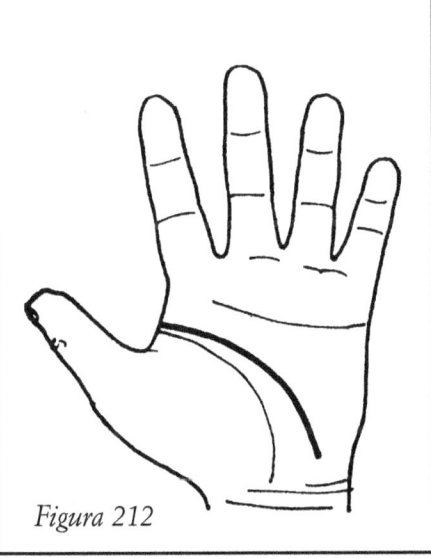

Figura 212

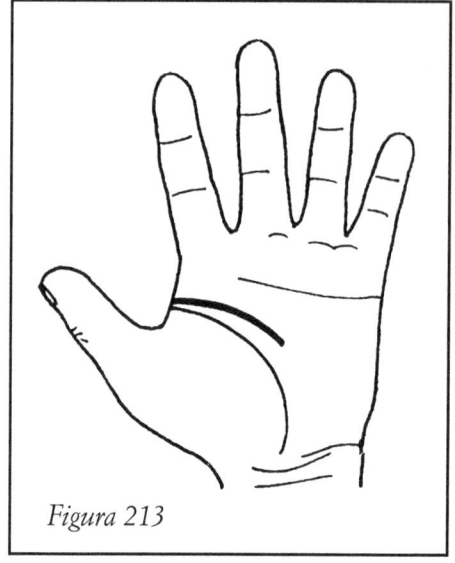

Figura 213

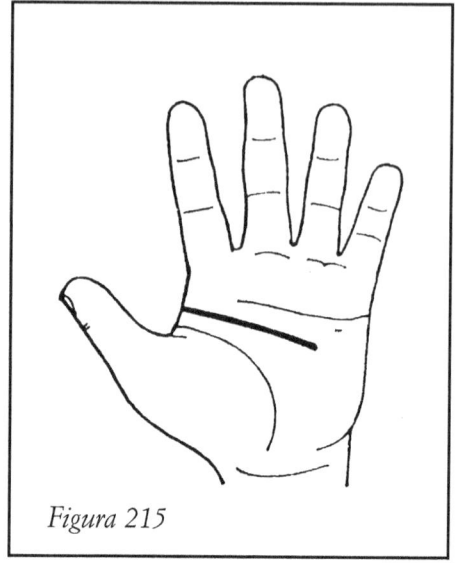

Figura 215

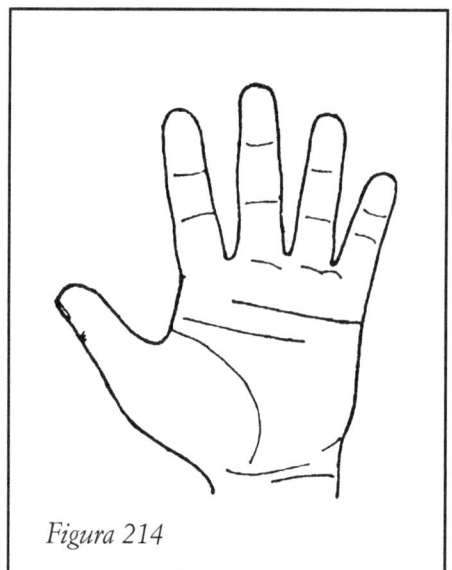

Figura 214

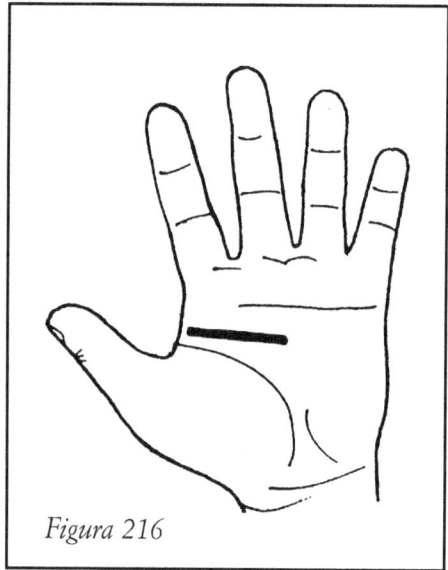

Figura 216

Formada por pequeños trazos separados denota predisposición al dolor de cabeza, falta de continuidad en el pensamiento y en la acción (fig. 218).

Interrumpida sobre el eje del dedo medio, de modo que forma dos fragmentos superpuestos durante un breve trazo, significa herida grave en la cabeza, incluso mortal (fig. 219).

Y si los dos fragmentos se sitúan paralelamente: herida en la cabeza o en las extremidades, pero curable.

Si está aislada de la línea de la vida indica confianza en sí mismo, audacia que alguna vez puede resultar peligrosa (fig. 220).

Si se mantiene durante un buen trecho unida a la línea de la vida: timidez (fig. 221).

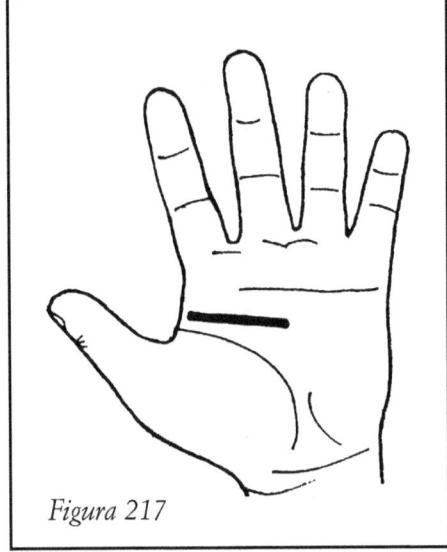

Figura 217

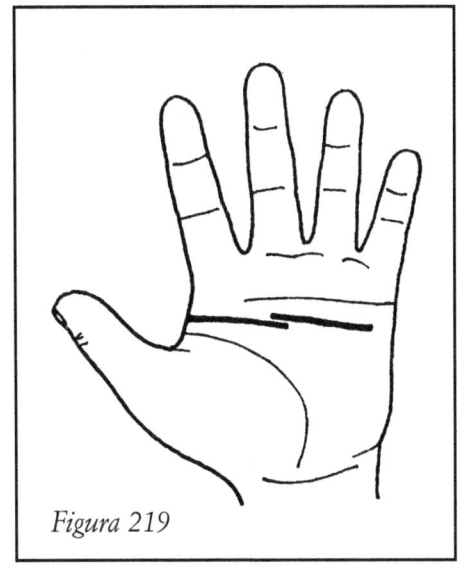

Figura 219

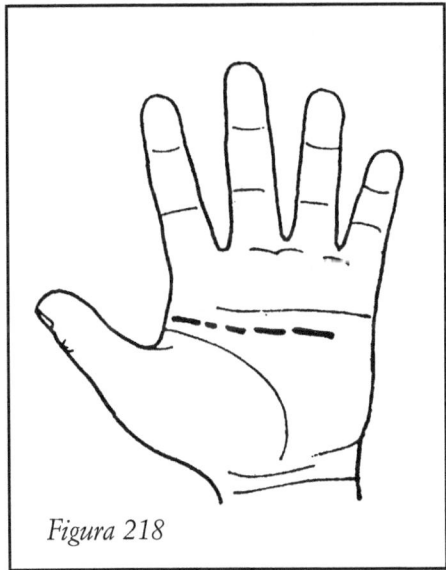

Figura 218

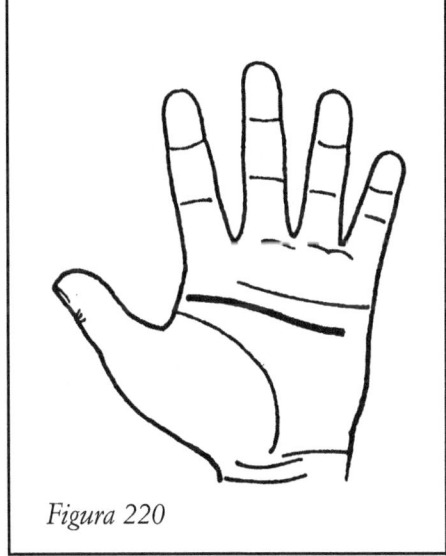

Figura 220

Cuando está demasiado cercana a la línea del corazón (formando así un cuadrado muy estrecho) reflejará indecisión, timidez; físicamente predisposición al asma. Si además termina con una pequeña horca: mentira.

Si se dirige y acaba sobre la línea del corazón muestra a un individuo en el que los sentimientos, los afectos y las pasiones prevalecen sobre el cálculo y la razón.

Si se acerca mucho a la línea del corazón sobre el eje del dedo medio: pasiones fatales (fig. 222).

Línea doble: suerte, herencia inesperada.

Muy retorcida: inconstancia; mentira; avaricia, carácter intratable (fig. 223).

Retorcida y con forma de horca: predisposición a las neuralgias.

Recta y sin la horca: inteligencia clara y vivaz.

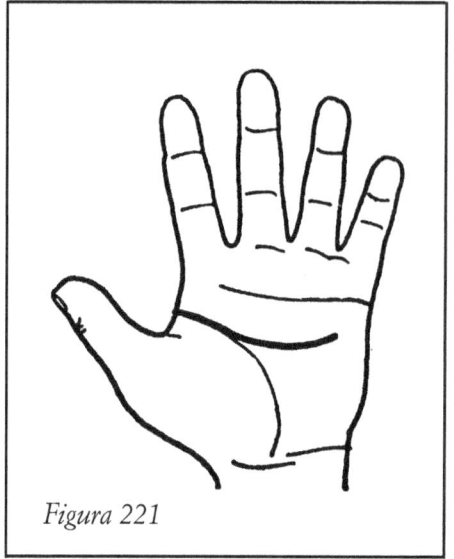

Figura 221

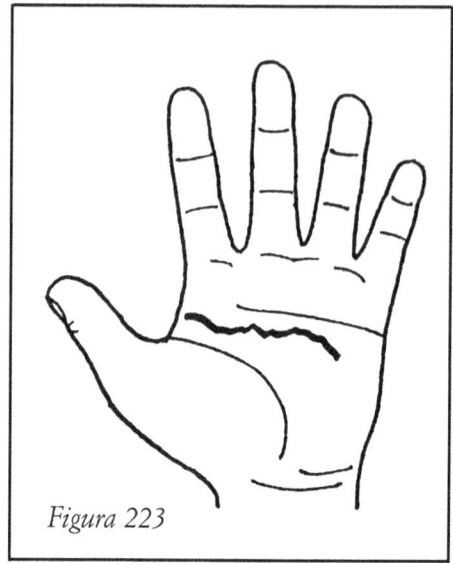

Figura 223

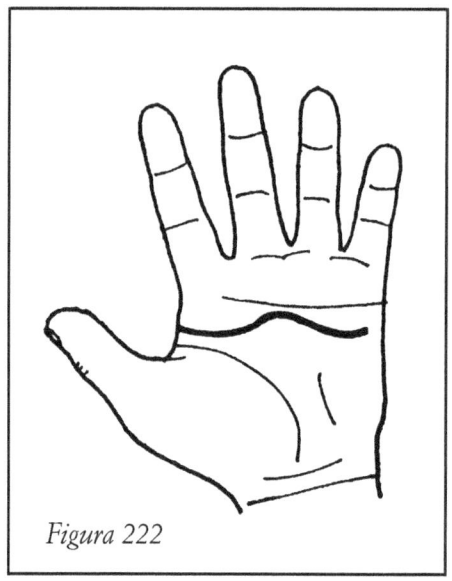

Figura 222

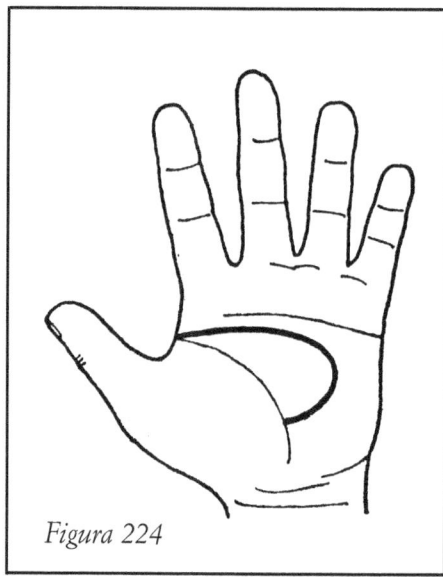

Figura 224

Si forma un arco con el que se enlaza de nuevo con la línea de la vida; egoísmo; vileza; inteligencia que se preocupa sólo de las cosas materiales (fig. 224).

Línea más bien corta y que acaba en una curva ascendente, es decir, dirigida hacia los dedos: predisposición a dejarse arrastrar por las pasiones de los placeres materiales hasta casi la locura.

Línea que se dirige a la del corazón resiguiéndola o cruzándola: tendencia al delito pasional (fig. 225).

Línea que nace más abajo del comienzo de la línea de la vida y está separada de esta: enfermedad grave (fig. 226).

Si nace sobre el eje del dedo medio, separada de la línea de la vida, significa un obstáculo para el desarrollo de la inteligencia; vida corta, fatalidad (fig. 227).

Si nace sobre el eje del dedo medio y de la línea de la vida misma: peligro de muerte accidental en plena juventud (fig. 228).

Si se acaba sobre el eje del dedo medio indica muerte durante la juventud; también poca inteligencia (fig. 229).

Si se acaba cerca del eje del dedo anular, revela una inteligencia poco desarrollada; perseverancia escasa; ligereza; falta de orden y de sentido de la economía; además es un signo de infidelidad en los hombres y de coquetería en las mujeres (fig. 230).

Si se acaba sobre la línea del Sol: instintos muy desarrollados; don de la adivinación (fig. 231).

Línea de trazo corto que acaba en una isla: gravísima enfermedad desde el nacimiento; algunas veces inteligencia que no se desarrolla (fig. 232).

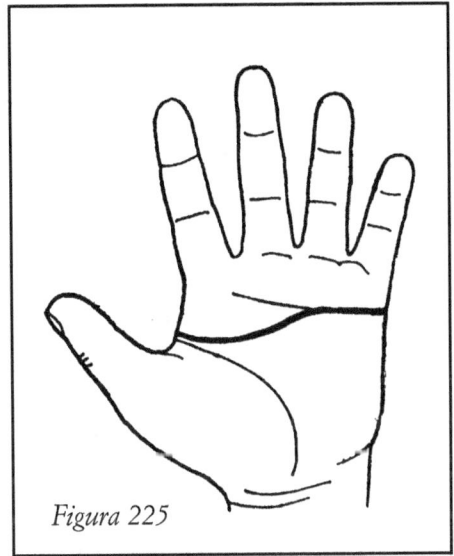

Figura 225

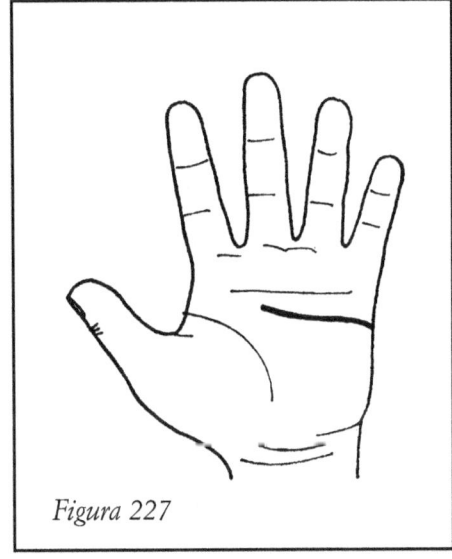

Figura 227

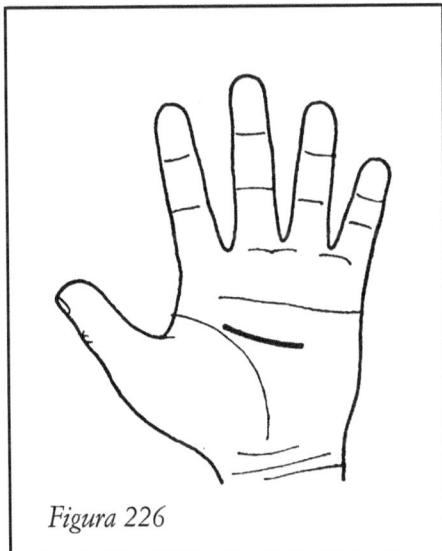

Figura 226

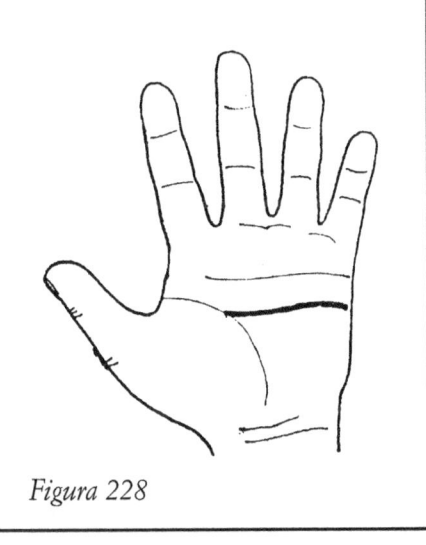

Figura 228

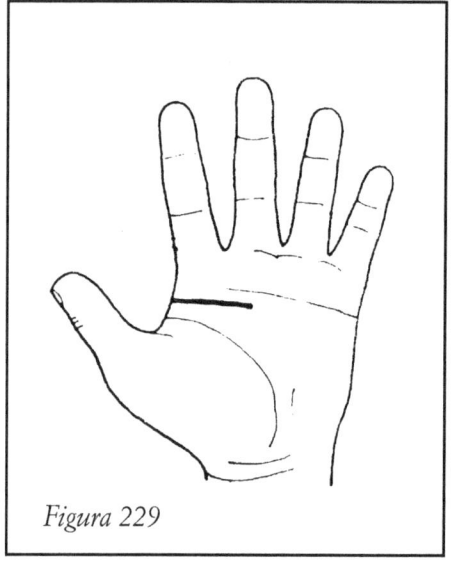

Figura 229

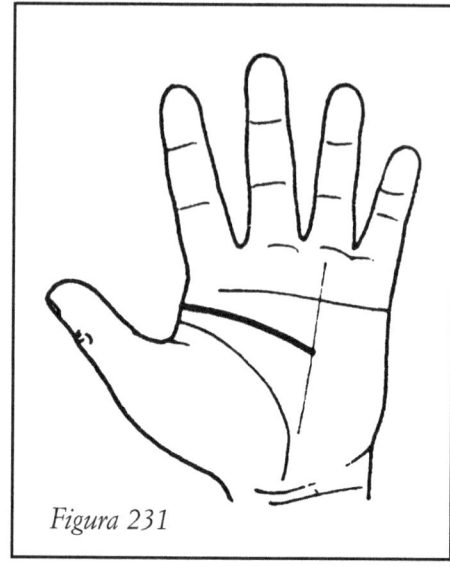

Figura 231

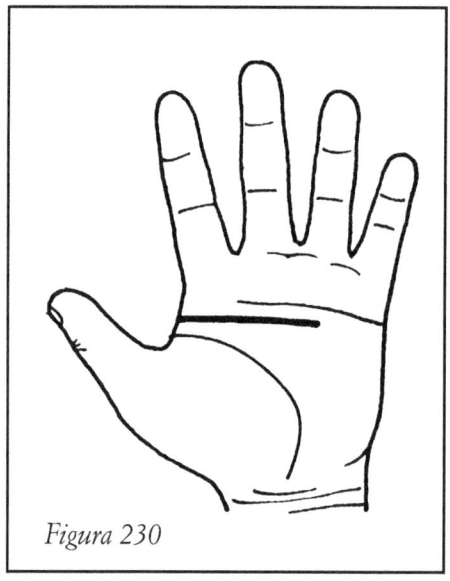

Figura 230

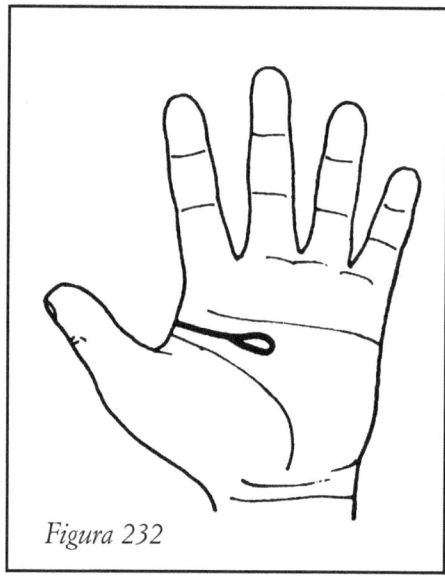

Figura 232

Línea que nace sobre el eje del dedo medio, separada de la de la vida, mientras que la línea del corazón aparece unida a la de la vida: grave fatalidad (fig. 233).

Interpretación de los signos secundarios

Una rama que arrancando de la parte alta de la línea de la cabeza se dirige hacia el monte de Júpiter o acaba sobre este es señal de ambiciones afortunadas. Una rama que arrancando de la parte alta de la línea de la cabeza termina en forma de estrella sobre el monte de Júpiter representa éxito en cualquier actividad. Y una

LAS LÍNEAS PRINCIPALES

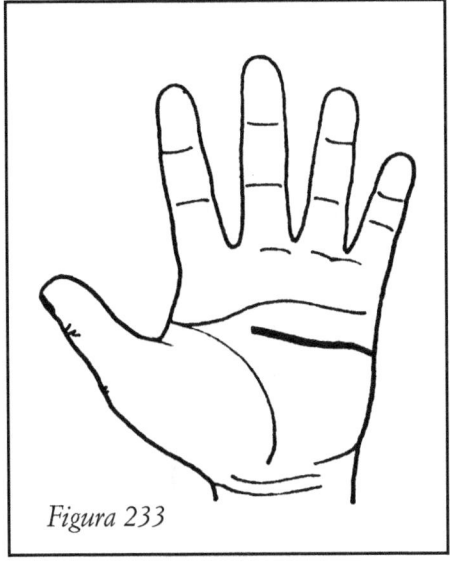

Figura 233

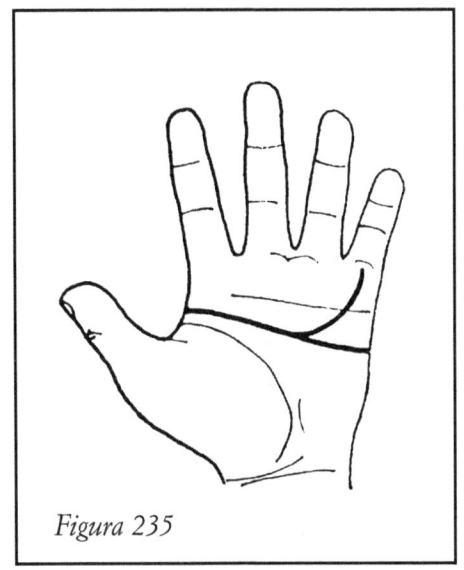

Figura 235

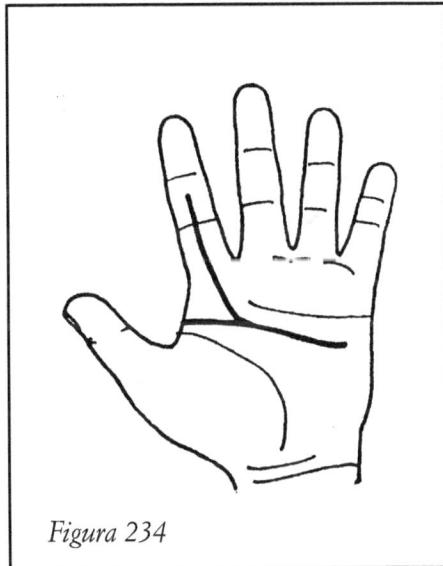

Figura 234

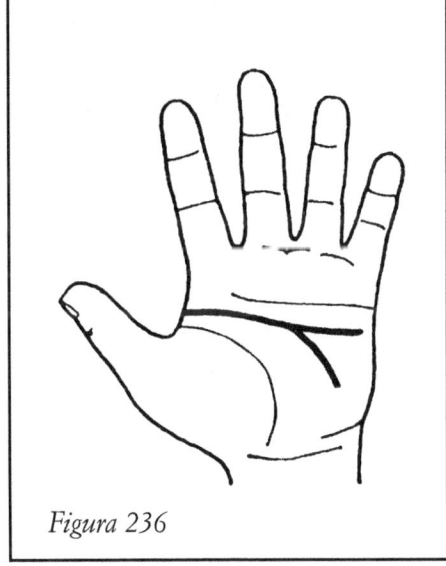

Figura 236

rama que arrancando siempre de la parte alta alcanza la parte interna de la tercera falange del índice denota orgullo, soberbia y vanidad (fig. 234).

Una rama que alcanza el monte de Mercurio, mientras que la línea de la cabeza atraviesa toda la palma, manifestará una exagerada pasión por los negocios y falta de escrúpulos (fig. 235). Una rama que se dirige hacia el monte de la Luna apunta una tendencia a la mentira (fig. 236). Una rama que alcanza el monte de la Luna, cuando la línea de la cabeza es recta y el monte presenta varios radios, mostrará inspiración unida a la voluntad de alcanzar el éxito (fig. 237). Si una rama alcanza el monte de Mercurio, otra el de la Luna y la línea de la cabeza muestra un recorrido normal, significa gran imaginación, unida a excelentes dotes creadoras (fig. 238).

Si algunas ramificaciones acaban junto a la línea de la cabeza: predisposición a debilitamientos cerebrales (fig. 239).

Un punto o un hoyo negruzcos, o incluso una isla, representan generalmente neuralgias. Un punto rojizo es indicio de herida en la cabeza. Un punto profundo y que tiende a la forma cuadrada indica parálisis. Un punto negro, negruzco o azulado, muy hundido, presagia fiebres nerviosas; fuertes neuralgias; intoxicaciones de la sangre; parálisis parciales. Un punto rojizo y profundo sobre el dedo de Apolo (anular) simboliza una enfermedad o herida en la vista (fig. 240).

Una estrella en el cruce con la línea hepática indica esterilidad o parto peligroso (fig. 241). Una estrella en la parte final de la línea de la cabeza, sobre el monte de la Luna, denota una tendencia a la práctica del espiritismo (fig. 242).

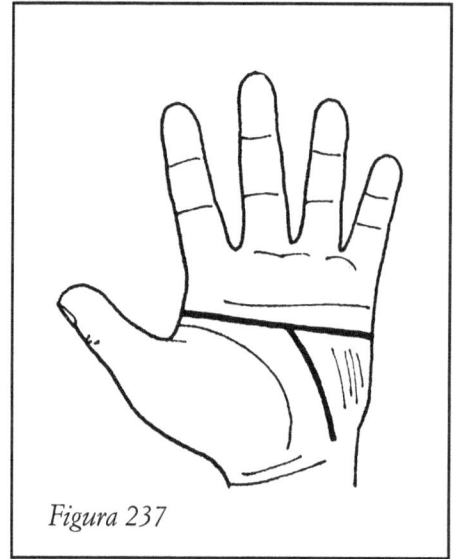

Figura 237

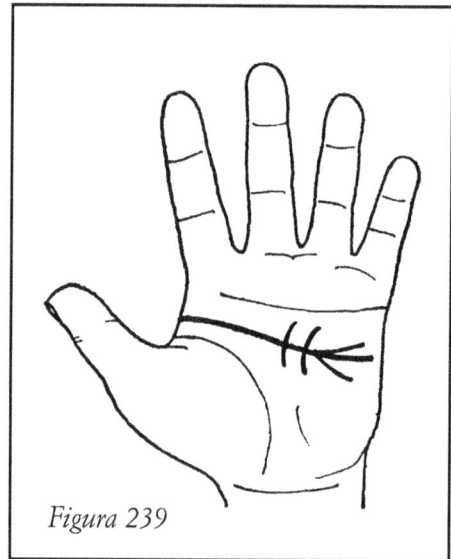

Figura 239

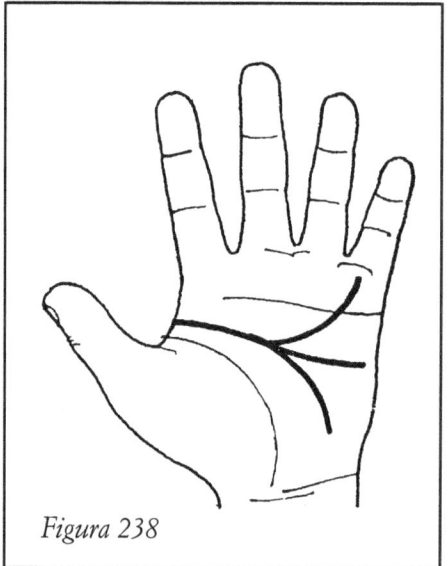

Figura 238

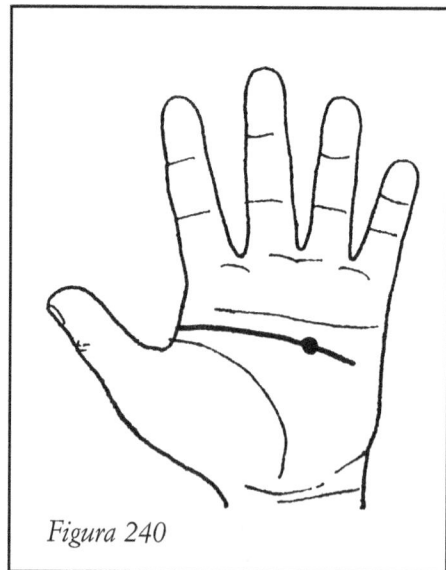

Figura 240

LAS LÍNEAS PRINCIPALES

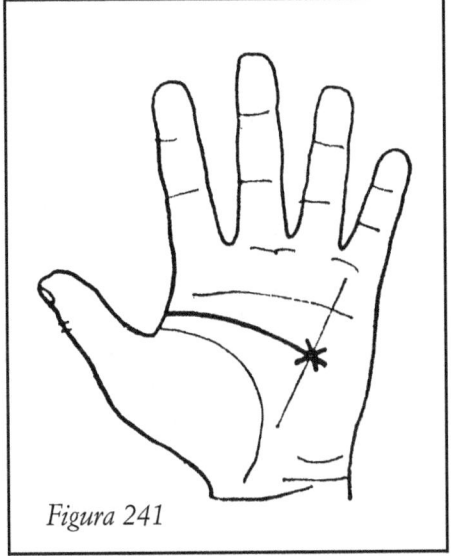

Figura 241

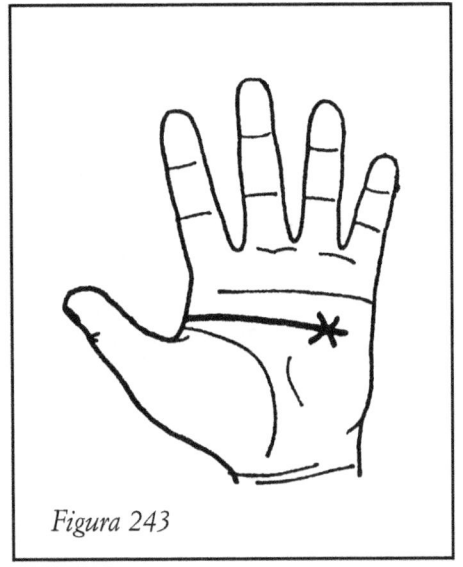

Figura 243

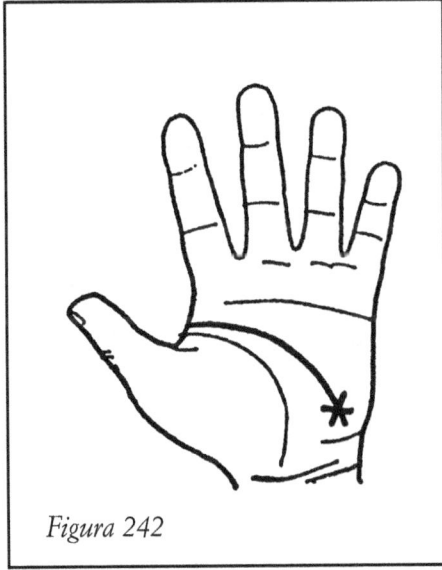

Figura 242

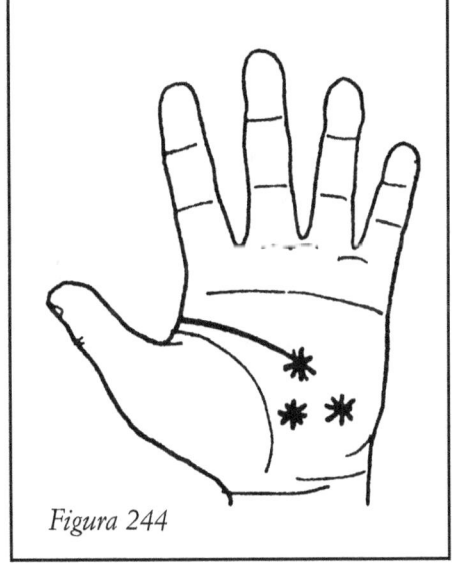

Figura 244

Una estrella al final de la línea cerebral, pero sobre el monte de la Luna, indica herida en la cabeza; también peligro de locura (fig. 243). Una estrella en dirección al monte de la Luna que forma un triángulo con otras dos estrellas, situadas fuera de la línea de la cabeza, y el extremo de esta misma línea, anuncia graves enfermedades intestinales (fig. 244).

Una cruz en un cuadrilátero debajo del monte de Apolo indica un grave peligro de muerte (fig. 245).

Una cruz en un cuadrado que forma parte de la línea del Sol es signo de enfermedad cerebral o nerviosa, aunque no mortal (fig. 246).

Un triángulo en el extremo de la línea de la cabeza es, a menudo, una indicación de elocuencia (fig. 247). Un triángulo formado por un extremo de la línea

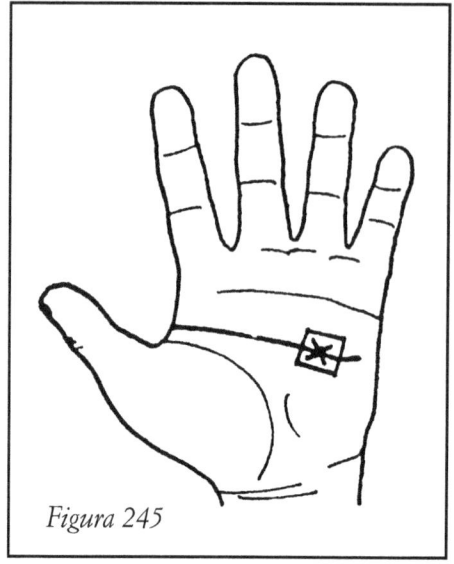

Figura 245

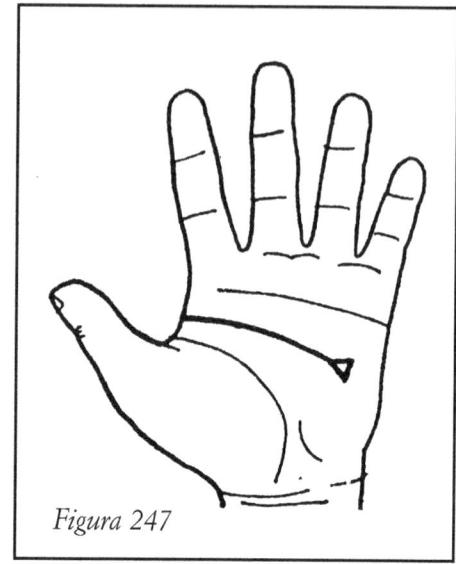

Figura 247

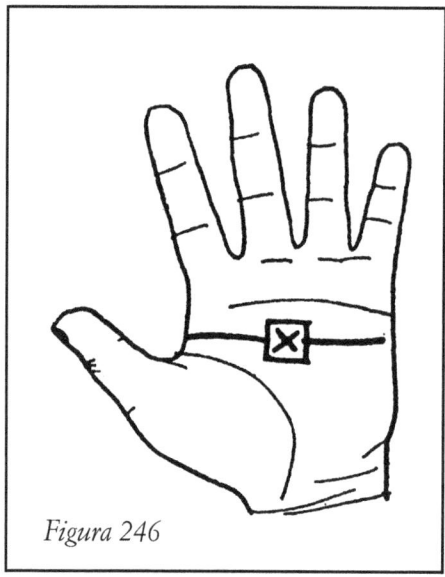

Figura 246

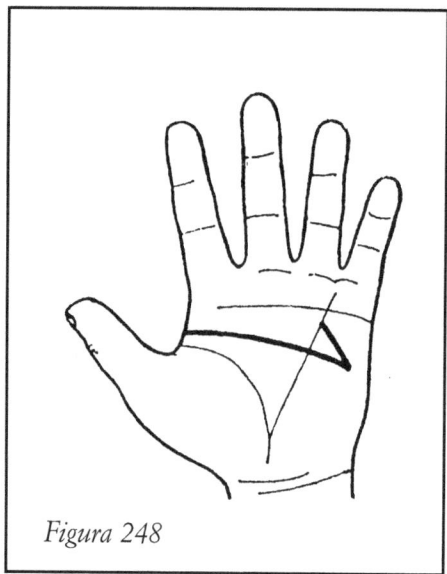

Figura 248

de la cabeza, la línea del Sol y una línea que va desde el extremo de la cerebral a la línea solar sin cortarla, representa marcadas aptitudes a las ciencias ocultas (fig. 248).

Radios que se elevan hacia los dedos sin cortar la línea cerebral indican éxito (fig. 249).

Finalmente, pueden tenerse en cuenta algunas indicaciones en relación con el dolor.

Una línea de la cabeza de color rojizo denota una fuerte voluntad y una tendencia a la crueldad; una línea amoratada indica tendencia a la epilepsia, y, por último, una línea de color violeta muestra una predisposición a los cólicos y a las molestias intestinales.

La línea de la vida

Entre el pulgar y el índice nace la línea de la vida, que durante su recorrido traza un arco alrededor del monte de Venus. Esta línea indica las enfermedades, la fatalidad, los obstáculos, los reveses de la suerte; señala la duración de la vida y la época en la que suceden los hechos más importantes. Respecto a las enfermedades que apunta, no olvidemos que hay que contrastarlas con el color y la forma de las otras líneas, con la exuberancia o la depresión de este o aquel monte y con todo signo que pueda tener relación con las citadas enfermedades.

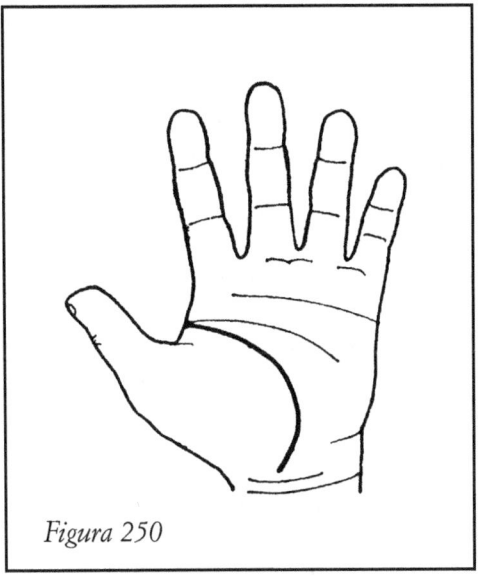

Figura 250

Interpretación de la línea de la vida

Una línea de la vida, bien formada, sin manchas, puntos, cruces o estrellas, y que rodea todo el monte de Venus en ambas manos significa vida larga, carácter tranquilo y sereno; es un presagio excelente (fig. 250).

Una línea corta en una sola mano indica existencia corta; posible muerte precoz (fig. 251).

Si es corta en ambas manos representa muerte a la edad marcada por el punto en que la línea se interrumpe.

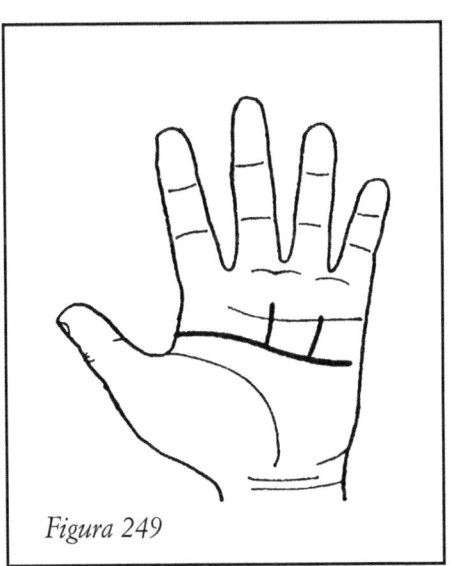

Figura 249

Una línea corta pero acompañada de otra línea más en el interior del monte de Venus y que llega hasta el dorso de la mano (línea de Marte), denota vida larga a pesar de graves peligros (fig. 252).

Una línea doble significa vida larga y preservación de los efectos de las enfermedades.

Una línea fina: predisposición a la tristeza; constitución delicada; poca aptitud para los trabajos físicos.

Una línea demasiado fina denota nerviosismo (fig. 253).

Una línea hundida muestra un carácter falto de cualquier delicadeza; tendencia a expresarse con violencia (fig. 254).

Línea con forma de cadena: vida débil, delicada; nerviosismo; excitabilidad y agotamiento (fig. 255).

Línea que no aparece completa, pero que se une a la de Saturno de modo que esta sustituye a la línea de la vida: existencia larga y fértil.

Línea desigual, es decir, que no presenta siempre la misma anchura: salud variable; inconstancia.

Si la línea presenta unas pequeñas interrupciones, cada una de estas corresponde a un periodo de debilidad y de enfermedad (fig. 256). Línea interrumpida en una sola mano: grave enfermedad; a menudo una enfermedad que hace temer la muerte pero que se superará (fig. 257). Interrumpida en ambas manos: enfermedad que lleva a la muerte.

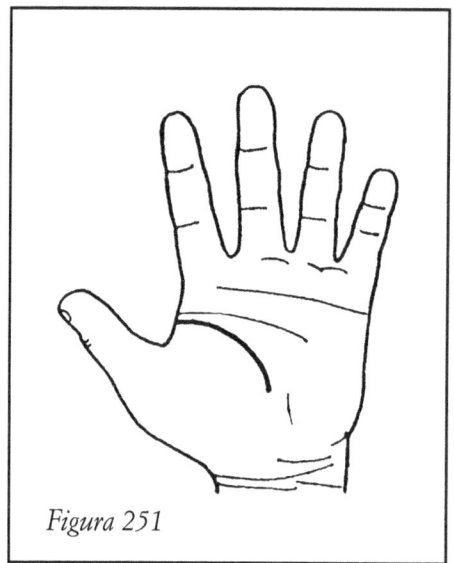

Figura 251

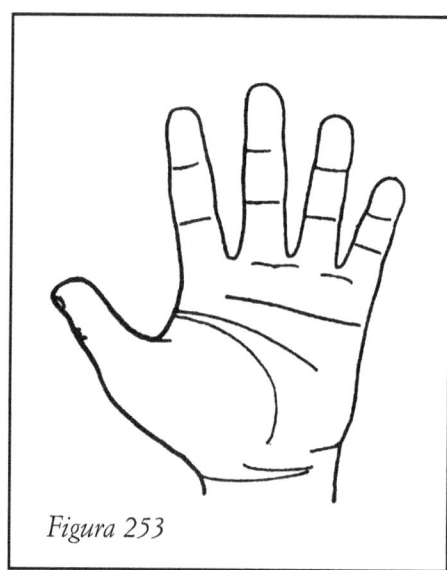

Figura 253

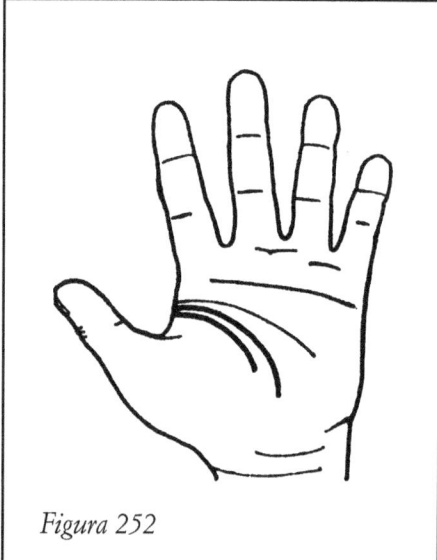

Figura 252

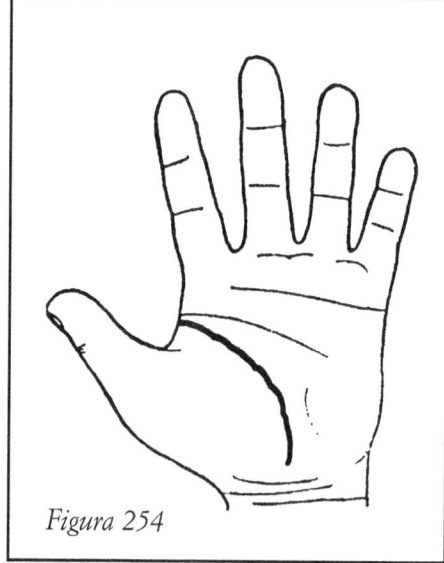

Figura 254

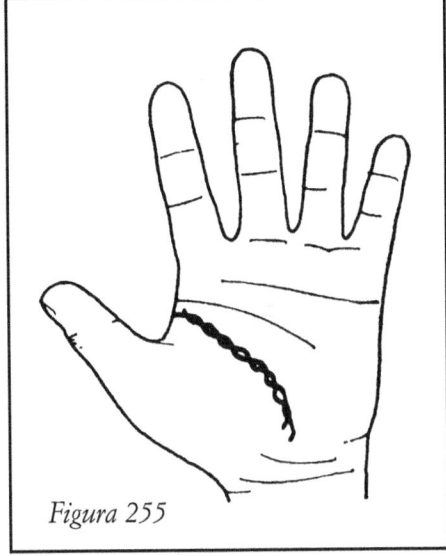

Figura 255

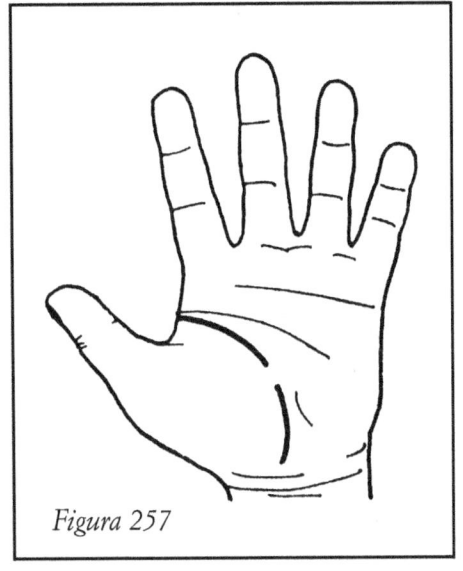

Figura 257

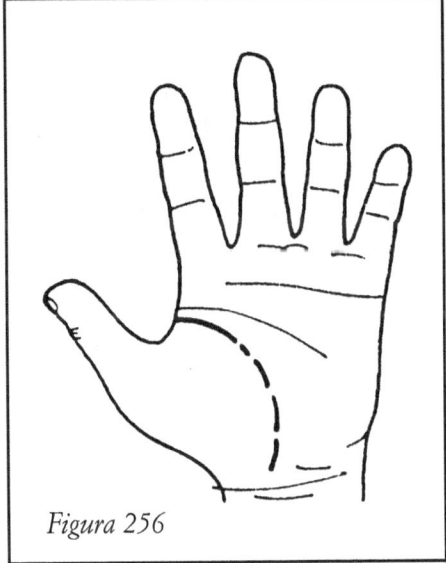

Figura 256

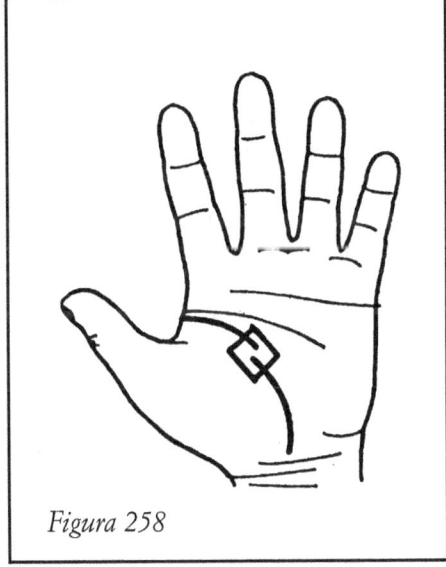

Figura 258

Interrumpida en dos partes diferentes cuyos extremos aparecen cerrados en un cuadrilátero: enfermedad o envenenamiento después de un grave disgusto (fig. 258). Interrumpida en dos partes que se prolongan paralelamente durante un intervalo y que forman un cuadrado con dos pequeñas líneas transversales, al mismo tiempo que en el cuadrado aparece una cruz: tentativa de envenenamiento a raíz de un desengaño amoroso, pero sin funestas consecuencias (fig. 259).

Línea formada por dos partes paralelas durante un breve tramo y unidas por una línea transversal pequeña que se une a la segunda paralela en un punto hundido: caída que da origen a una enfermedad cuya duración está indicada por la longitud de ambos tramos (fig. 260).

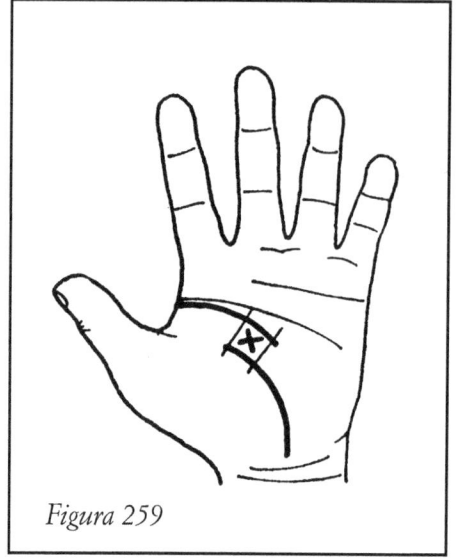
Figura 259

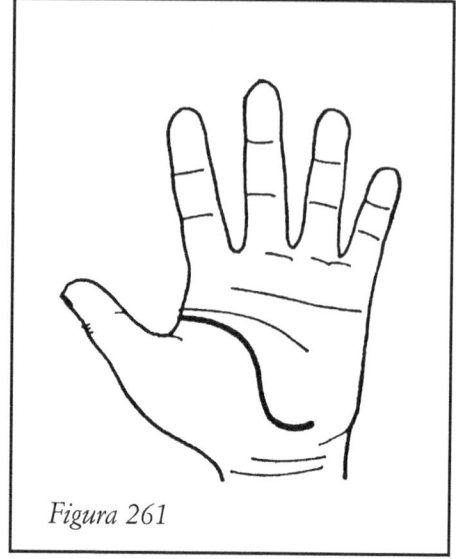
Figura 261

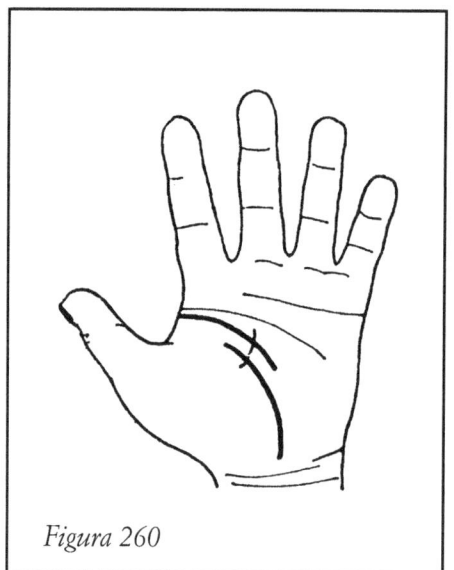
Figura 260

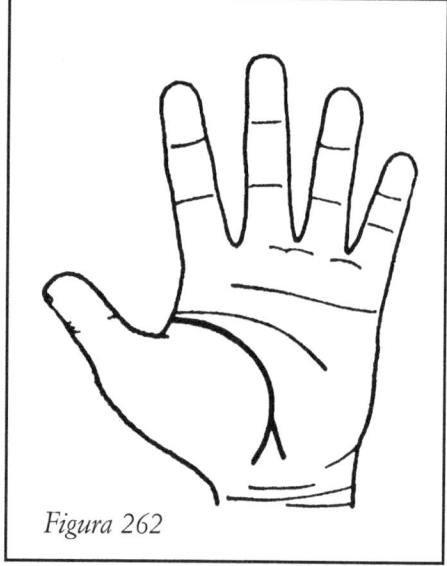
Figura 262

Línea que no recorre su camino habitual sino que alcanza el monte de la Luna: enfermedad de los órganos genitales (fig. 261).

Línea unida en su nacimiento a las líneas de la cabeza y del corazón, en una sola mano: peligro de muerte violenta o de fatalidad grave. Si aparece en ambas manos: muerte o accidente muy grave.

Interpretación de los signos secundarios

Una bifurcación en el tramo correspondiente a los 65 años (más adelante se explica cómo calcular los años) indica dispersión de energías; edad crítica (fig. 262).

LAS LÍNEAS PRINCIPALES

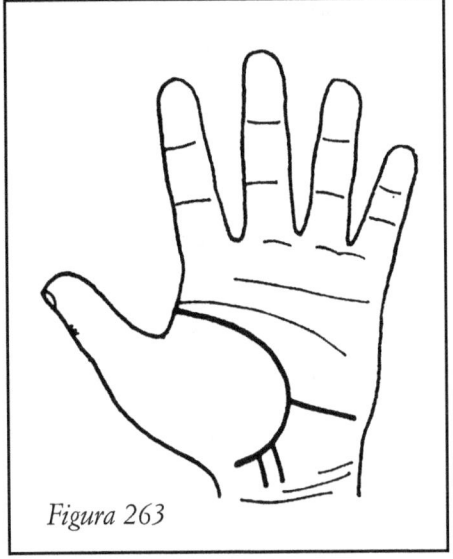

Figura 263

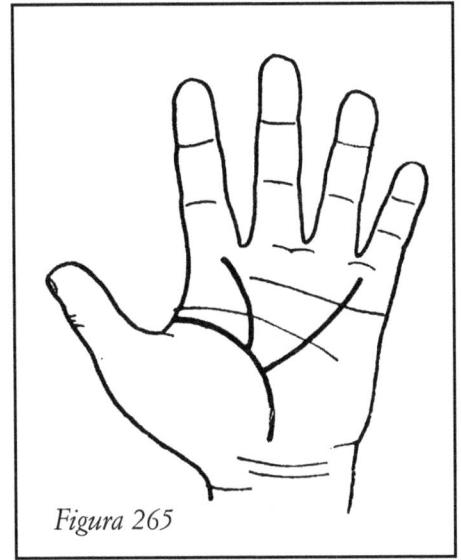

Figura 265

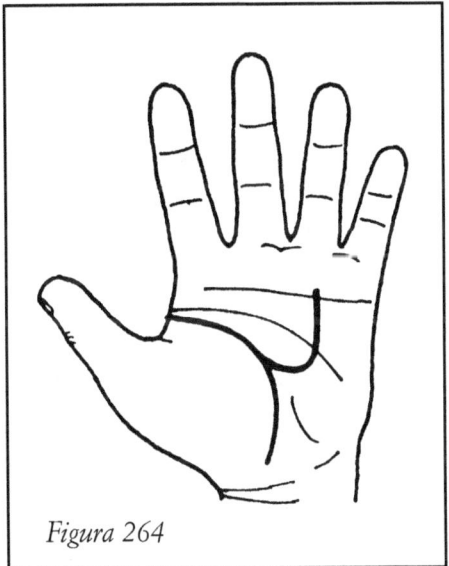

Figura 264

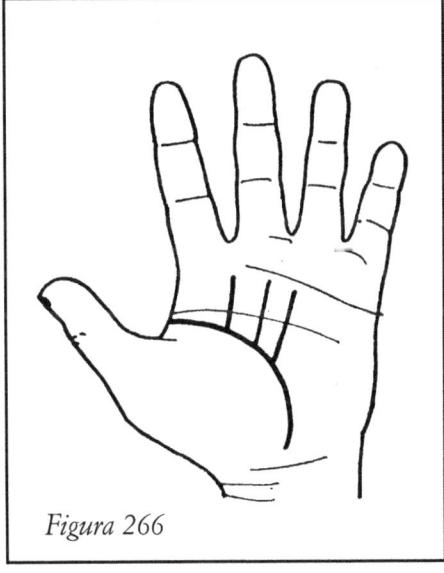

Figura 266

Las ramas que desde la parte baja de la línea se dirigen hacia la muñeca señalan fuertes desastres financieros; a menudo pobreza (fig. 263). Una rama que desde la parte baja alcanza el monte de la Luna es un indicio de reumatismo; también pleuritis (fig. 263).

Una rama que se dirige primero al monte de Marte y más tarde formando un arco alcanza el monte de Apolo augura un éxito espléndido (fig. 264). Una línea que arranca de la línea de la vida y alcanza el monte de Mercurio denota gran aptitud para los negocios (fig. 265).

Una rama o una línea que nace de la parte alta de la línea vital y alcanza el monte de Júpiter muestra ambiciones afortunadas y éxito no respaldado por méritos personales (fig. 265).

Las ramas que arrancan de la línea vital y, sin cortarla, se dirigen rectas y regulares hacia los dedos anuncian éxitos y satisfacciones por méritos personales (fig. 266).

Una línea que nace del monte de Venus, corta la línea vital y se dirige hacia la palma, en la que se adentra sólo un tramo, revela disgustos (fig. 267). Una línea, incluso pequeña, que arranca de la línea de la vida sin cortarla, forma con esta una horca y continúa en un breve intervalo hacia los dedos, pronostica una enfermedad; se la llama precisamente *línea de la enfermedad* (fig. 267).

Un punto indica enfermedad o herida (fig. 268). Un punto profundo y negruzco denota una herida peligrosa (fig. 268). Un punto negruzco y hundido sobre el eje del dedo medio es señal de herida en las piernas o en los brazos (fig. 268).

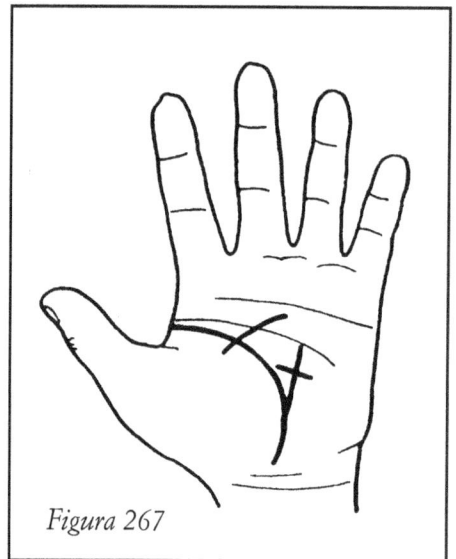

Figura 267

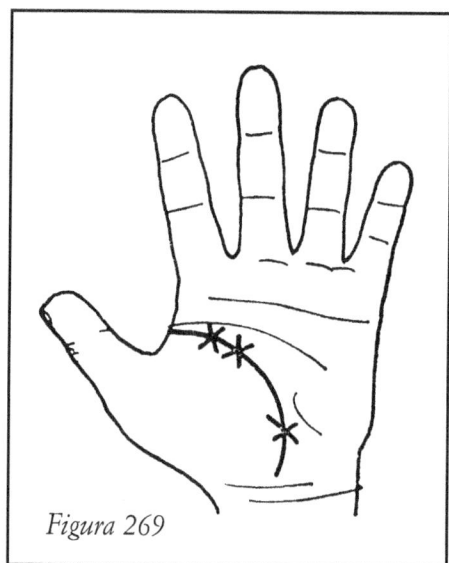

Figura 269

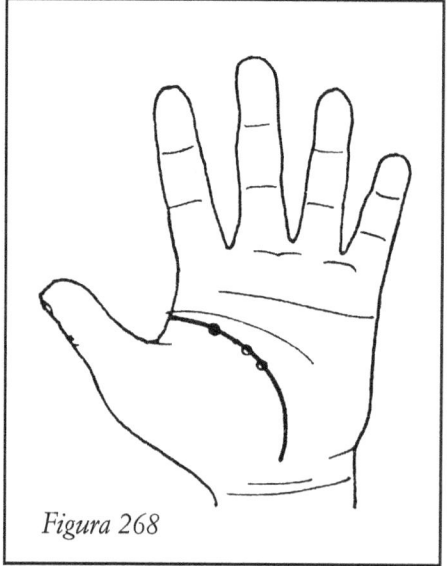

Figura 268

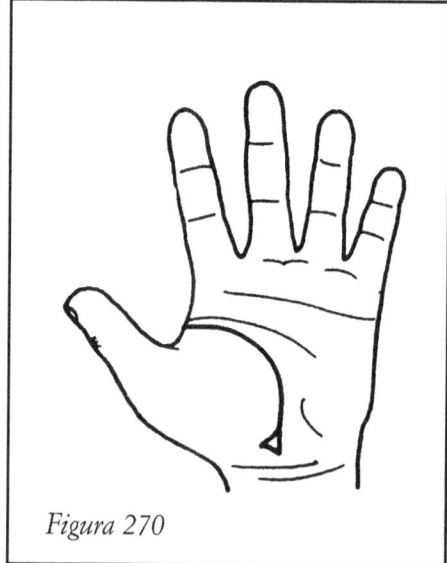

Figura 270

Una mancha azulada, en general, indica enfermedad. Una mancha azulada o azul oscura representa enfermedad nerviosa con graves consecuencias sobre el sistema cerebral.

Unos pequeños hoyos indican un periodo de salud débil o de neuralgias.

Una cruz o una estrella en el comienzo de la línea vital significan desgracia en la familia; también desgracia en la infancia; puede significar nacimiento ilegítimo (fig. 269). Una cruz hacia el final de la línea vital indica peligro de pérdida de la salud; pero también puede significar vejez buena si toda la mano lo confirma (fig. 269). Una cruz o una estrella sobre el recorrido de la línea vital indican desgracia o una herida que dejará una señal visible (fig. 269).

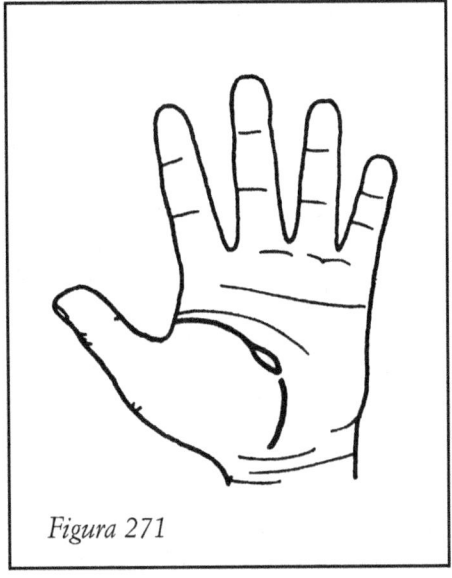

Figura 271

Un pequeño triángulo en la extremidad de la línea vital evidencia una tendencia a los chismes y a la superficialidad (fig. 270).

Una isla en el inicio de la línea de la vida simboliza un nacimiento desgraciado o ilegítimo.

Una isla sobre su recorrido indica debilidad o enfermedad (fig. 271). Una isla, seguida de una pequeña interrupción de la línea, es una señal de agotamiento grave (fig. 271).

La línea de la vida según su color puede interpretarse de la siguiente manera: pálida expresa anemia, linfatismo; morada denota un carácter excesivamente bilioso, tendencia a la cólera; rojiza muestra vitalidad exuberante, tendencia al dominio y a la violencia, a la arrogancia y a la brutalidad.

Determinación de la línea de la vida

En la obra *Quiromancia y Astrología vistas por un médico*, Ludovico Armani pone de manifiesto los resultados de sus experimentos para determinar la exactitud de los signos que se encuentran sobre la mano en relación con la duración de la vida. Para ello estudió 554 casos, de los que 353 eran hombres y 201 mujeres. La correlación entre la edad vivida y los signos de la mano indicadores de la edad en estos individuos resultó positiva en 380 casos (68,592 %), negativa en 70 casos (12,635 %) y dudosa en 104 casos (18,772 %).

He aquí con más detalle las conclusiones a las que ha llegado el autor, basándose en que la duración de la vida está determinada por la estructura de las líneas, su longitud, su regularidad y su número.

La línea más importante para establecer la duración de la vida humana es evidentemente la denominada línea de la vida. Es la única línea que no falta nunca en la mano de una persona adulta, ya que otras líneas importantes pueden faltar.

Según Muchery, de 100 individuos, 41 poseen las seis líneas principales en una mano y 29 en ambas manos.

Una persona que tenga las líneas finas vivirá más que otra que las tenga profundas; esta más que la que las tenga superficiales; y esta más que la que las tenga anchas. En el caso de que dos personas presenten la misma estructura de las líneas en sus manos, tendrá mejor presagio la que presente mayor número de líneas.

Para determinar la división de la línea de la vida en relación con los años hemos seguido el método de Desbarolles, que representa la edad sobre la mano tal y como se muestra en la figura 272.

Es interesante examinar las mayores o menores correspondencias halladas por Armani en los 554 casos examinados respecto a las enfermedades que produjeron la muerte de los individuos y los signos que aparecían en sus manos. La casuística fue dividida en 25 grupos que reunían igual número de enfermedades o de causas de muerte.

Grupo 1. Apendicitis
6 casos: 2 con correspondencia, 3 sin correspondencia, 1 de correspondencia dudosa.
Signos característicos: en los tratados quirománticos se mencionan esencialmente tres: un plano de Marte accidentado, islas sobre el monte de Marte e islas sobre la línea de Mercurio. Otros signos característicos son: mano preferentemente lunar; monte de la Luna desfavorable; falta de armonía entre el monte de la Luna y el de Mercurio; línea de Mercurio con islas; signos malos sobre el monte de la Luna inmediatamente después del último tramo de la línea de la cabeza.

Grupo 2. Absceso pulmonar, embolia pulmonar
13 casos: 8 con correspondencia, 2 sin ella y 3 de correspondencia dudosa.
Signos característicos: línea del corazón o de la cabeza, o ambas, con una rama pequeña y

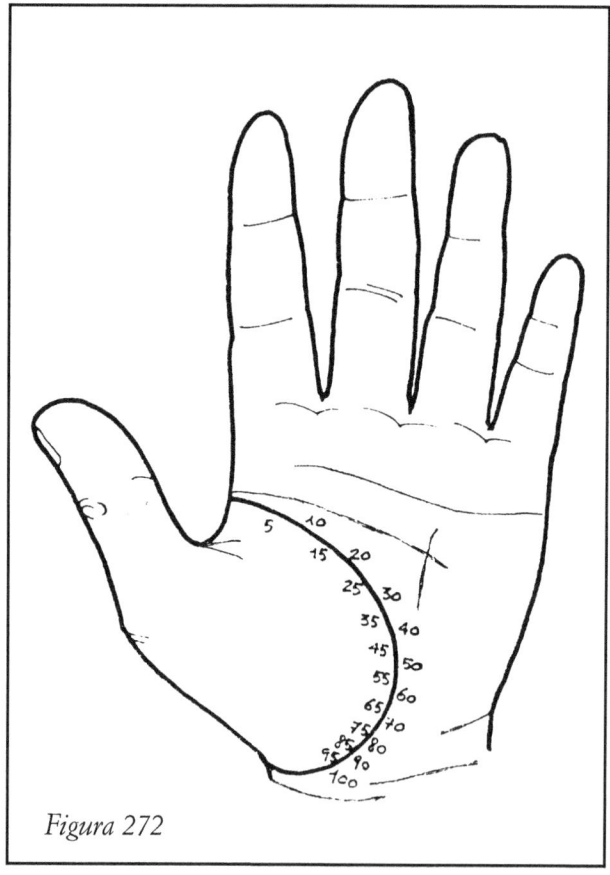

Figura 272

bien marcada dirigida hacia abajo; signos nocivos sobre el monte de Venus en el tramo comprendido entre la línea de la unión del pulgar y la línea imaginaria que divide en sentido vertical el monte en dos partes iguales; uno o varios signos nocivos que aparecen simultáneamente sobre el monte de Júpiter y sobre la segunda falange del dedo índice, y representan más o menos el mismo dibujo; montes de la Luna, de Marte, de Mercurio y de Júpiter desfavorables.

Grupo 3. Bronconeumonía
36 casos: 17 con correspondencia, 8 sin correspondencia, 11 de correspondencia dudosa.
Signos característicos: mano casi siempre lunar; monte de la Luna desfavorable; signos nocivos sobre el monte de Venus en la parte más cercana al pulgar; signos con significado grave sobre el monte y sobre el plano de Marte; monte de Mercurio y de Júpiter desfavorables.

Grupo 4. Calculosis
2 casos: ambos de correspondencia dudosa.
Signos característicos: mano en la que es muy evidente el temperamento nervioso, sanguíneo; línea del corazón bifurcada; anular estriado y con un signo nocivo, especialmente sobre la tercera falange; monte de Saturno desfavorable.

Grupo 5. Cáncer y tumores malignos
50 casos: 28 con correspondencia, 10 sin correspondencia, 12 de correspondencia dudosa.
Signos característicos: líneas del corazón y de la cabeza hendidas; cruces sobre el monte de Saturno; monte de la Luna mucho más bajo que el de Venus; líneas pálidas, irregulares; mano húmeda.

Grupo 6. Difteria
7 casos: 4 con correspondencia, 1 sin correspondencia, 2 de correspondencia dudosa.
Signos característicos: signos de enfermedad sobre el monte y línea de Mercurio; líneas verticales muy marcadas sobre el monte de Marte; signos nocivos sobre el punto de unión del pulgar con el monte de Venus; analogía de signos nocivos sobre el monte de Saturno y sobre la segunda falange del índice; muy numerosas las líneas paralelas a las líneas del monte de Marte y que se extienden por todo el plano y toda la palma.

Grupo 7. Hemorragia cerebral
29 casos: 18 con correspondencia, 2 sin correspondencia, 9 de correspondencia dudosa.
Signos característicos: mano predominantemente de Júpiter, con un monte homónimo excesivo; líneas anchas, profundas y rojas; línea del corazón eslabonada y bifurcada, unida a la línea de la cabeza y con frecuencia también a la línea de la vida; líneas verticales sobre el monte de Saturno; estrella con muchos radios sobre la parte central de la línea de la cabeza; analogía de signos nocivos sobre el monte de Júpiter y sobre la tercera falange del dedo anular.

Grupo 8. Encefalitis
1 caso: con correspondencia.
Signos característicos: signos nocivos sobre el monte de Marte y sobre la tercera falange del índice, sobre el monte de la Luna y sobre la segunda falange del meñique y del anular; línea de la cabeza pésima, atormentada y cortada por numerosísimas pequeñas líneas.

Grupo 9. Fracturas y muerte violenta o traumática
51 casos: 27 con correspondencia, 9 sin correspondencia, 15 de correspondencia dudosa.
Signos característicos: las fracturas están representadas por la rotura de las líneas principales o secundarias. Los signos de la muerte violenta o traumática son los siguientes: línea del corazón, de la cabeza y de la vida unidas en sus comienzos; estrellas y otros signos nocivos sobre el monte de Marte y el de Saturno, sobre la tercera falange del índice, sobre el monte de la Luna y sobre la tercera falange del anular; una estrella sobre la línea de Saturno; línea de Saturno truncada o rota; dos pequeñas líneas paralelas sobre la línea de la vida, una a la derecha y otra a la izquierda.

Grupo 10. Ictus cerebral
9 casos: 5 con correspondencia, 2 sin correspondencia, 2 de correspondencia dudosa.
Signos característicos: son los de la hemorragia cerebral.

Grupo 11. Tifus y fiebres tifoideas
11 casos: 2 con correspondencia, 4 sin correspondencia, 5 de correspondencia dudosa.
Signos característicos: primer tramo de la línea de la cabeza unido mal a la línea de la vida, engrosado y confundido por pequeñas líneas que lo cortan y lo encadenan; analogía de signos nocivos sobre el monte o sobre el plano de Marte y sobre la segunda falange del dedo medio; un punto morado; signos nocivos sobre el monte de la Luna y sobre la tercera falange del anular; signos nocivos sobre la segunda falange del anular.

Grupo 12. Marasmo senil
10 casos: todos con correspondencia.
Signos característicos: línea de Mercurio muy larga; líneas largas y numerosas; muchos signos en general; en el último tramo de la línea de la vida se presentan ramas descendentes; otras líneas, con excepción de la de Saturno, terminan en fleco.

Grupo 13. Meningitis
24 casos: 13 con correspondencia, 4 sin correspondencia, 7 de correspondencia dudosa.
Signos característicos: manos casi siempre con caracteres saturnianos y lunares; la línea de Mercurio se presenta sólo en el tramo comprendido entre las líneas del corazón y de la cabeza, o bien aparece más marcada en ese tramo que en los restantes; signos nocivos sobre la segunda falange del medio y sobre los montes de Mercurio, Saturno y Marte; signos comunes a los de la encefalitis.

Grupo 14. Miocarditis
81 casos: 62 con correspondencia, 7 sin correspondencia, 12 de correspondencia dudosa.
Signos característicos: mano con caracteres solares y marcianos; línea del corazón nociva, muy marcada y a menudo con islas; monte y línea de Apolo con signos nocivos; mala línea de Mercurio; casi siempre línea de mercurio irregular y plano de Marte y monte de Júpiter llenos de líneas transversales.

Grupo 15. Nacidos muertos o prematuros
13 casos: 10 con correspondencia, 2 sin correspondencia, 1 de correspondencia dudosa.
Signos característicos: en contra de la opinión de los que creen que los signos de la mano se desarrollan sólo después del nacimiento y sobre todo después del empleo de las manos, el autor afirma, apoyando así lo que dicen otros estudiosos, que los signos existen no sólo en el nacimiento sino también antes. Las líneas de la mano existen ya en la vida intrauterina: la mayor parte de los trece casos estudiados estaba formada por prematuros nacidos muertos, y las líneas (con excepción de la de la vida) existían ya en el sexto mes de la vida intrauterina. Los signos característicos, aunque escasos, de estos niños son líneas incompletas o con pésimas paralelas.

Grupo 16. Oclusión intestinal
6 casos: 1 con correspondencia, 3 sin correspondencia y 2 de correspondencia dudosa.
Signos característicos: mano espaciosa; uñas cortas y anchas; analogía de signos nocivos sobre los montes de Marte y Saturno. Signos desfavorables sobre el monte y la línea de Apolo.

Grupo 17. Paraplejia
1 caso: con correspondencia.
Signos característicos: mano espaciosa; uñas cortas y anchas; líneas rojas, superficiales; monte de la Luna enrejado; línea del corazón bifurcada con ramas desde el monte de Júpiter al monte de Saturno; línea de la cabeza con islas; estrellas sobre el monte de Saturno.

Grupo 18. Peritonitis
17 casos: 4 con correspondencia, 9 sin correspondencia, 4 de correspondencia dudosa.
Signos característicos: mano predominantemente lunar; plano de Marte atormentado por manchas azuladas que, en los casos graves, se extienden hasta el monte de Venus; monte de la Luna con muchos radios y con una estrella sobre el canto de la mano; líneas amarillas y mano húmeda.

Grupo 19. Septicemia
18 casos: 4 con correspondencia, 2 sin correspondencia, 12 de correspondencia dudosa.
Signos característicos: mano perteneciente al temperamento bilioso-sanguíneo, con predominio de la parte radial; estrellas sobre el monte de Marte y sobre la primera falange del meñique; línea del corazón, de la cabeza y de la vida unidas.

Grupo 20. Síncope cardiaco y otras cardiopatías
76 casos: 52 con correspondencia, 10 sin correspondencia, 14 de correspondencia dudosa.
Signos característicos del síncope cardiaco: línea del corazón imperfecta, pero sin llegar a ser excesivamente mala, unida siempre a las líneas de la cabeza y de la vida; estrellas y otros signos funestos sobre el monte de Apolo y sobre la segunda falange del índice.
Signos característicos de las otras cardiopatías: mano solar; mala línea del corazón y signos de enfermedad sobre el monte y la línea de Apolo, así como sobre la segunda falange del dedo medio; las líneas del corazón, de la cabeza y de la vida casi siempre se presentan unidas en su inicio; la línea de Mercurio es deficiente y se observan otros signos de sufrimientos hepáticos.

En la hipertrofia cardiaca en particular, la línea del corazón es muy ancha, se encuentra hundida y con iguales signos funestos que sobre el monte de Marte y la segunda falange del medio.

En la pericarditis se presentan sobre todo signos nefastos sobre la falangeta del medio. En la endocarditis aparecen sobre la segunda falange del medio signos más relevantes que los que se presentan en las otras cardiopatías.

En la miocarditis la mano presenta caracteres marcianos, además de solares, y signos de enfermedad sobre el monte y el plano de Marte.

En la descompensación cardiaca, la línea del corazón está formada por varios tramos que no casan entre sí pero que tampoco se interrumpen, sino que se unen en los extremos quedando uno sobre otro, como si fuesen paralelas durante uno o más milímetros.

Grupo 21. Tétanos
3 casos: 1 con correspondencia, 2 de correspondencia dudosa.
Signos característicos: mano de temperamento nervioso, sanguíneo; graves signos sobre el monte y sobre la línea de Mercurio; meñique desfavorable; estrellas sobre el monte de Marte, sobre la falange del meñique y sobre el monte de Saturno.

Grupo 22. Tuberculosis
28 casos: 16 con correspondencia, 7 sin correspondencia y 5 de correspondencia dudosa.
Signos característicos: cruz sobre el monte o sobre el plano de Marte y línea de la cabeza bifurcada; anillo de Venus manifiesto; líneas de la cabeza y de la vida unidas y con una isla; líneas rojas y rosa pálido; uñas curvadas y grisáceas; mano larga, seca y recta.

Cuando la tuberculosis ya se ha declarado, la línea de la vida presenta islas y la mano está húmeda; las líneas se transforman en capilares en la tuberculosis de tercer grado.

Los niños afectados por esta enfermedad infecciosa presentan manos transparentes con venas entre el azul y el violeta y dedos casi siempre como mazas de tambor.

Grupo 23. Úlcera gastroduodenal, gastroenteritis
17 casos: 7 con correspondencia, 9 sin correspondencia, 1 de correspondencia dudosa.

Signos característicos: líneas amarillentas o rojas; plano de Marte azulado; línea del corazón bifurcada, cruzada sobre la línea de la vida y sobre la de Mercurio.

La úlcera, en particular, se pone de manifiesto por la analogía de signos nefastos sobre el monte de Júpiter y sobre la segunda falange del meñique. En los casos menos graves, por analogías de malos signos entre el monte y el plano de Marte, y la falange del dedo medio.

La gastroenteritis se evidencia por signos funestos sobre el monte y el plano de Marte, sobre el monte y la línea de Mercurio y sobre la segunda falange del dedo medio; también por un desfavorable monte de la Luna.

Grupo 24. Uremia, coma diabético, iscuria prostática
15 casos: 8 con correspondencia, 4 sin correspondencia, 3 de correspondencia dudosa.
Signos característicos para la uremia: mano principalmente venusiana; analogía de signos funestos sobre el monte y el plano de Marte, y sobre la falange del meñique; signos funestos sobre la tercera falange del índice y sobre el monte de la Luna.
Signos característicos para el coma diabético: mano también venusiana; además, deficiente línea de Mercurio.
Signos característicos para la iscuria prostática: mano de temperamento linfático; analogía de caracteres funestos sobre el monte de la Luna y sobre la segunda falange del anular; monte de Marte y anillo de Venus adverso o con signos adversos; otros signos nefastos sobre el monte de Apolo y sobre la falange del dedo meñique; monte de Mercurio desfavorable; línea del corazón débil; numerosas ramificaciones pequeñas que arrancan de la línea de la vida y se dirigen hacia el monte de la Luna y hacia abajo.

Grupo 25. Varios
36 casos: 22 con correspondencia, 6 sin correspondencia, 8 de correspondencia dudosa; correspondencia, pues, muy elevada.

Cuando hablamos de signos funestos o nefastos, nos referimos a aquellos que la tradición quiromántica considera negativos o fatales.

A continuación, enumeramos estos signos acompañados de su particular significado:

— horcas descendentes: pérdida de la salud y de la vitalidad;
— rejas: dificultades en la función de un órgano o de un aparato;
— estrellas: enfermedades incurables y mortales;
— puntos de color: mala funcionalidad.

También se consideran signos desfavorables:

— medias lunas: salud inestable;
— islas: funciones irregulares.

Las líneas son funestas cuando son breves, irregulares o están rotas. Pero también ofrecen sólo presagios desfavorables cuando, aun sin tener los defectos de las líneas malas, son bastante imperfectas (desiguales, retorcidas, etc.).

Armani, como comentario a los datos por él recogidos, formula algunas interesantes consideraciones. En relación con la formación de los signos sobre la mano, insiste decididamente en el hecho de que ya existen bien marcados en el sexto mes de vida intrauterina.

Incluso podrían resultar, como sostiene Ferpoc en relación con las líneas papilares, que los signos de la mano existan aun antes del sexto mes de vida intrauterina. Justamente Ferpoc defiende que las líneas capilares o líneas de las yemas de los dedos (huellas dactilares) se presentan después del tercer mes de vida intrauterina y que mantienen la misma disposición y las mismas características durante toda la vida:

> Es prácticamente imposible alterar de forma definitiva las características de estas líneas, porque, aun cortando profundamente todo el sistema de crestas cutáneas, el conjunto de líneas que se vuelven a formar después de la curación es idéntico al primitivo.

Con relación a las huellas dactilares observa, como es ya cosa sabida, que el hecho de encontrar 12 puntos comunes en dos huellas permite identificarlas entre sí con una sola probabilidad contra 16.772.216.

Otra observación interesante es la siguiente: puesto que nacemos con las líneas ya marcadas, se puede descubrir desde el nacimiento lo que será el recién nacido observando las rayas de su mano.

Supongamos que el niño presenta en su mano el signo que caracteriza la naturaleza del músico. Esto no significa que el niño llegará a ser sin lugar a dudas un músico, sino que dispone de las mejores aptitudes para llegar a serlo. Del mismo modo, aquel que nace con una cruz sobre el monte de Júpiter, que es —como afirma Mariani— señal de un matrimonio de amor, no por eso tiene que casarse. De la misma manera no se puede considerar exclusivamente valiente a un individuo que presenta también signos de timidez; o bueno y sólo bueno a uno que presenta también signos de maldad. Ante todo hay que reunir todos aquellos indicios que permitirán juzgar «predominantemente» valiente o bueno al individuo o, como también suele decirse «fundamentalmente» valiente y bueno. Por lo demás —observa justamente Dolfini— todos los días podemos encontrar en nosotros mismos o en las personas que nos rodean elementos o disposiciones de ánimo diferentes y contradictorias, de tal manera que después de haber realizado alguna acción que no es corriente en nuestro carácter, nos preguntamos: «Pero, ¿es posible que haya sido yo quien ha actuado así?». Y es así porque nadie, con excepción quizá de los hombres primitivos, posee un carácter lineal, inflexible, siempre igual a sí mismo. En síntesis, podríamos resumir el problema del destino humano en los términos que empleó Gissi:

> La mano se revela como un cuadro total de la figura moral del individuo, sus tendencias, sus defectos, sus medios para luchar la batalla de la vida y su futuro inmediato, es decir, lo que la vida le depara en el estado actual de las cosas; sólo de él depende el futuro; sólo él puede eliminar algunas causas y prevenir algunos efectos.

Muchery opina lo siguiente:

> Con el nacimiento cada individuo trae consigo una cantidad de posibilidades buenas y malas; tiene la facultad de desarrollar más las unas en detrimento de las otras. Nuestro destino no es modificable en su conjunto, pero en los detalles podemos hacer lo que nos place.

Entonces nace espontáneamente la pregunta: ¿cómo y por qué se forman las rayas de la mano? Casi todos los quirólogos están de acuerdo en que es a causa de la acción de los astros sobre el que ha de nacer o sobre el recién nacido. Precisamente por esto muchos unen la astrología a la quirología. Muchery, que es también un defensor de la acción de los astros, intenta añadir unas explicaciones independientes de la astrología que ayudarían, según él, a sostener la opinión astrológica. Afirma que en el momento del nacimiento todas las líneas ya están trazadas y en esencia no se modificarán a lo largo de toda la vida (sólo habrán, eventualmente, modificaciones secundarias de los signos). Por lo tanto, no hay que suponer que sea el trabajo manual el que determina la formación de las líneas, porque incluso los intelectuales, los ociosos y las mujeres poseen más líneas que los trabajadores manuales, los que realizan actividades físicas. Así pues, según Muchery, no es el trabajo el determinante de las líneas «que parecen más bien el reflejo de las cualidades pasivas sensibles, intelectuales e imaginativas».

También Armani ha encontrado en sus experiencias mayor abundancia de líneas en las mujeres que en los hombres y más en los intelectuales que en los que desarrollan un trabajo manual.

Muchery por su parte opina:

> Estamos aún muy lejos de poder presentar una razón, probada, material, de la formación de estas líneas, pero algunas hipótesis permiten demostrar su razón de ser; por el momento debemos admitir lo que se ve, lo que prueba la experiencia y permite que podamos anunciar las siguientes leyes:
>
> 1. Las manos de dos individuos son siempre diferentes.
> 2. En un mismo individuo las líneas de su mano derecha son siempre diferentes de las de su mano izquierda.
> 3. Cada influencia se advierte en la mano según el estado del individuo que la recibe.
> 4. Las líneas de la mano se transforman según la voluntad y el ambiente, pero ya desde el nacimiento aparecen todas las líneas más o menos visibles a simple vista, todos los accidentes felices o desgraciados.
> 5. Un suceso, bello o desagradable, está tanto o más cercano cuanto más visible es; así una cualidad buena o mala es tanto más pronunciada cuanto más marcados sean sus signos distintivos.

Estas son hipótesis razonables aunque no resuelven el problema central que es llegar a una explicación satisfactoria de la razón por la que se forman los signos y las rayas de la mano. Por desgracia estamos aún lejos de poder dar una razón científicamente probada de la formación de estas «huellas secretas». Después de haber esclarecido estos elementos, necesarios sobre todo para comprender cuán grande es el interés que despierta el problema de la determinación del destino del hombre, «legible» a través de la mano, reanudaremos nuestro estudio con las líneas secundarias y accesorias tan útiles para perfeccionar el «retrato quiromántico» de un individuo.

Las líneas secundarias y accesorias

La línea del destino, de la fortuna o de Saturno

La línea del destino nace generalmente en la parte baja de la palma y se dirige hacia el monte de Saturno. Puede arrancar de la muñeca, del plano de Marte, del monte de la Luna, de la línea de la cabeza y de la del corazón. Como todas las líneas consideradas secundarias o accesorias, no se encuentra en todas las manos, o sólo es perceptible de manera incompleta o en fragmentos muy breves.

Esta línea indica todo lo relacionado con el destino, con las riquezas, con el cambio, el mejoramiento o el empeoramiento de la posición social, con las desgracias, especialmente financieras, con las herencias, con el éxito en la vida; puede representar también los adulterios y las traiciones sentimentales.

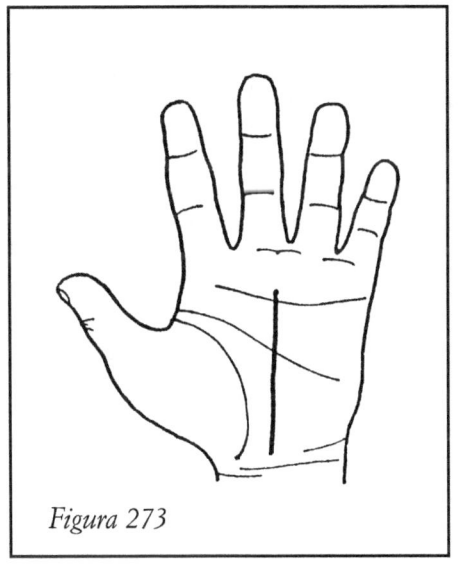

Figura 273

Aspecto y significados de la línea del destino

Si arranca desde la muñeca no señala cambios particulares en la situación (fig. 273).

Si arranca de la línea de la vida señala un momento favorable en la época en la que arranca (fig. 274).

Si arranca del plano de Marte la posición del individuo se hará estable y segura alrededor de los veinte años (fig. 275).

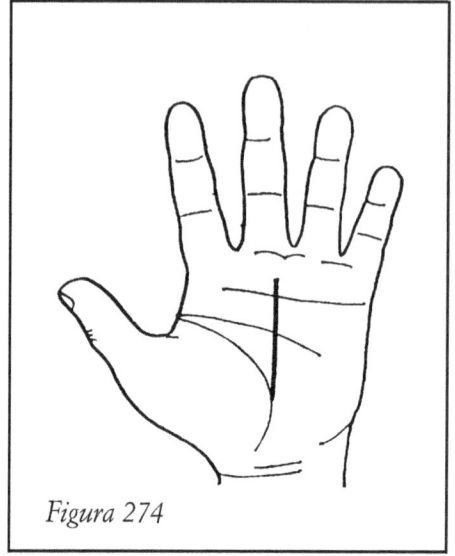

Figura 274

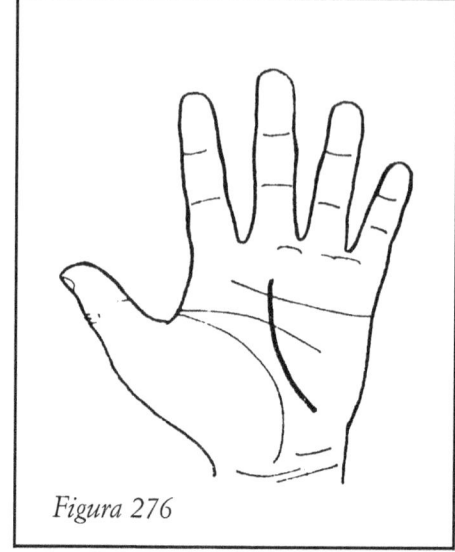

Figura 276

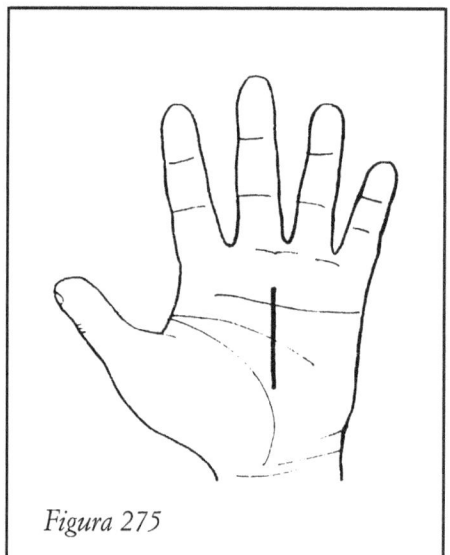

Figura 275

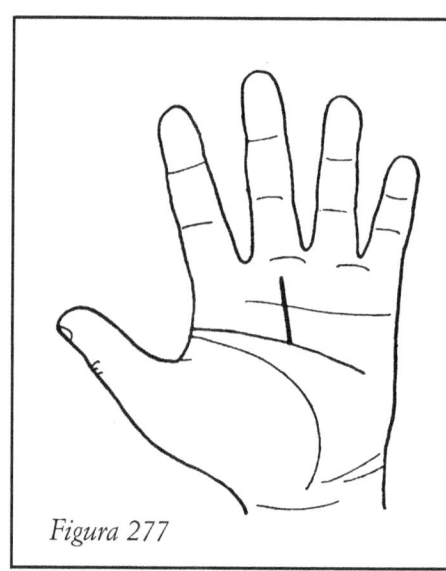

Figura 277

Si arranca del monte de la Luna: mejora de las condiciones económicas gracias a la intervención de una persona del otro sexo (fig. 276).

Si arranca de la línea de la cabeza: posición asegurada para cuando el individuo se encuentre alrededor de los treinta años (fig. 277).

Si arranca de la línea del corazón: posición asegurada alrededor de los cuarenta años (fig. 278).

Para que el significado sea muy favorable es necesario que la línea del destino sea recta, sin interrupciones, bien coloreada y profunda, que nazca en la muñeca y acabe en la base del dedo medio (fig. 279).

Si arranca después de la muñeca y termina en la tercera falange del medio, significa que la vida del individuo será poco feliz o incluso que se verá perseguido por un destino adverso (fig. 280).

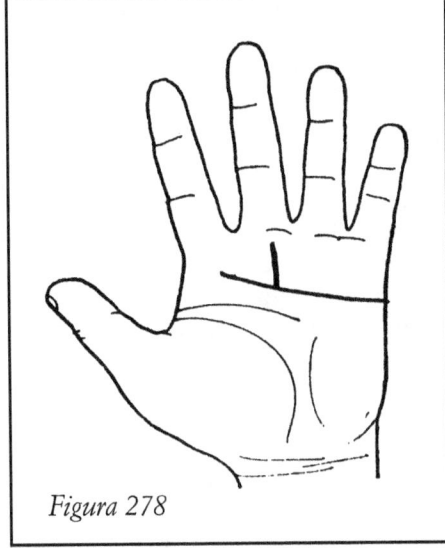

Figura 278

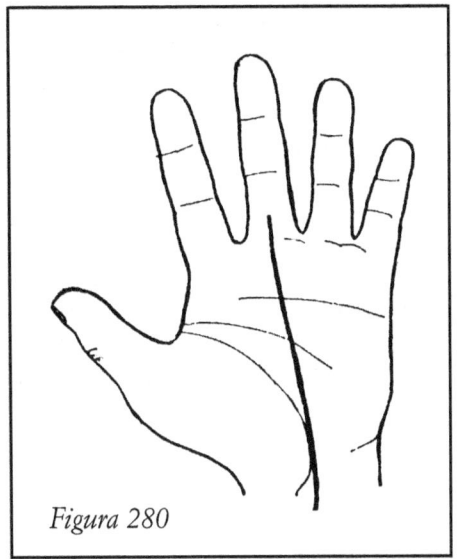

Figura 280

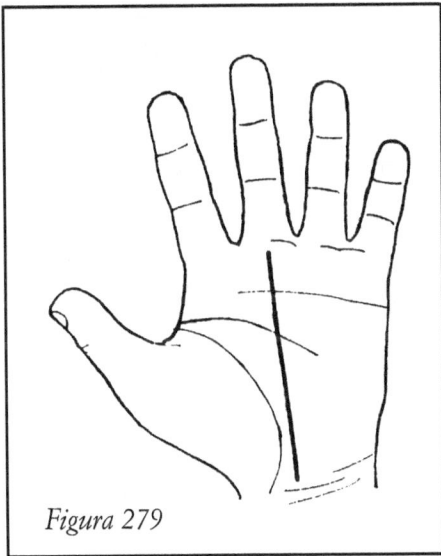

Figura 279

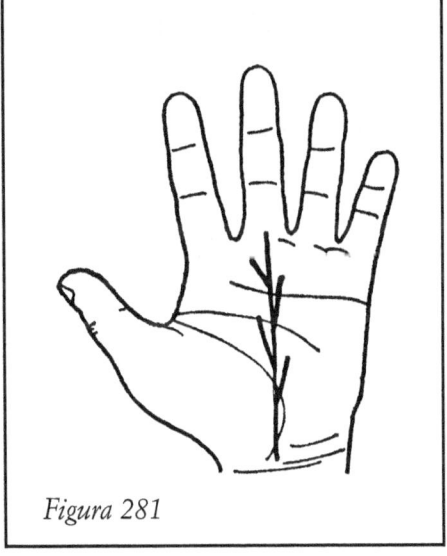

Figura 281

Si la línea presenta ramas ascendentes, el presagio es favorable: cambios de fortuna, tantos cuantas ramas (fig. 281). Por el contrario, las ramas descendentes indican pérdidas de riqueza o momentos muy críticos en la vida (fig. 282).

Si se presenta rota en varios puntos es indicio de una posición social y económica inestable. Cada rotura representa un momento fatal (fig. 283).

Las líneas que atraviesan la línea del destino representan obstáculos creados por rivales o graves pérdidas (fig. 284).

Una isla es señal de adulterio (fig. 285).

Una cruz indica un cambio de posición que no será peor que la anterior si los lados de la cruz son de igual longitud (fig. 286).

Una estrella presagia una catástrofe (fig. 287).

Un punto anuncia una enfermedad grave (fig. 288).

Si la línea del destino presenta una isla y arranca desde la Luna la nueva posición será determinada por un adulterio (fig. 289).

Si se rompe definitivamente en la línea de la cabeza significará que la suerte se acaba hacia los treinta años (fig. 290).

Si termina en la línea del corazón y nace en el monte de la Luna es favorable: significa buena suerte y matrimonio feliz (fig. 291).

Si transcurre por otros montes representará un camino recorrido con o sin éxito según el monte hacia el que se dirija (fig. 292).

La línea del destino puede corregir una línea de la vida mala en caso de interrupción, sustituyéndola y garantizando que la crisis será superada (fig. 293).

Las líneas horizontales que tocan sin cortar la línea de Saturno evidencian rivalidades que amenazan con obstaculizar el destino sin conseguirlo (fig. 294).

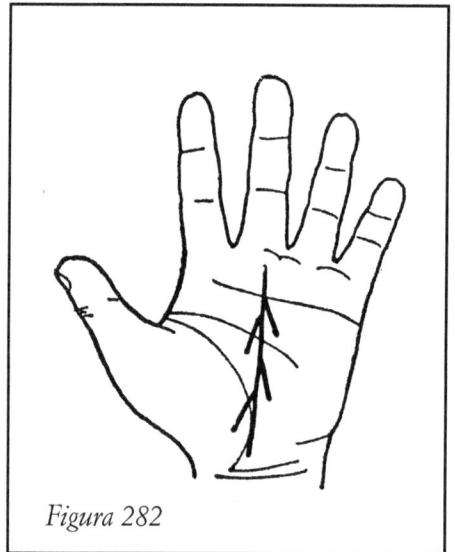

Figura 282

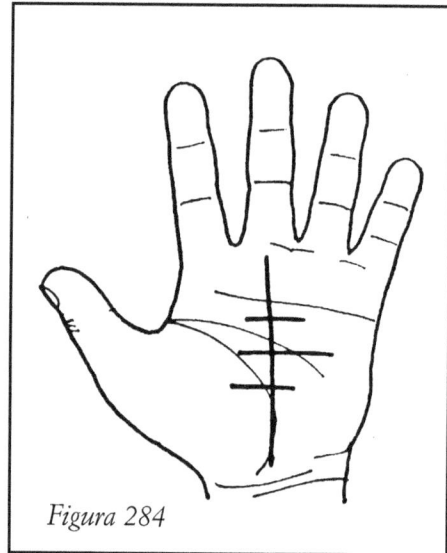

Figura 284

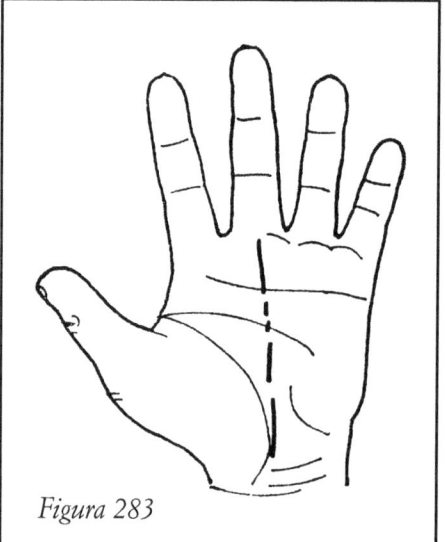

Figura 283

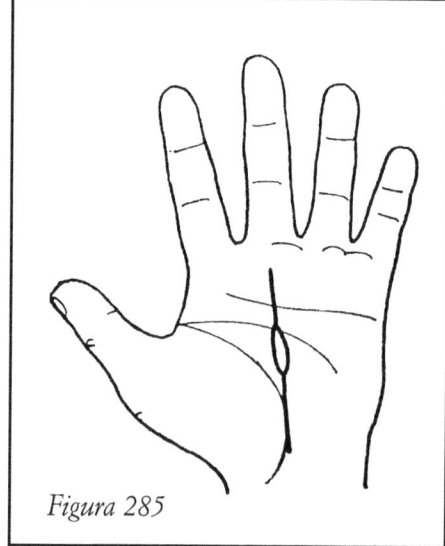

Figura 285

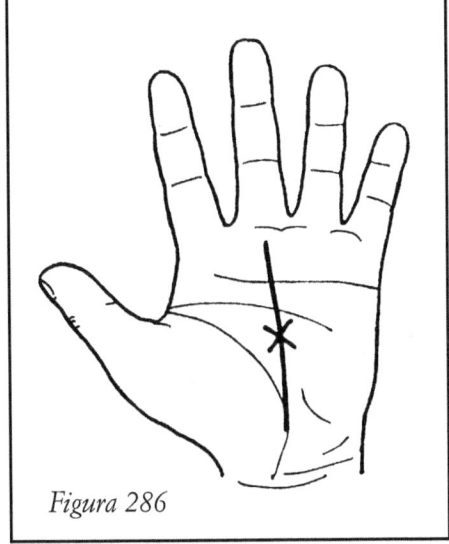
Figura 286

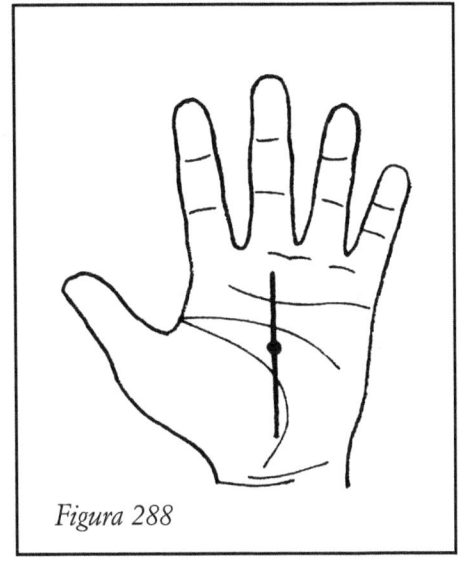
Figura 288

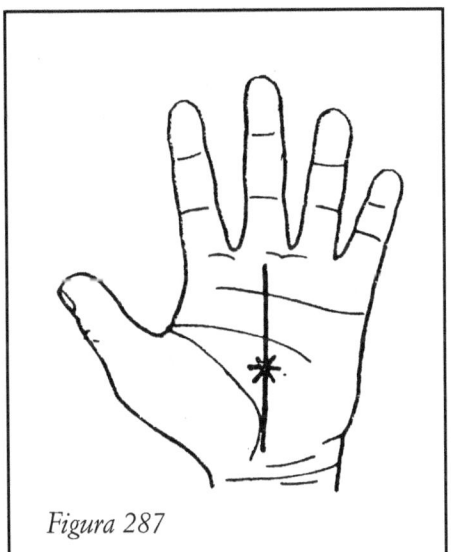
Figura 287

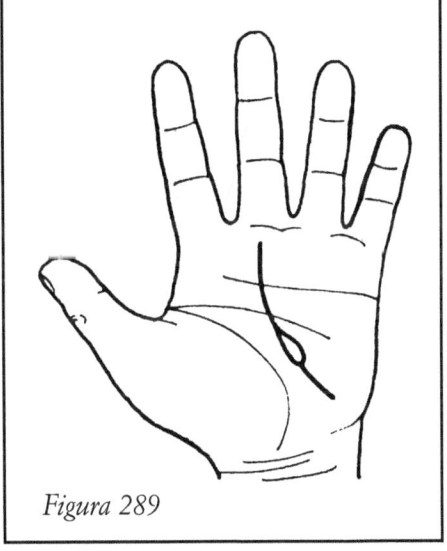
Figura 289

Si la línea de Saturno nace bifurcada en la base denota claramente una indecisión que se solucionará en el punto en que se junta para formar una sola línea (fig. 295).

Si en el nacimiento de la línea de Saturno se nota una especie de signo atornillado o unas pequeñas líneas indecisas pero después la línea prosigue limpia y recta, ello es índice de cierta inestabilidad de posición que se solucionará felizmente (fig. 296).

Para finalizar, si la línea de Saturno en su nacimiento sigue una trayectoria recta pero acaba tortuosa o rota, significa falta de soluciones prácticas y positivas (fig. 297).

Y ahora veamos cómo se miden las épocas en relación con la línea del destino (fig. 298):

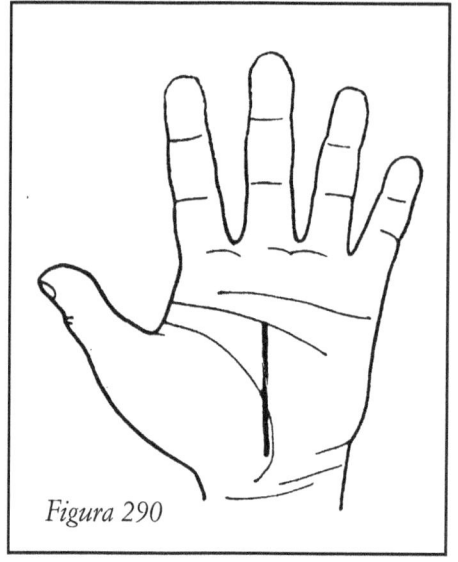
Figura 290

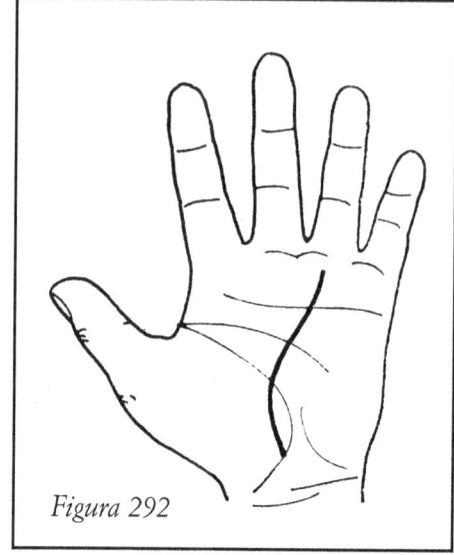
Figura 292

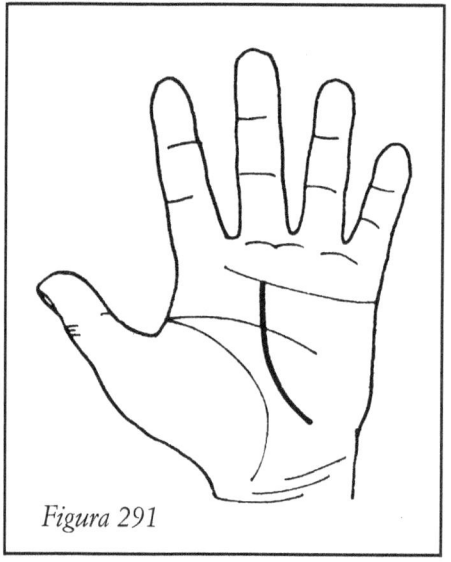
Figura 291

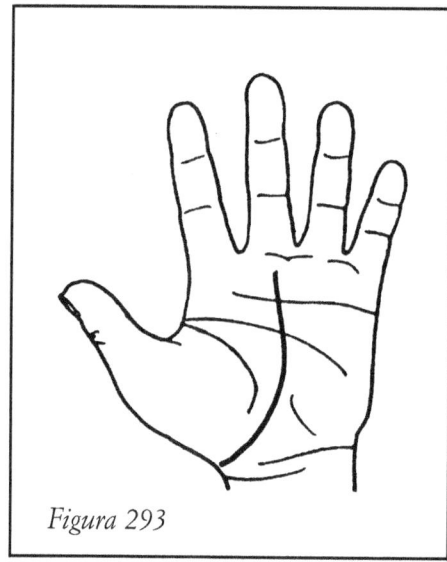
Figura 293

— desde la muñeca hasta la línea de la cabeza el espacio es de casi 30 años;
— desde la línea de la cabeza hasta la del corazón el espacio es de 10 o 15 años;
— y desde la línea del corazón al monte de Saturno es hasta el final de la vida.

La línea del Sol, del éxito o de Apolo

La línea del Sol nace en la parte baja de la mano y se dirige hacia el monte del Sol. Es la línea que expresa el éxito y la fama en el campo del arte, así como la fortuna en sentido general, anunciando además los peligros, los reveses y las dificultades.

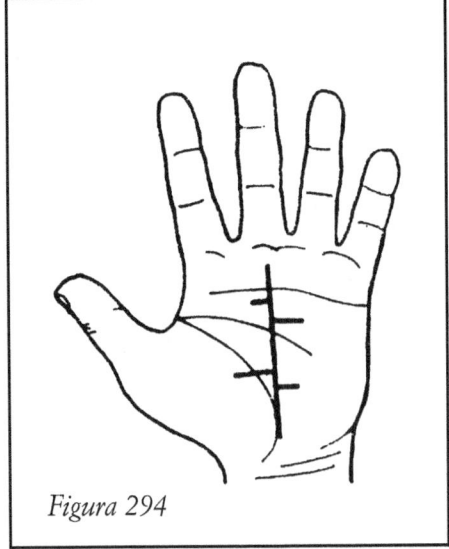

Figura 294

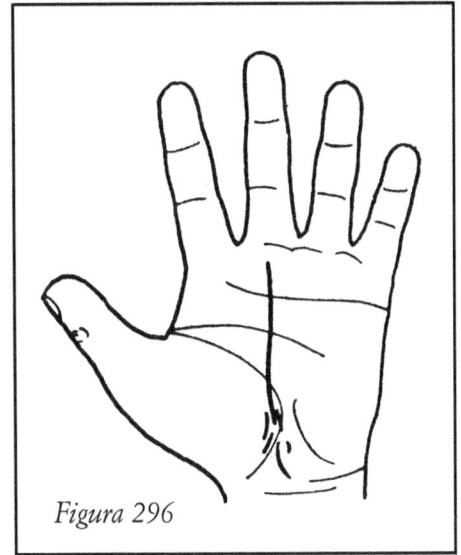

Figura 296

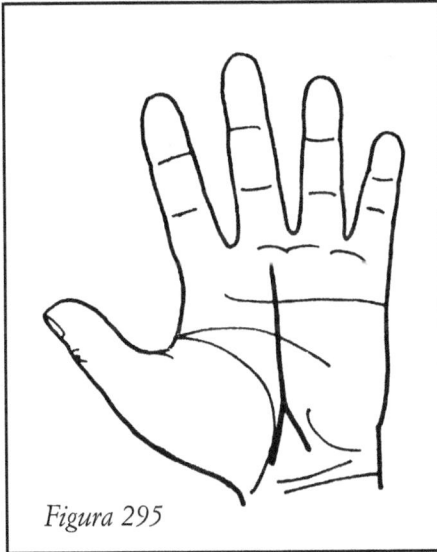

Figura 295

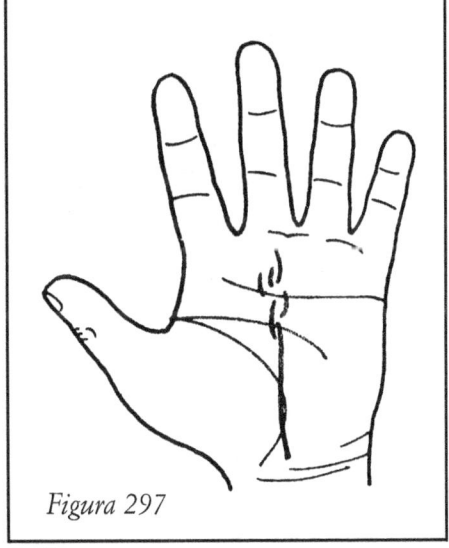

Figura 297

Aspecto y significados de la línea del Sol

Si arranca desde la muñeca demuestra que quien la posee tiene tendencias artísticas y que en la vida alcanzará el éxito (fig. 299). El significado es el mismo si arranca de la línea vital (fig. 300).

Si nace en el plano de Marte indica éxito y gloria alrededor de los veinte años (fig. 301).

Si nace del monte de la Luna, refleja la presencia de una intervención protectora que hará alcanzar una posición envidiable (fig. 302).

Si arranca de la línea de la cabeza significa éxito debido a notables capacidades intelectuales, probablemente alrededor de los treinta años (fig. 303).

Si arranca de la línea del corazón el éxito será sobre los cuarenta años (fig. 304).

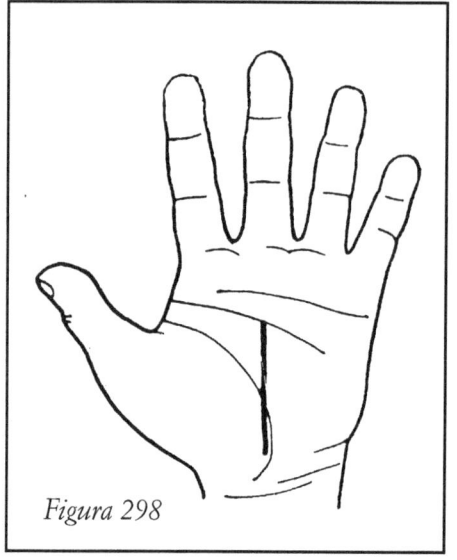
Figura 298

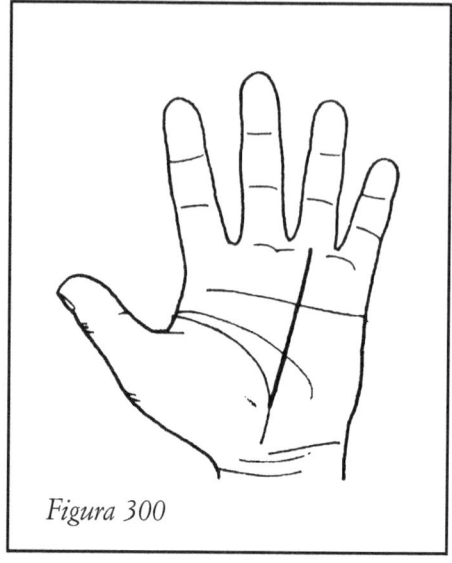
Figura 300

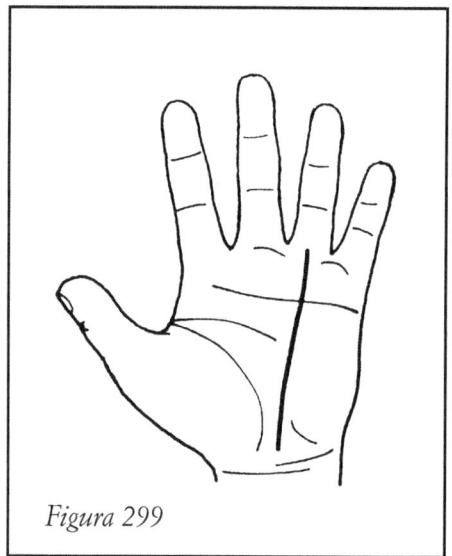
Figura 299

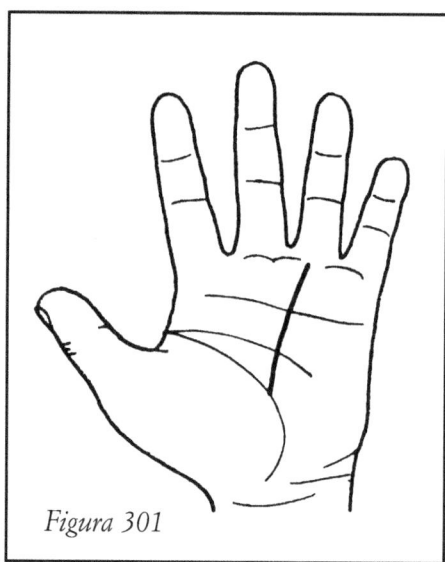
Figura 301

Si nace del monte de Marte es indicio de múltiples tentativas para lograr el éxito, que se alcanzará sólo después de arduas luchas y en la edad madura (fig. 305).

Como sucedía en la línea de Saturno, las líneas que cruzan la línea de Apolo señalan tantos obstáculos como líneas horizontales la cruzan (fig. 306).

Si termina en forma de horquilla sobre el monte o bien con tres ramas, el éxito será aún mayor (fig. 307).

La línea del éxito, cuando tiene a ambos lados otras dos líneas verticales, apunta grandes posibilidades de un cambio de situación; también riqueza y gloria (fig. 308).

Una isla anuncia un adulterio que traerá consigo escándalo (fig. 309); escándalo mucho mayor si la línea está rota o si la isla aparece atravesada por una línea horizontal que arranca desde Venus (fig. 310).

Otros posibles signos y sus significados

Un punto o una cavidad sobre la línea del éxito simboliza mala suerte.
Una cruz denota fracasos.
Una estrella indica catástrofe.
Una isla representa luchas y obstáculos en la actividad artística; con frecuencia significa adulterio.
Un conjunto de líneas de direcciones diferentes presagia sucesos desastrosos.
Las líneas pequeñas que la atraviesan horizontalmente indican obstáculos.
Una cruz dentro de un cuadrado y en el cruce con la línea de la cabeza, que sustituye durante un tramo a la línea del éxito, es marca de una enfermedad grave con repercusiones sobre el sistema nervioso o cerebral, pero que tendrá curación.

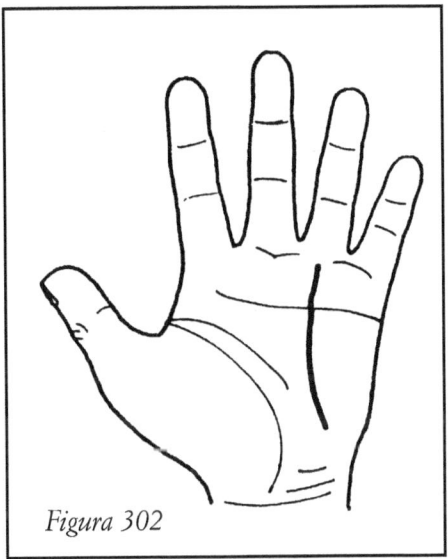

Figura 302

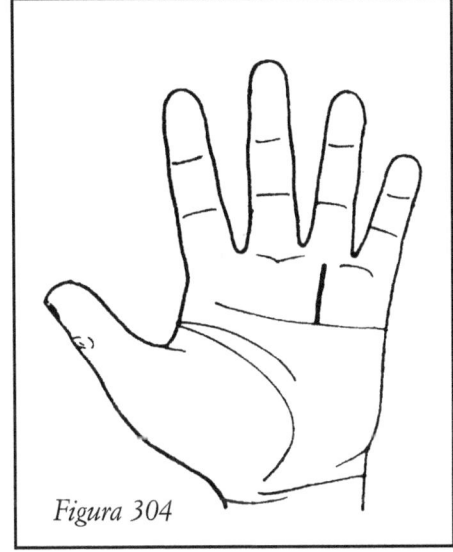

Figura 304

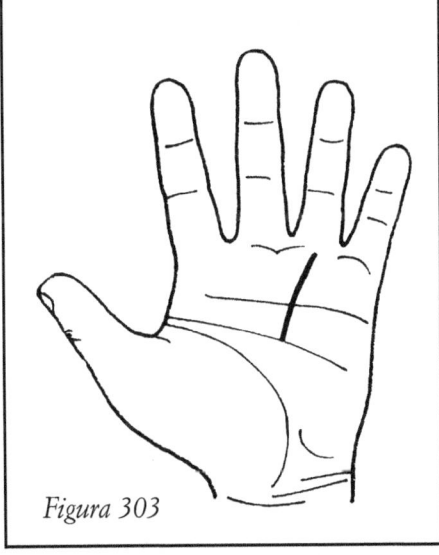

Figura 303

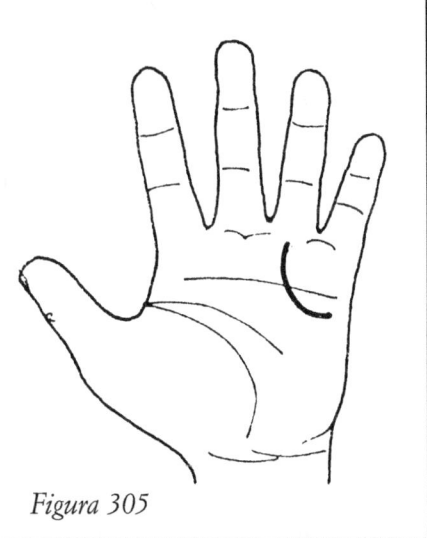

Figura 305

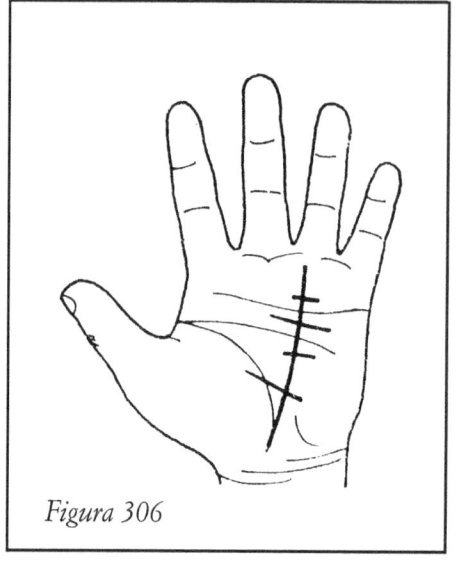

Figura 306

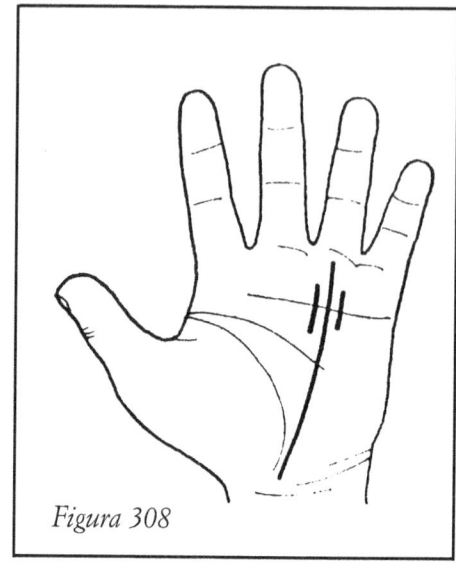

Figura 308

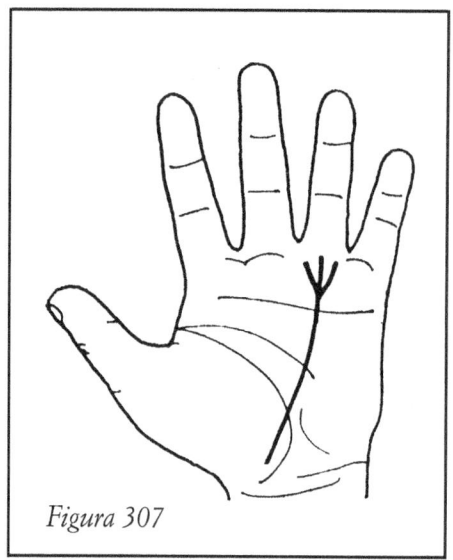

Figura 307

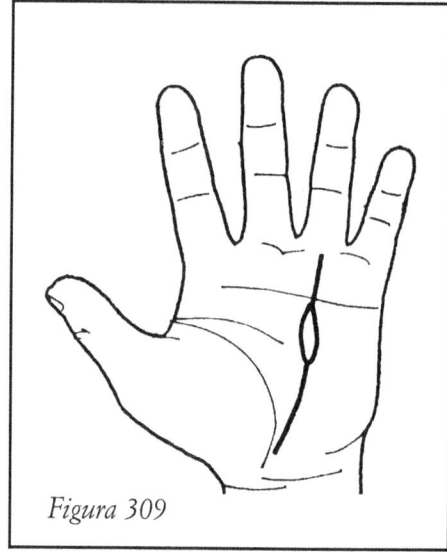

Figura 309

Un pequeño círculo que corta la línea del éxito significa pérdida de honores y dignidades, o bien traición de parientes o socios con la consiguiente pérdida financiera.

La línea de la salud o línea hepática

La línea de la salud nace en la parte baja de la palma o en la línea de la vida y se dirige hacia el monte de Mercurio. Esta línea lleva los signos de la salud en general, del estado y manera de funcionar del hígado y del bazo y la transpiración, pero da también indicaciones sobre el carácter del individuo. No es fácil encontrarla en todas las manos porque es, según dijo Gauthier, la prerrogati-

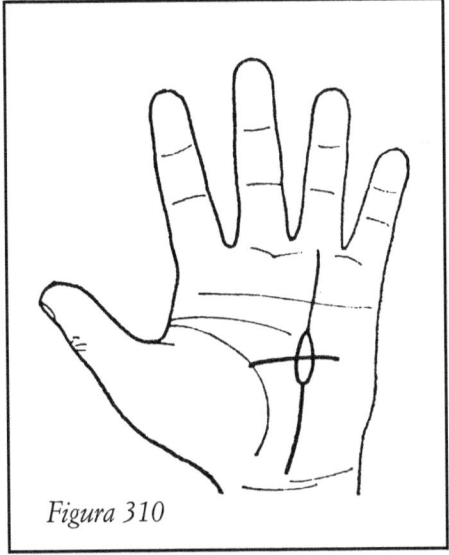

Figura 310

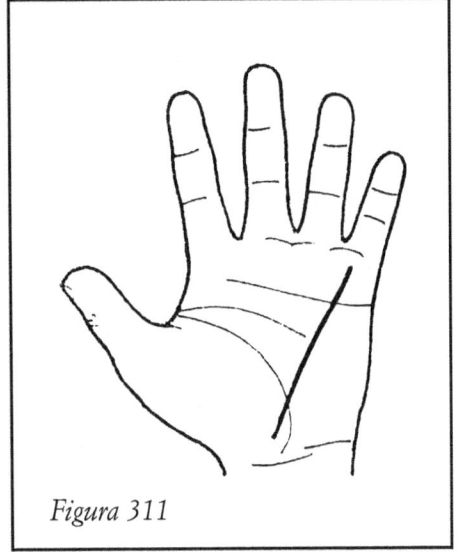

Figura 311

va de los longevos. Con el transcurso de los años tanto la línea hepática como la de Saturno se marcan cada vez más.

Aspecto y significados de la línea de la salud

Línea hepática recta, bien coloreada, sin interrupciones: perfecto estado de salud (fig. 311).

Si es tortuosa anuncia dolencia del hígado (fig. 312).

Si en su nacimiento está unida a la línea vital indica debilidad del corazón, que se manifestará en la época en que la línea de la vida aparece unida a la hepática (fig. 313).

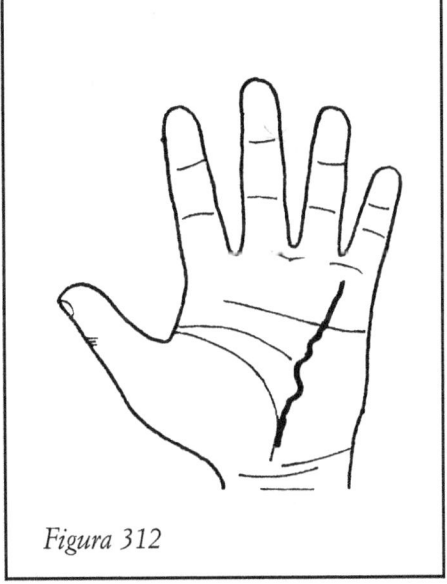

Figura 312

Si arranca del monte de la Luna, atraviesa el de Marte y alcanza el de Mercurio de manera rectilínea, es índice de caprichos y elocuencias (fig. 314).

Una isla indica salud comprometida.

Si tiene color rojo demuestra tendencia a las fiebres (fig. 315).

Si la línea hepática está trazada en forma de arco, arranca desde la Luna y llega hasta Mercurio, el individuo poseerá lo que los iniciados llaman *segunda vista*, es decir, una fuerte inclinación hacia el mundo oculto (fig. 316).

La existencia de cortes transversales señala fiebres agudas, enfermedades graves en número proporcional a los cortes. Para determinar la época de estas enfermedades hay que dividir la línea hepática en treinta partes iguales, empezando de abajo hacia arriba, y considerar que cada una ellas comprende más o menos tres años. Por ejemplo, la figura 317 muestra dos enfermedades sufridas alrededor de los 30 y de los 55 años respectivamente.

Si la línea hepática carece de continuidad o está interrumpida: molestias del estómago (fig. 318).

Si está marcada sólo entre las líneas del corazón y de la cabeza: parálisis, aún más segura si está duplicada y si las otras líneas indican los mismos síntomas (fig. 319).

Si la línea hepática se bifurca a la altura de la línea de la cabeza: debilidad y escasa actividad sexual (fig. 320).

Si al cruzar la línea de la cabeza forma una estrella: esterilidad o, en las mujeres, partos muy peligrosos (fig. 321).

Siempre es un óptimo indicio si la línea hepática cruza claramente la de la cabeza, ya que esto asegura éxito en casi todas las empresas (fig. 322).

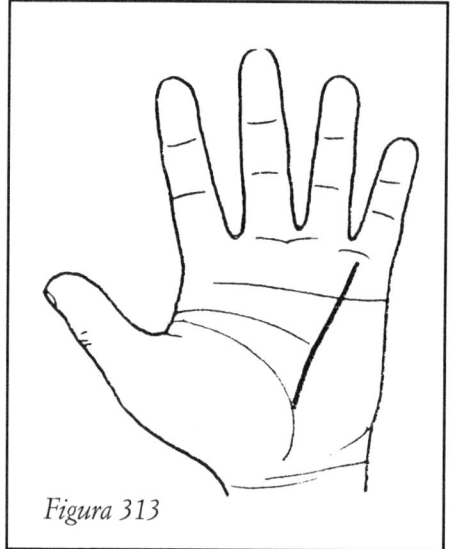

Figura 313

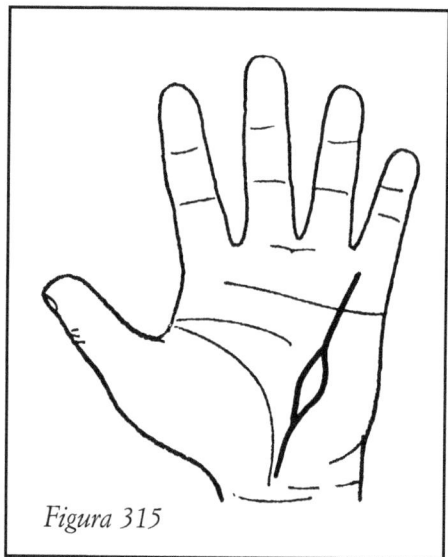

Figura 315

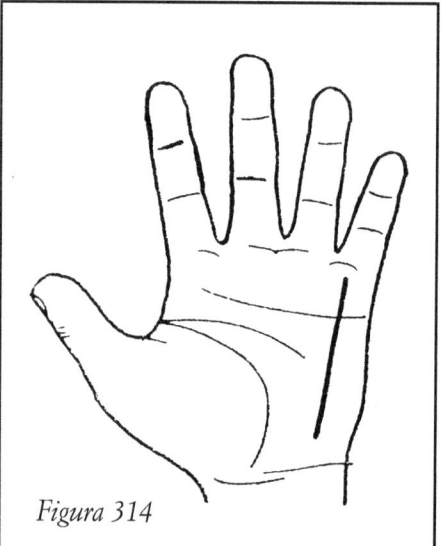

Figura 314

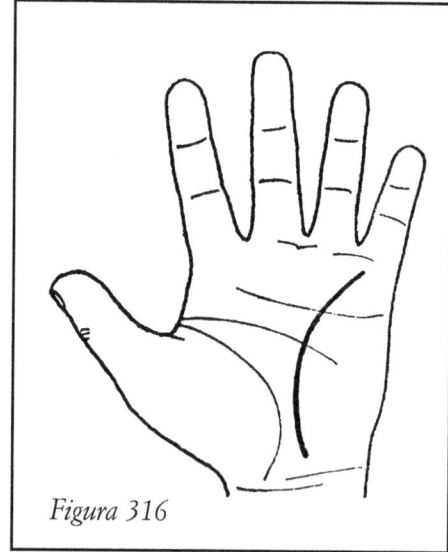

Figura 316

La línea de la intuición o de Mercurio

Esta línea, llamada también *de los presentimientos*, nace cerca del monte de la Luna y se dirige hacia el monte de Mercurio.

Características principales:

Una línea de la intuición muy señalada muestra una gran intuición, clarividencia, don de la predicción y facultades proféticas (fig. 323).

Si lleva una isla a la altura del monte de la Luna: predisposición al sonambulismo, así como también a la clarividencia y a los presentimientos (fig. 324).

Una línea con un punto significa debilidad física o periodo de agotamiento (fig. 324).

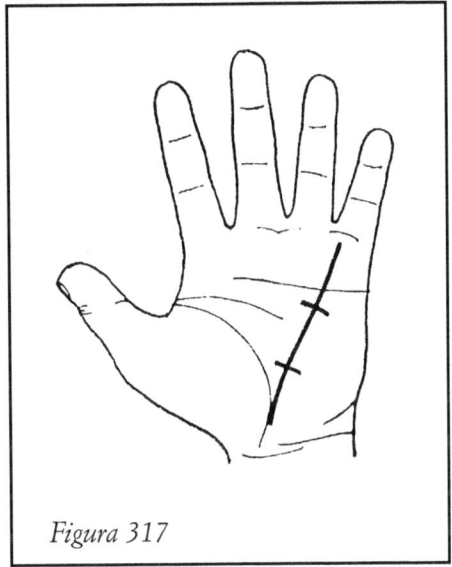

Figura 317

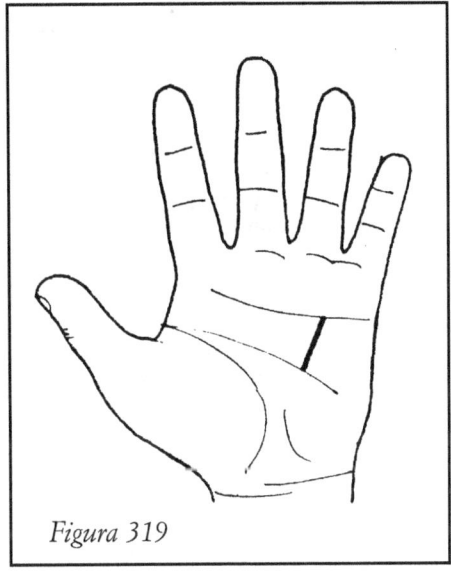

Figura 319

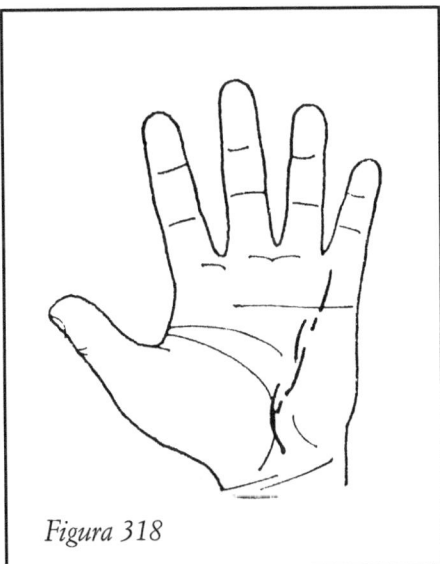

Figura 318

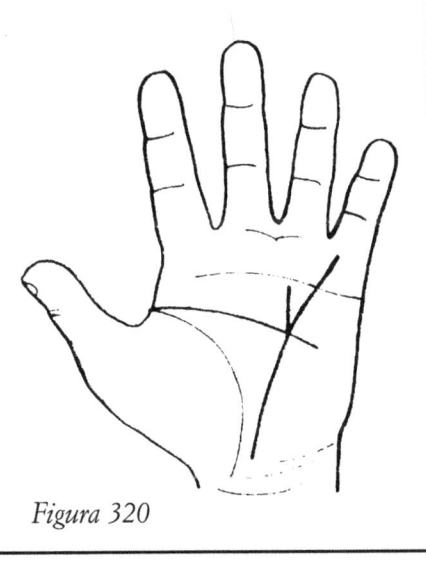

Figura 320

Con una cruz indica molestia o enfermedad en general (fig. 324).
Con una estrella denota una enfermedad gravísima (fig. 324).

La vía lasciva o Vía Láctea

La llamada *Vía Láctea* es un conjunto de pequeñas rayas que forman dos líneas de trazos paralelos sobre el monte de Luna en dirección al borde de la mano.

La presencia de esta línea evidencia la posesión de cualidades para ejercer de médium, además de una tendencia al misticismo y, particularmente, a los presentimientos misteriosos.

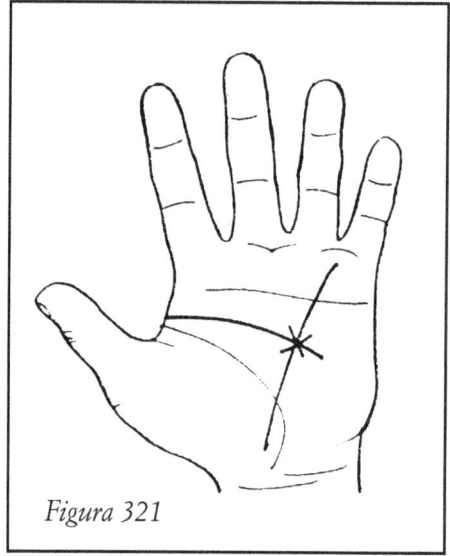

Figura 321

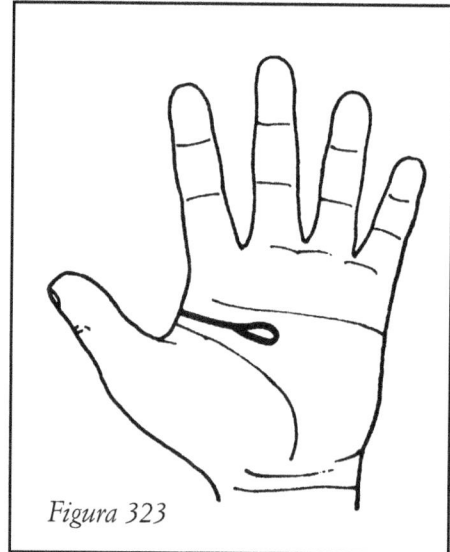

Figura 323

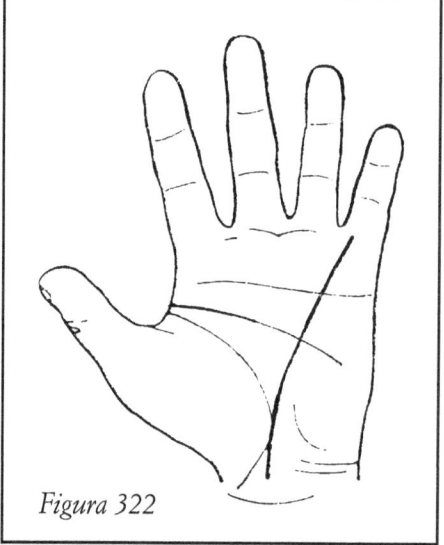

Figura 322

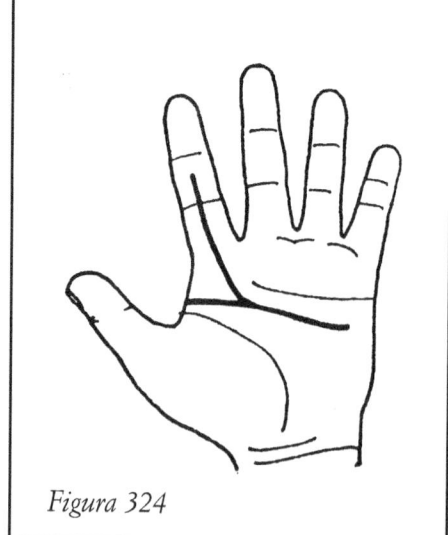

Figura 324

Una Vía Láctea mal formada es señal de sensualidad que tiende a convertirse en depravación.

El significado es tanto mejor si la línea está bien definida (fig. 325), mientras que empeora si la línea es temblorosa e insegura.

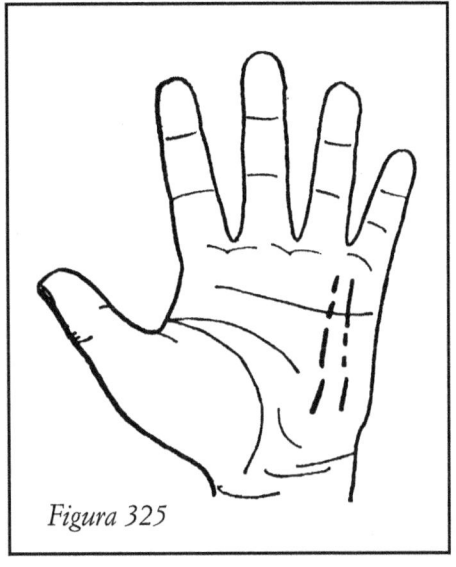

Figura 325

Los anillos y otras líneas complementarias

El anillo de Venus

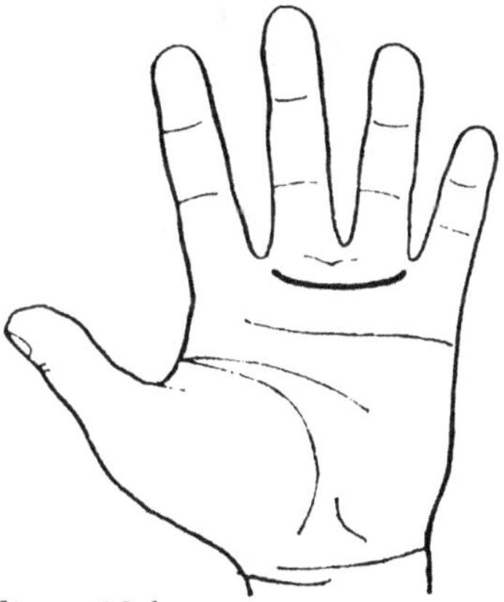

El anillo de Venus es un semicírculo que nace entre los dedos meñique y anular y termina entre el medio y el índice (fig. 326). Este anillo, según algunos quirólogos, corrige una línea vital negativa, ya que indica un aumento de energía. Puede también ser un símbolo de lujuria, cuyo grado será dado por la forma del mismo anillo.

Si aparece roto o abierto representa falta de frenos sexuales (fig. 327); el grado será aún mayor si este tipo de anillo se encuentra en una mano regordeta, húmeda y con dedos puntiagudos y alargados.

Una estrella situada en el centro del anillo es un indicio de enfermedad venérea; si se presenta corrida hacia un lado, señala la posibilidad de un delito (fig. 328). La línea de Apolo y la del corazón esclarecen la época de estos sucesos.

Figura 326

Una línea bifurcada que baja hacia Saturno y corta el anillo de Venus indica la contemporaneidad de dos amores, uno de los cuales será fatal (fig. 329).

El anillo de Júpiter

El anillo de Júpiter es un semicírculo sencillo o doble que se encuentra en la unión del pulgar con el monte de Venus. Es un signo muy negativo que los quirólogos interpretan como una condena a muerte (fig. 330).

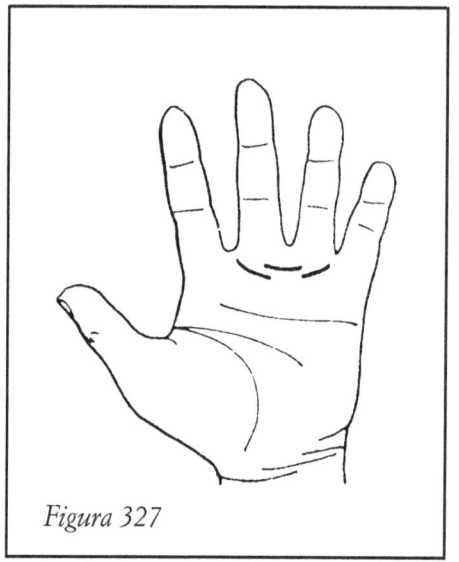

Figura 327

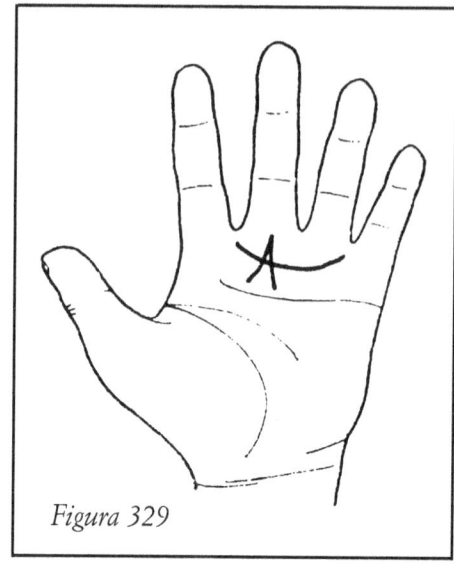

Figura 329

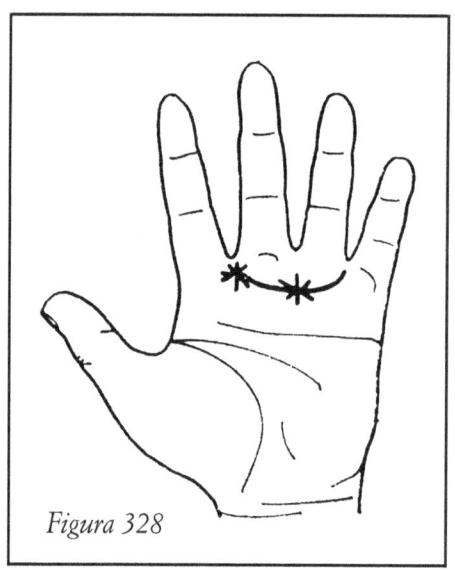

Figura 328

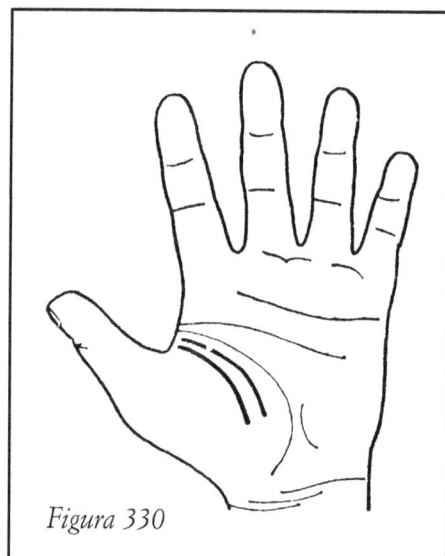

Figura 330

El anillo de Salomón

El anillo de Salomón está formado por una curva semejante a un semicírculo, situada en la base del índice, debajo de su unión con la palma (fig. 331). La presencia de este signo, siempre favorable, indica que el individuo tendrá una buena guía en la vida y actuará muy cuerdamente.

El anillo de Saturno

El anillo de Saturno es un semicírculo situado en la base del dedo medio (fig. 332). Denota una aptitud para las ciencias en general y en particular para las ocultas.

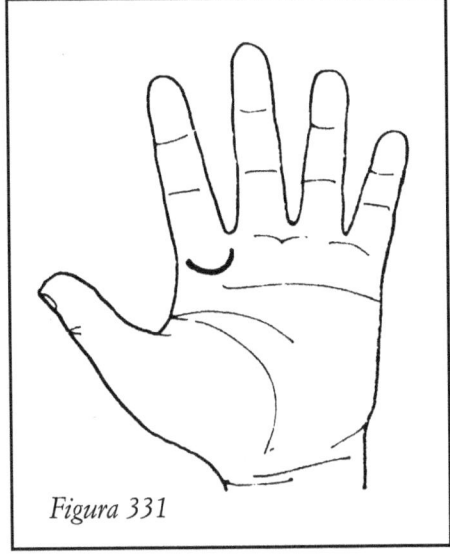
Figura 331

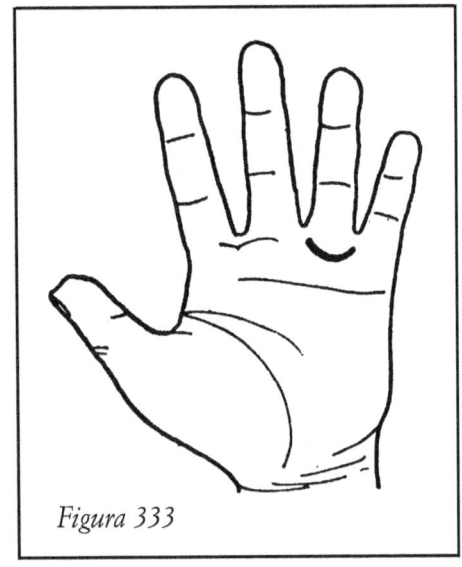
Figura 333

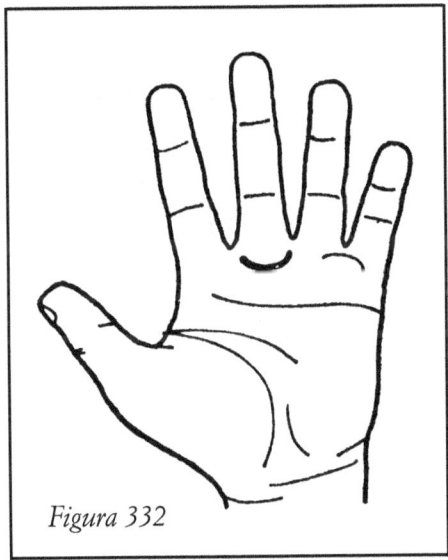
Figura 332

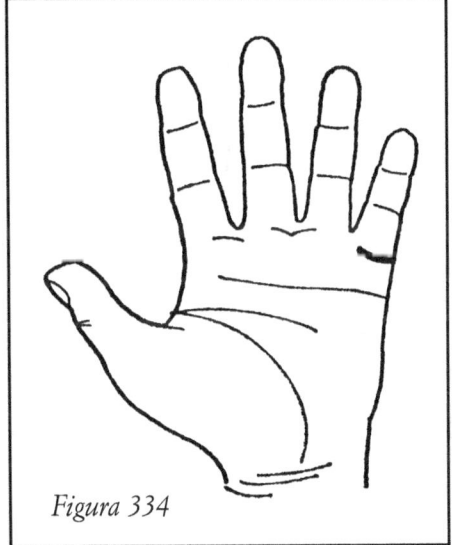
Figura 334

El anillo de Apolo

El anillo de Apolo se encuentra debajo del anular y es señal inequívoca de personas pesadas y petulantes (fig. 333).

La línea de la unión o del amor

La línea del amor está constituida por una o más líneas marcadas, que se inician en el canto de la mano debajo del dedo de Mercurio (meñique), en la parte comprendida entre la línea del corazón y el monte de Mercurio, y se extienden hacia el monte de Mercurio y la palma (fig. 334).

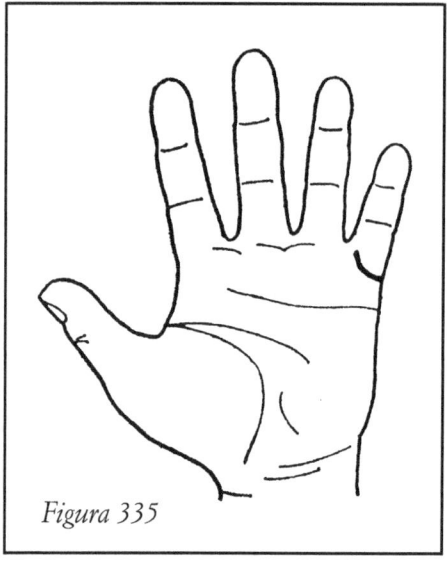
Figura 335

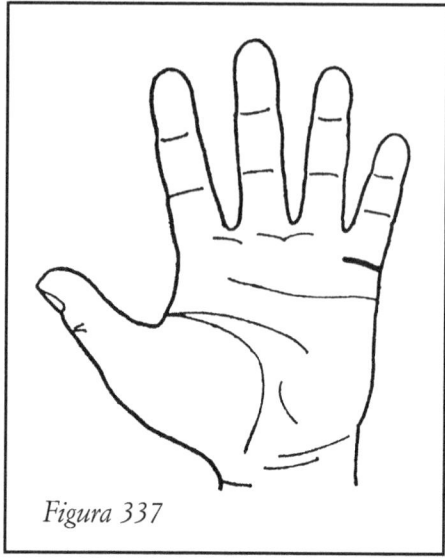
Figura 337

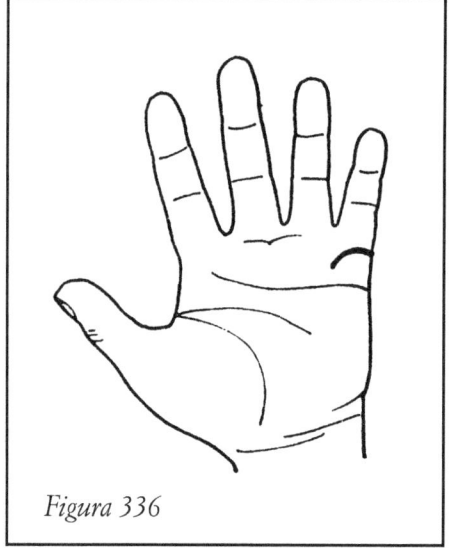
Figura 336

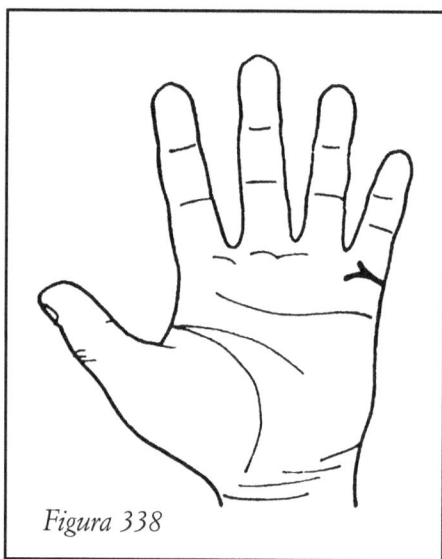
Figura 338

La presencia de cada una de estas líneas (si es que existen) indica una pasión, un amor, a menudo un matrimonio, pero es muy difícil averiguar el significado exacto, ya que pueden representar tanto una pasión experimentada por el individuo como por otra persona hacia él.

Aspecto y significados de la línea de la unión

Si la línea se dirige hacia arriba es señal de matrimonio seguro o relación sentimental estable (fig. 335).

Si por el contrario la línea se dirige hacia abajo, el significado es negativo: puede indicar la muerte de la persona amada (fig. 336).

El orden cronológico de los amores hay que calcularlo de arriba abajo, hacia la línea del corazón, para los que no presentan influencias de la Luna; para los que presentan influencias de la luna hay que proceder a la inversa.

Cuando la línea de la unión se alarga hasta el centro del monte de Mercurio y es recta y con un bonito surco, la unión será feliz (fig. 337).

Si la línea hacia su final adopta la forma de pequeña horca, su significado será el de una separación (fig. 338). Puede ser que la época en la que se presentará esta separación esté indicada en la línea vital: para calcularla hay que empezar a contar siempre por la línea transversal que desde el monte de Venus corta la vital. Por ejemplo, la figura 339 indica un matrimonio formalizado cuando el individuo tiene 25 años y truncado cuando tiene 35.

Si la rama ascendente cruza y corta la línea transversal manifiesta una separación legal.

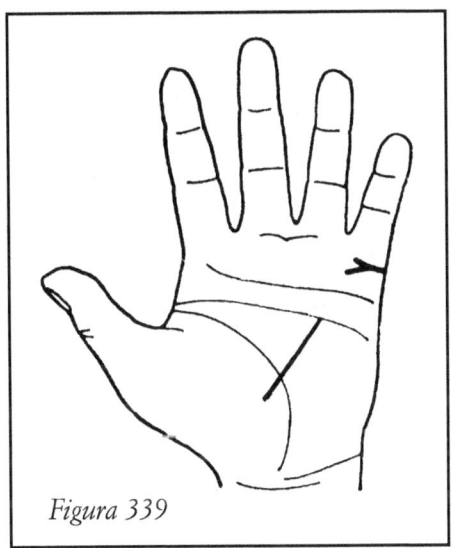

Figura 339

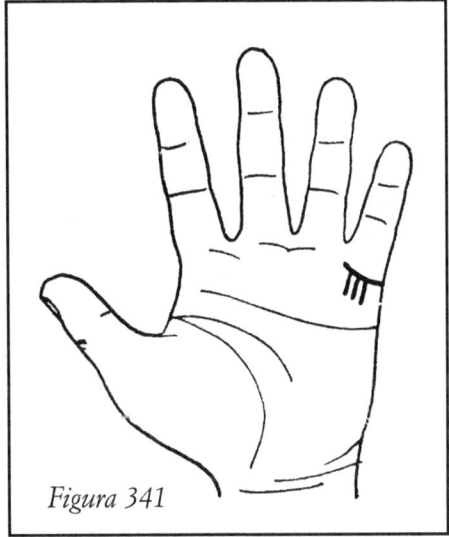

Figura 341

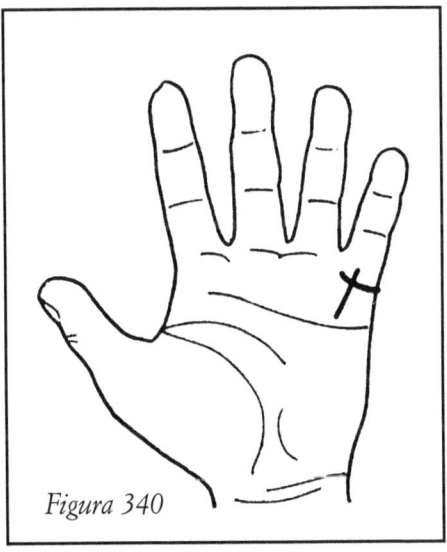

Figura 340

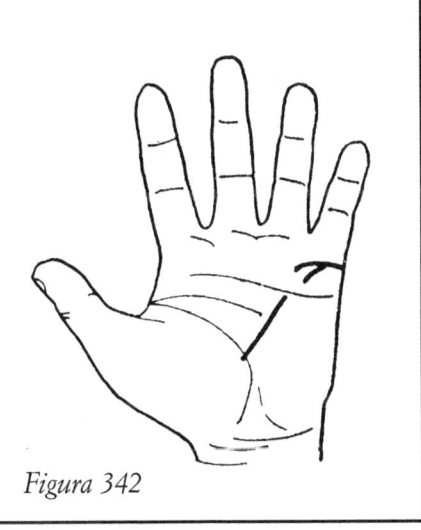

Figura 342

Una línea que corte en sentido vertical la línea de la unión señalará un matrimonio o relaciones obstaculizadas (fig. 340).

Las líneas capilares que se presentan debajo de la línea de la unión presagian enfermedad de la persona querida (fig. 341).

La separación aparece también reflejada por una línea de la unión en forma de horquilla a la que llega una línea oblicua que nace en el plano de Marte (fig. 342).

Una línea de la unión rota en dos partes indica muerte repentina de la persona querida (fig. 343).

Una cruz en el mismo signo tiene el mismo significado funesto (fig. 344).

Una estrella nos advierte que la muerte será de manera violenta (fig. 345).

Un punto lívido o azulado también tiene un significado fatal: muerte cercana.

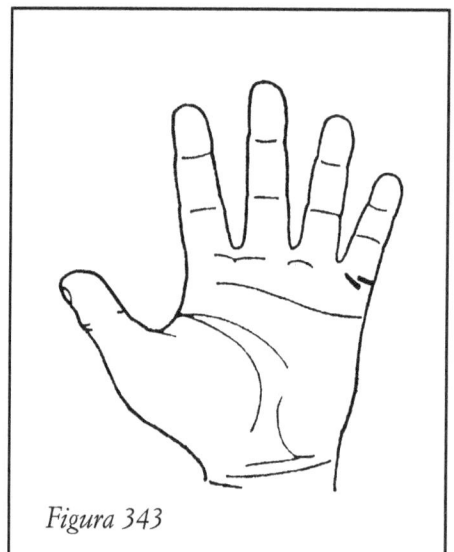

Figura 343

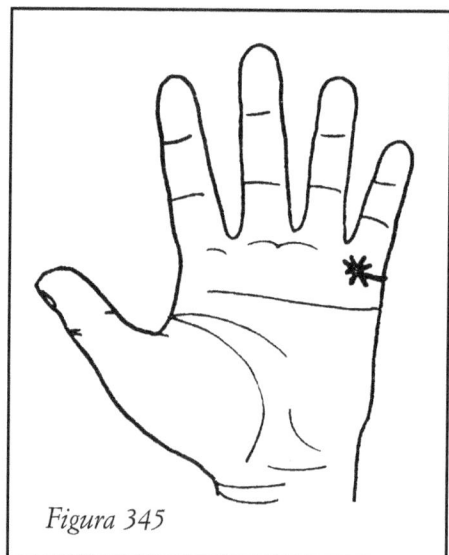

Figura 345

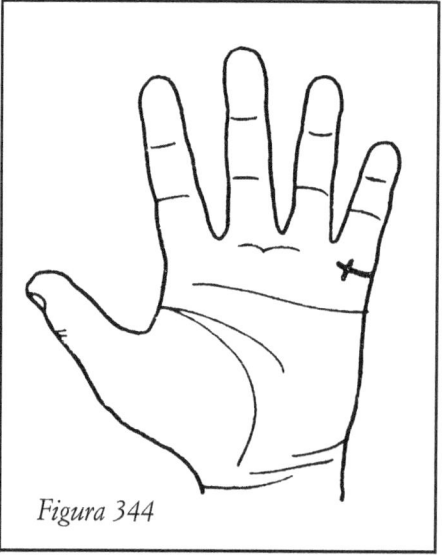

Figura 344

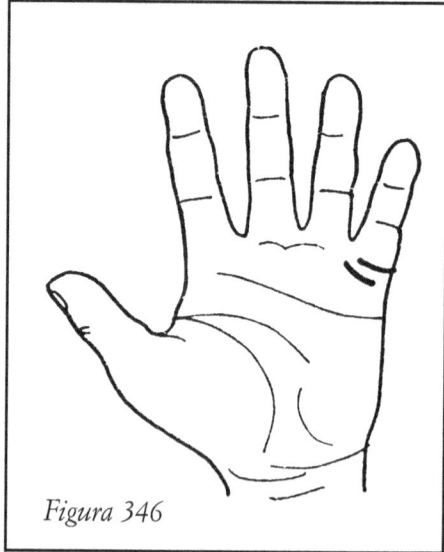

Figura 346

Una estrella situada en el monte de Venus confirmaría la muerte de la persona querida.

Una línea paralela y a poca distancia de la línea de la unión apunta siempre un adulterio (fig. 346).

Una línea que nace en la de la unión y sube hasta el monte de Apolo denota que el cónyuge o bien la persona querida se encuentran en una envidiable posición financiera y social (fig. 347); pero si la línea baja hacia la del corazón significa próximo desastre financiero (fig. 348).

Una línea de influencia que arranca del monte de la Luna y se dirige oblicuamente hacia la línea de Saturno indica que la persona amada será rica (fig. 349).

Si la línea de influencia, después de haber subido casi verticalmente, se tuerce de manera brusca hacia la de Saturno, reflejará que el matrimonio o la

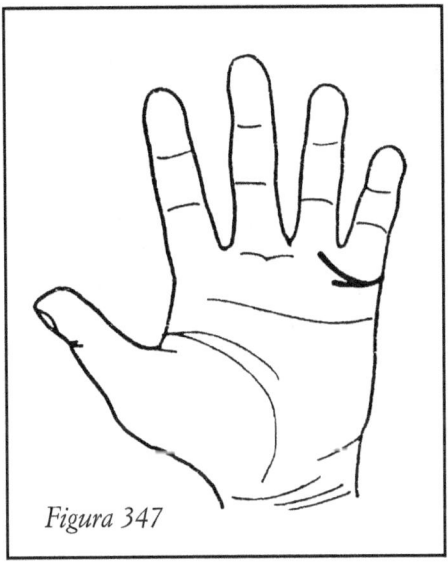

Figura 347

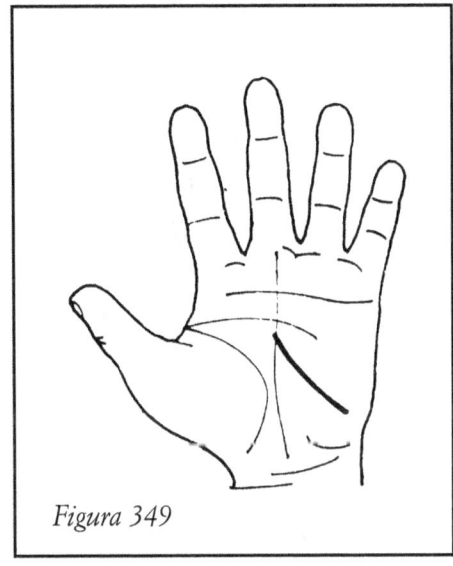

Figura 349

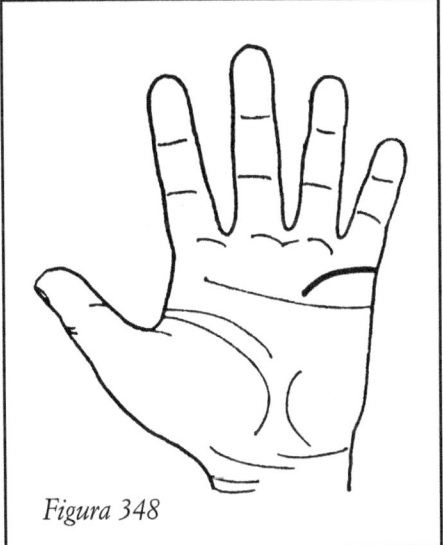

Figura 348

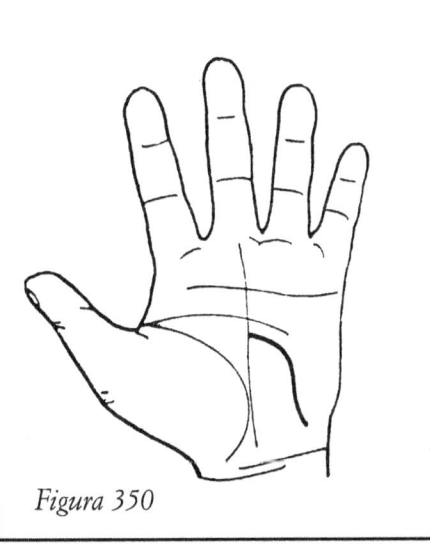

Figura 350

relación amorosa están inspirados más por un capricho que por un sincero afecto (fig. 350).

Una isla sobre la línea de la unión muestra, según Desbarolles, un matrimonio entre parientes lejanos.

Las líneas de los hijos

Sobre el borde de la mano, junto al monte de Mercurio y debajo del dedo meñique aparecen unas líneas cortas y transversales, las llamadas *líneas de los hijos*. Cada una de ellas representa un hijo que nacerá, así como también la posibilidad de proliferación del individuo (fig. 351).

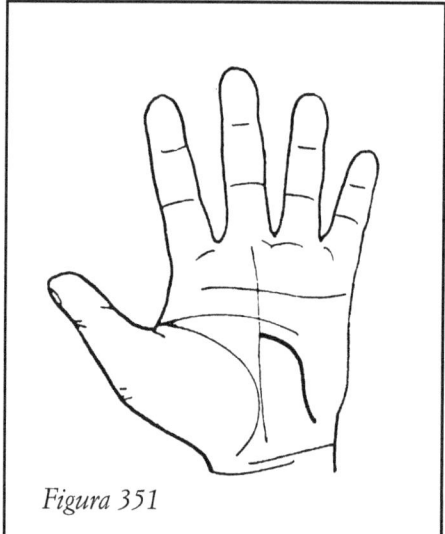

Figura 351

Las líneas que aparecen en la figura 352 muestran, por ejemplo, el nacimiento de una hembra seguida de un varón.

Las líneas rectas auguran hijos sanos; las tortuosas, hijos enfermizos o débiles (fig. 353).

Las líneas rotas o mal trazadas anuncian abortos (fig. 354).

Una cruz, un punto o una estrella presagian muerte.

Una línea vertical que se extiende más allá de la línea de la unión, que baja desde la del corazón, puede indicar el nacimiento de un hijo natural (fig. 355).

Una isla en la línea de un hijo indica preocupaciones por su salud, de

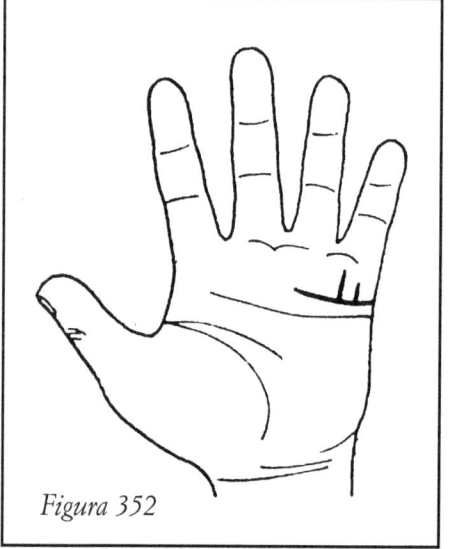

Figura 352

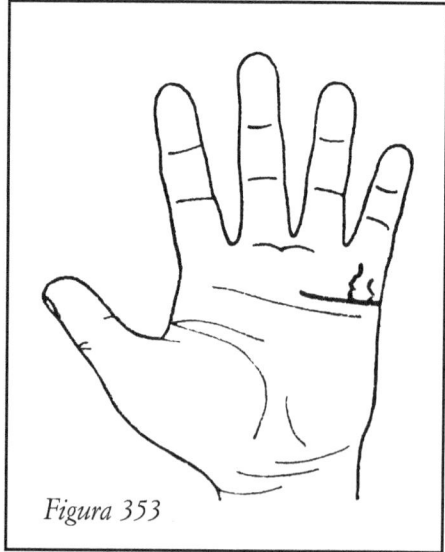

Figura 353

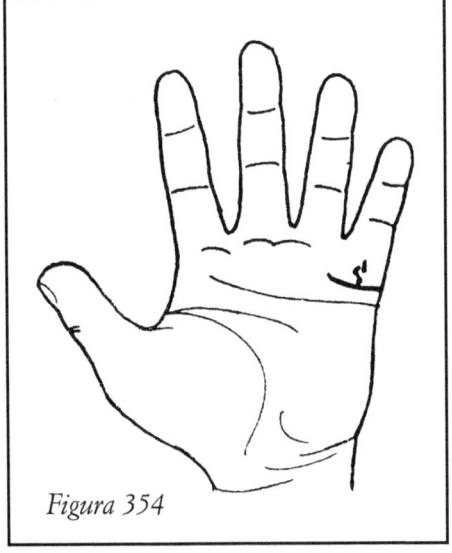

Figura 354

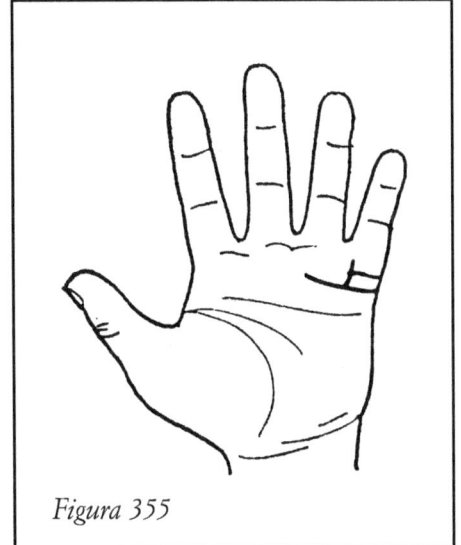

Figura 355

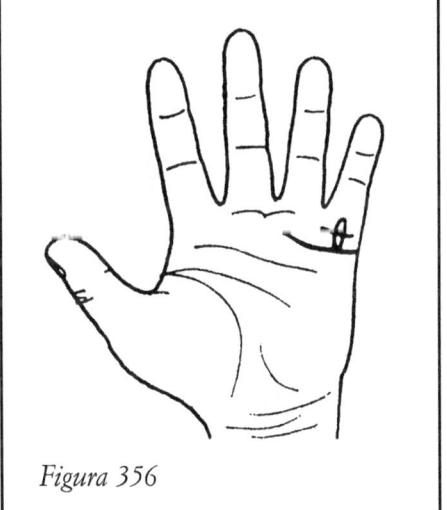

Figura 356

manera especial si esta isla está atravesada por una línea (fig. 356).

Como de costumbre recomendamos máxima prudencia en la interpretación de estos signos, que no deben ser considerados rígidamente, sino sólo como indicación de la capacidad generadora y del estado de salud de quien la posee.

Las líneas de los viajes

En general, las líneas de los viajes son transversales y se encuentran trazadas sobre el monte de la Luna.

Cronológicamente hay que interpretarlas partiendo de la *rascetta* y llegando hasta la línea del corazón. El espacio hay que dividirlo en treinta partes para calcular las épocas, y sobre esta base se determinan los posibles viajes. Como es natural la mano indica sólo los viajes que tienen particular importancia en la vida del individuo.

Aspecto y significados de las líneas de los viajes

Una línea de viajes larga que llegue hasta el centro de la mano indica un viaje por mar (fig. 357).

Si la línea es descendente, el viaje será poco afortunado; mientras que si es ascendente, exitoso.

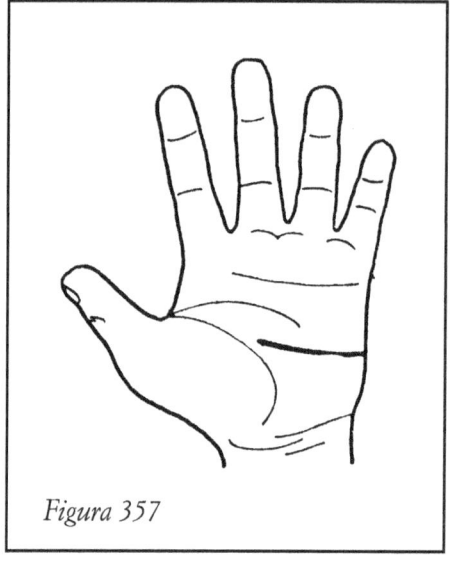

Figura 357

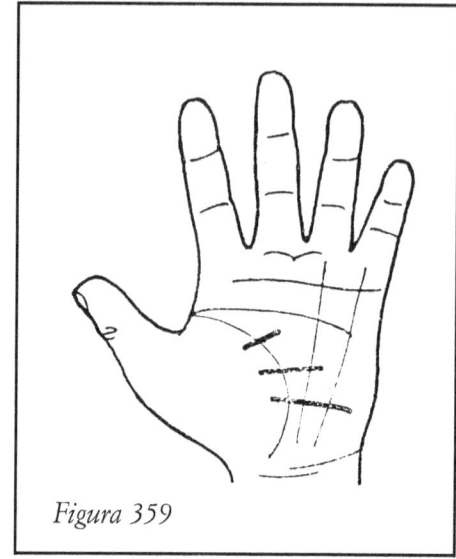

Figura 359

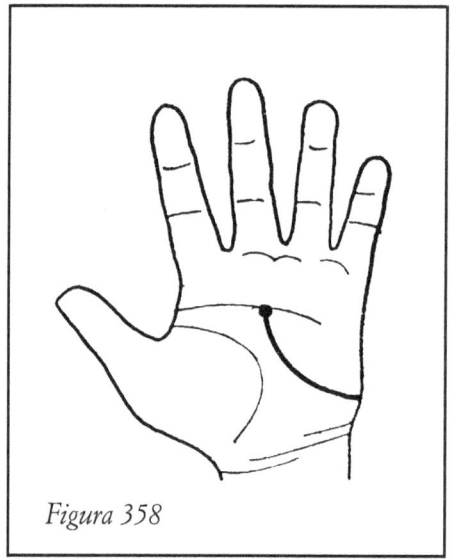

Figura 358

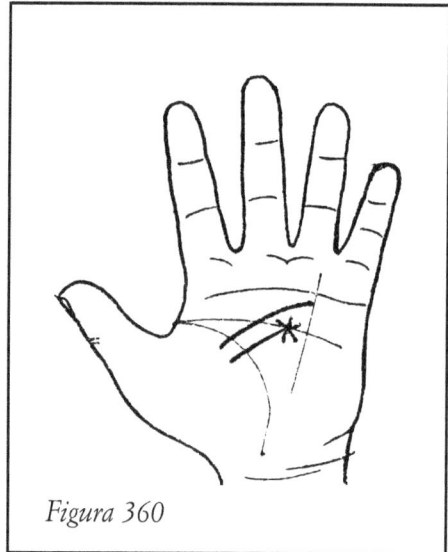

Figura 360

Una isla aporta un significado negativo: viaje desafortunado. El mismo indicio lo dan una cruz o una estrella pegadas a la línea, especialmente si lo están hacia el final.

Si la línea de viajes llega a tocar la línea de la cabeza y en el punto de encuentro se forma una mancha oscura, será indicio de enfermedad contraída durante el viaje (fig. 358).

La línea de los disgustos

Se llama *línea de los disgustos* a una pequeña línea que nace en el monte de Venus, corta la línea de la vida y se dirige, en general, por un breve tramo, hacia la palma.

Aspecto y significados de la línea de los disgustos

Si la línea se dirige de manera clara y breve hacia la palma, representa un disgusto originado por un desastre financiero o por el final desgraciado de un amor (fig. 359).

Si la línea corta la línea de Saturno formando con ella una cruz: grave disgusto a causa de una importantísima pérdida financiera (fig. 359).

Si corta la línea del Sol formando con esta una cruz: fracaso en el campo del arte (fig. 359).

Si termina en la línea del Sol, pero en el cuadrado, sin cortarla: grave disgusto debido a serias preocupaciones para la carrera profesional (fig. 360).

Si termina sobre la línea de la cabeza con un punto o con una estrella: disgusto que puede provocar un agotamiento nervioso (fig. 360).

Si termina con un punto sobre la línea del corazón: disgusto por culpa de un amor contrariado (fig. 361).

Si termina con una isla sobre el plano de Marte: disgusto y pérdida financiera a causa de un matrimonio roto (fig. 361).

Si termina con una estrella en el plano de Marte: disgusto grave o importante enfermedad (fig. 361).

Si la línea de los disgustos alcanza la de la unión: rompimiento de un noviazgo o separación legal (fig. 362).

Si arranca de una estrella en el monte de Venus y se dirige simplemente hacia la palma sin atravesar otra línea que no sea la de la vida: disgusto por la pérdida de un amor o por la muerte de una persona querida (fig. 362).

Si arranca de una estrella en el monte de Venus y corta la línea del Sol: muerte de un pariente o de una persona querida que compromete la posición o impide un avance en la carrera profesional (fig. 363).

Si arranca de una estrella en el monte de Venus y termina con otra estrella sobre la línea de la fortuna: muerte de un pariente con consiguiente penuria económica (fig. 363).

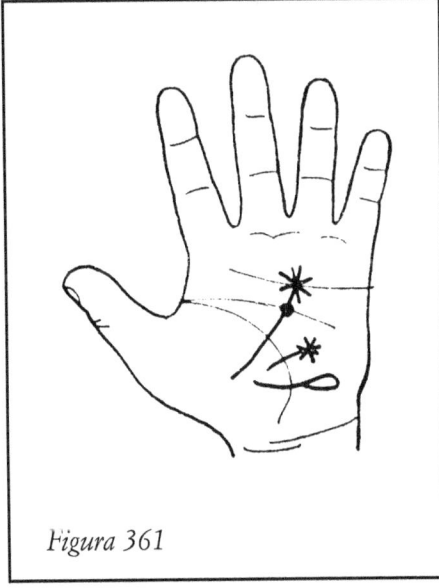

Figura 361

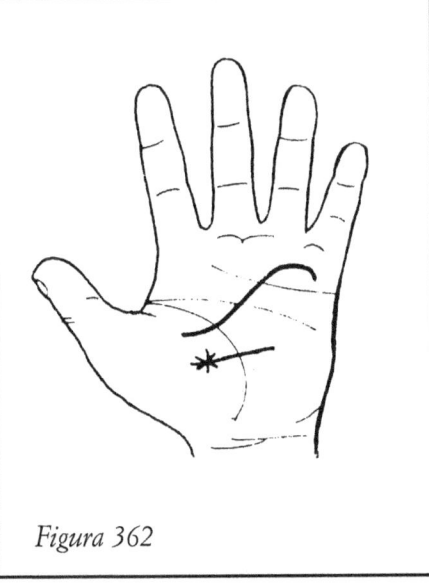

Figura 362

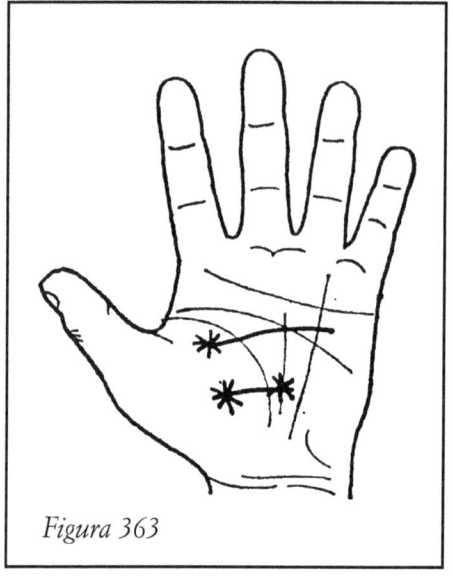
Figura 363

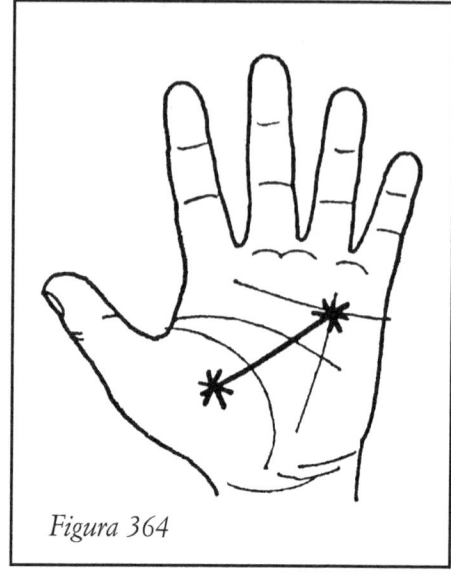
Figura 364

Si arranca de una estrella en el monte de Venus y acaba con otra estrella en el cruce de la línea del corazón con la línea del Sol: muerte de un pariente que, además de un gran dolor, provoca un desastre financiero (fig. 364).

Las líneas de las enfermedades

Se llama *línea de la enfermedad* a cada rayita que arranca desde cualquier punto de la línea de la vida sin cortarla, formando una especie de arco que se dirige hacia la palma. Una línea de la enfermedad trazada de manera regular y corta indica generalmente un malestar sin consecuencias (fig. 365).

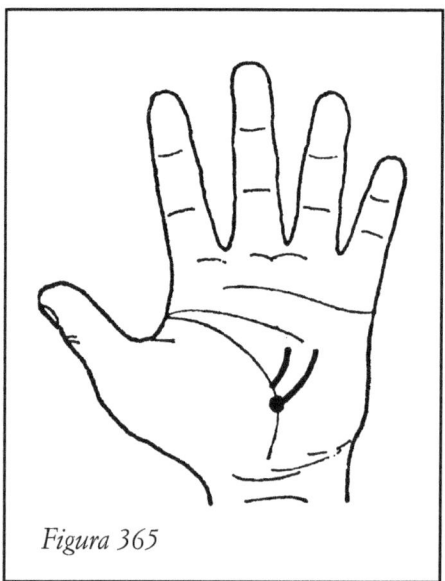
Figura 365

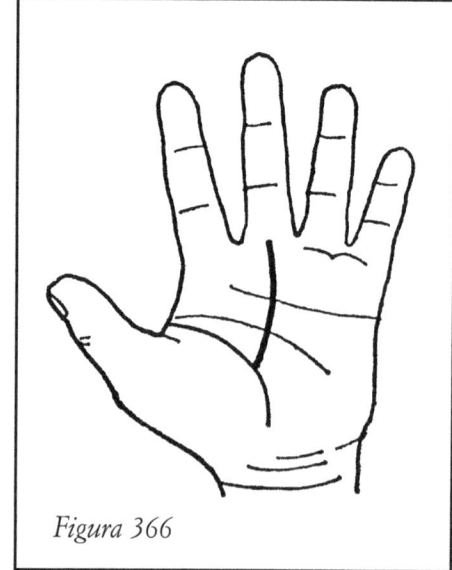
Figura 366

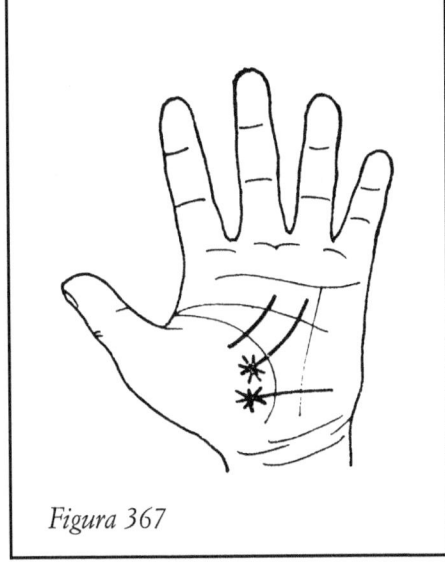

Figura 367

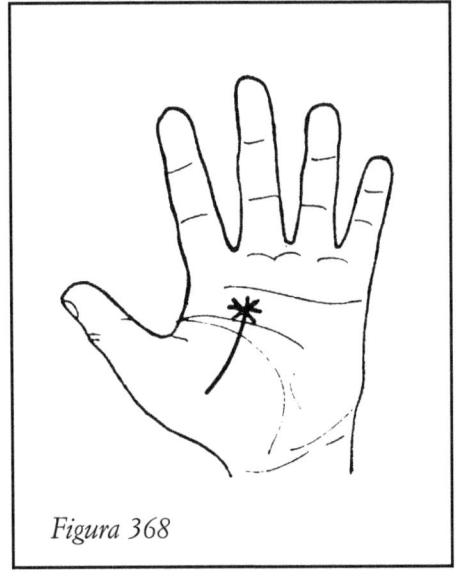

Figura 368

Una línea que arranca desde un punto negruzco o un hoyo en la línea vital y se dirige hacia la palma muestra una enfermedad provocada por una predisposición al agotamiento nervioso, molestias artríticas y también un envenenamiento (fig. 365).

Una línea que corta la línea del corazón y termina sobre el monte de Saturno, en la unión del dedo medio con la palma, apunta la rotura de un miembro o una caída muy peligrosa (fig. 366).

Los signos de los procesos

El denominado *signo de proceso* o *causa de litigio* es un conjunto de líneas formado por una línea de los disgustos, seguida por una de enfermedad que corta la primera formando una cruz.

Un signo de proceso que se manifiesta sencillo y claro indica sobre todo la posibilidad de iniciar o de soportar un proceso y sus consecuencias ordinarias (fig. 367).

Si la línea de los disgustos arranca de una estrella en el monte de Venus: muerte de un pariente a la que sigue un proceso para determinar la herencia (fig. 367).

Si la línea de los disgustos llega hasta cortar la línea del Sol, es señal de un proceso ruidoso (fig. 367).

Si la línea de los disgustos acaba en el cuadrado de la línea del Sol, el proceso que sigue a la muerte de un pariente tendrá consecuencias afortunadas (fig. 368).

Finalmente, si en un signo de proceso la línea de los disgustos acaba con una estrella sobre la línea de la cabeza, el litigio o causa o proceso acarreará sinsabores y tendrá consecuencias sobre el sistema nervioso o el sistema cerebral del individuo.

Tercera parte

La astroquiromancia

Un poco de historia

Desde la más lejana antigüedad, los hombres se han sentido fascinados por los astros, a los que observaban y a los que atribuían toda clase de virtudes, tanto benéficas como maléficas. Los antiguos filósofos escogían los planetas como símbolos en torno a cuyos nombres trenzaban sus ideas sobre el mundo y el destino humano. También intentaron llegar, desde el examen y la interpretación de los signos del cielo, a la construcción de un amplio sistema que pudiera comprender todas las nociones conquistadas por el hombre en aquellos tiempos. Entre todos estos sistemas, desde nuestro punto de vista, el más interesante es sin lugar a dudas el que podemos denominar *simbolismo planetario*. A través de los siglos este sistema se ha ido completando y verificando a través de la observación y las relaciones científicas, hasta alcanzar una «organización» cada vez más completa, que hoy es apoyada incluso por importantes estudiosos. Cada planeta, según este sistema, posee unos poderes definidos y corresponde a principios determinados por tres esferas: la espiritual, la emotiva y la física.

Basándose en la posición de los astros en el momento del nacimiento de cada persona, es posible construir un horóscopo o *mapa celeste* que sirve para deducir, de la posición planetaria, el carácter, las aptitudes y los reflejos intelectuales y morales del individuo. Este es el argumento, sin duda fascinante, que trataremos en estas páginas desde el punto de vista de la interpretación de los signos de la mano.

Las «síntesis planetarias» comprenden la morfología del rostro y de las manos, el dominio fisiológico, las probables enfermedades, la síntesis psicológica, el destino (entendido como hilo conductor de una historia humana) y las consideraciones endocrinológicas. De entre todas ellas escogeremos las que nos interesen más directamente desde el punto de vista quiromántico.

Uno de los aspectos más extraordinarios de la astroquiromancia (fusión de la quiromancia y la astrología) reside en la concordancia general que existe entre un diagnóstico quiromántico y un diagnóstico astrológico. Otra ventaja radica en la posibilidad de correcciones y de aclaraciones recíprocas entre los dos campos. Por ejemplo, si una mano revela el predominio de uno de los siete influjos astrales, podemos estar seguros de que este predominio aparecerá también en el horóscopo, tanto en relación con el temperamento como con las posibilidades intelectuales y el grado de moralidad. Sucede lo mismo respecto a las predisposiciones fisiológicas o patológicas: el horóscopo del nacimiento las revela con la misma nitidez que la mano y a veces con algún elemento clarificador más.

Ya hemos dicho que la astrología quiromántica es una ciencia muy antigua, pero para demostrar y dar a comprender mejor esta afirmación, reproducimos a continuación algunas páginas de uno de los textos más brillantes de la antigua tradición quiromántica: la famosa y poética *Quiromancia perfecta*, escrita por Galeotto Marzio de Narni en los primeros meses de 1491 y conservada en un códice del siglo XVI. En esta obra, en la que las creencias antiguas se unen a una visión poética del mundo, leeremos alguna de las más bellas páginas que revelan el intento del autor de llegar a una justificación de la quiromancia desde el punto de vista médico. Así, habiendo afirmado, según el concepto aristotélico, que el carácter y las disposiciones espirituales de los hombres derivan del complejo estructural de sus diferentes órganos, y después de determinar las correspondencias entre las líneas y los mismos órganos, Marzio deduce la absoluta validez científica de las afirmaciones quirománticas, las cuales pueden colocarse —opina Marzio— sobre el mismo plano de legitimidad que los diagnósticos médicos. Examina luego los influjos de las constelaciones y los planetas y observa que estos, pasando de una constelación a otra, modifican sus propiedades peculiares y adquieren cada vez poderes diferentes. Y como las partes de nuestro cuerpo están poseídas sucesivamente por las constelaciones —concluye—, estas hacen del hombre un microcosmos.

El hombre, ese microcosmos

Para los humanistas, el hombre puede ser definido como un microcosmos porque reúne y compendia en sí mismo todo el universo, que domina como cosa creada por él. El que más insiste sobre este concepto es Pico della Mirandola, y no citamos su nombre precisamente al azar, sino porque, a pesar de haberse extraviado por todos los meandros del ocultismo, estaba destinado a pasar a la posteridad como el más feroz adversario de la astrología.

Para Marzio, por el contrario, el hombre es un microcosmos porque en él se reúnen la naturaleza y los influjos de todas las constelaciones, sólo porque está sujeto, en las diversas partes de su cuerpo, a todos los misteriosos influjos astrológicos que faltan en los demás seres. Caído desde su trono soberbio de dominador, el hombre se convierte así en el esclavo del universo, que es quien regula su vida física y psíquica mediante el eterno movimiento de las estrellas y de los planetas. Esta es, en definitiva, una teoría determinista que pone de manifiesto toda el ansia de Marzio por encontrar una aplicación o sistema que sirviera para demostrar al hombre los secretos de la naturaleza y de sí mismo.

I.

Aquel que ignorase que las artes adivinatorias fueron muchísimas acuérdese de los augures, de los arúspices, de los adivinos y, en cuanto a los astrólogos, no es necesario recordarlos porque son muchos los que han aparecido incluso en nuestros días.

La astrología mantiene entre las restantes artes adivinatorias una primacía que no ha cedido nunca a ninguna otra y sólo puede ser vencida por aquellas que son propias de un estado de hiperexcitabilidad. Así la profecía es una inspiración superior que revela con verdad inmutable los sucesos humanos; trastornados por ella, todas las sibilas, los hermanos Marcios y Casandra, hija de Príamo, superaron a los astrólogos en la predicción del futuro. Verdaderamente en otros tiempos y durante muchos siglos fueron famosos los oráculos de Apolo y de Júpiter, y de Ammón, luz de toda la tierra, por la muy cierta fidelidad de sus profecías. Parece ser también, como muchos creen, que las pitonisas, de las que se habla en relación con los ritos sagrados, tomaron su nombre de Apolo, que mató a la serpiente Pitón, a fin de que pudieran vaticinar como sacerdotes de Febo.

A veces, sin embargo, la profecía no ve lo que sucederá realmente sino lo que amenaza, tal como sucedió en el caso de los ninivitas y de forma aún más clara en el de la matanza de los inocentes, cuando se anunció que serían muertos muchos millares de niños, mientras que después Herodes, tetrarca de Judea, hizo asesinar sólo a unos pocos. Pero el profeta, en su estado de trance, viendo la proclama de los romanos con la que se prohibía que fuesen alimentados y cuidados los niños nacidos en el año en el que los profetas habían predicho que nacería el rey del mundo, anunció lo que después no se cumplió. Entonces, según piensan ellos, nació Augusto, mientras que nosotros opinamos que la profecía se refiere a Cristo. De todas maneras, generalmente las profecías afirman lo que después sucederá en realidad.

Por lo demás, tampoco el sátiro ignoró esta diferencia entre la astrología y los oráculos, considerando a los oráculos más certeros que a los astrólogos.

La adivinación, además, había sido creada sobre la base de los cuatro elementos —fuego, viento, agua, tierra—, ya que los antiguos honraban como divinidades a los elementos. En efecto, honraron a Vulcano, y también a Palas, como dios del fuego; a Juno, que representaba todos los poderes de la atmósfera, como diosa del viento; a Neptuno o Nereo como dioses de las aguas; a Tellur, Ceres o Plutón como dioses de la tierra según los diferentes poderes que se les atribuían; de todo esto ya hemos tratado con detalle tanto en el libro *De incogniti vulgo* dedicado a Matías, rey de Hungría, como en el libro *De doctrina promiscua*.

Llamaron *piromancia* a la adivinación basada en el fuego; en ella observaban lo que anunciaba el rayo, la llama alrededor de la cabeza de los recién nacidos o en torno de los altares después del sacrificio; de tal manera vaticinaron Tanaquilla, a propósito de Servio Tulio, y la mujer de Cicerón en relación con el consulado de este.

La aeromancia en cambio, derivó del aire. Se tenía en cuenta la posible significación del vuelo de las aves y la desenfrenada violencia de los granizos, de las lluvias o de los vientos. Con el agua los antiguos ejercitaban la hidromancia, de la que, según atestigua Agustín, fue gran maestro Numa Pompilio, el segundo rey de Roma, que enseñó muchas cosas a los demás. En efecto, según testimonio de Varrón, un chiquillo vio en el agua la imagen del dios Mercurio, quien predijo en versos el éxito de la guerra contra Mitrídates.

Por otra parte, la hidromancia sigue siendo utilizada en nuestros días. Si se quieren descubrir ladrones desconocidos, un muchacho prepara lo necesario y después, mirando en un jarrón lleno de agua, descubre las imágenes de los que han robado y el lugar donde han escondido el botín. Pero todo esto lo puede ver sólo un muchacho puro, que pierde este poder si ha sido contaminado por las artes amatorias. En efecto, los demonios, aunque tengan cuerpo como nosotros (el cuerpo que los recubre es aéreo), se muestran sólo a aquellos a los que aman, y siendo castos aman sólo a los que lo son, puesto que, como dice el Filósofo, la semejanza es causa de amor. Por esta razón en todas las religiones se impone la castidad a los que tienen que cumplir un rito sagrado. De aquí el dicho: «En esta religión quedan castos los nietos». En Virgilio, Eneas no pudo distinguir el aspecto cruel de los dioses enemigos de Troya sino después de haberse alejado de Venus.

Los demonios, a los que los latinos llaman Lares, son castos por naturaleza y por semejanza aman a los castos, pero en general adoptan el cuerpo de hombres y aman a las mujeres: estos son los demonios a los que los antiguos llamaban íncubos o súcubos. Ahora bien, los que son concebidos por estos espíritus, como afirma Santo Tomás, pueden ser llamados hijos de los demonios.

Finalmente, la tierra ha dado lugar a la geomancia, que predice el futuro basándose en los terremotos, en las sacudidas de los montes, en las simas y las grietas, como se lee en relación con Mecio Curcio, el cual, como los vates habían predicho que las bases del imperio descansarían sobre una abertura de la tierra, se lanzó armado dentro de ella. Pero algunos autores recientes han llamado geomancia al arte adivinatorio que conoce el futuro a partir de unos puntos trazados al azar sobre materias sólidas como la tierra.

Resumiendo: con estos cuatro elementos profetizaron los antiguos. Los romanos predijeron una pestilencia muy grave de una lluvia de leche y sangre, y en aquel periodo, según las predicciones, Aníbal devastó toda Italia. Después, en el año en el que Craso murió entre los partos, hubo lluvia de hierro en Lucania, de la misma manera que antes de la primera guerra contra los cimbros se oyeron en el aire chirridos y sonidos de trompeta.

Pero el poder de los elementos también tuvo fuerza en los ritos sagrados: baste pensar que el velo del templo, que se rasgó durante la pasión de Cristo, estaba tejido con los cuatro colores de los elementos. En efecto el carmesí era el color del éter, el jacinto, el color del aire, el lino de la tierra y la púrpura, del mar y del agua. El jacinto era del mismo color del aire como la piedra de igual nombre en la que, según Plinio, aparece un color violeta pálido. Estos colores semejantes a los elementos, que hacían el velo variado, indicaban, según testimonio de José, que todas las cosas dan gloria a Dios.

Las piedras preciosas brillaban sobre las tiaras y sobre los ornamentos de los sacerdotes por sus virtudes extraordinarias. El berilo, que muchas veces encontramos citado en la historia sagrada, es una gema de origen hindú, pulida en forma hexagonal, o que imita, según dice Plinio, la nitidez de un mar en calma. Alberto Magno, hombre de profundo saber que estudió con su experiencia personal casi todo lo que se ponía a su alcance, dijo: «El berilo, de color pálido casi como agua clara, del que, cuando se le hace rodar, parece que broten gotas de agua». Tenía a esta joya de raras virtudes en mucha estimación. Pero volvamos a la adivinación. Los antiguos evocaban a los muertos (necromancia) o a sus sombras como prácticas adivinatorias, tal como leemos en Lucano. Pero la religión cristiana ha prohibido semejantes ritos. Otros añadieron también la quiromancia. Otros deducían vaticinios de los movimientos y fueron llamados *salisatores*, ya que predecían sucesos tristes o alegres examinando alguna parte de los miembros pulsantes.

Santo Tomás, en su libro *De sortibus*, considera la quiromancia como un arte carente de valor científico. En efecto, dice:

«Algunos buscan revelaciones ocultas observando las figuras que aparecen en algunos cuerpos, como por ejemplo las líneas de la mano del hombre, y a este arte se le llama quiromancia, o también en el hueso del hombro de algún animal, y entonces tenemos la espatulomancia». Por lo tanto, santo Tomás opina que la quiromancia se basa en signos casuales, opinión ridícula si quiso referirse a aquella quiromancia que para nosotros forma parte de la fisonomía: en efecto, nada nace casualmente o *ex novo*, sino que en la mano todo tiene su significado.

Los signos de la mano son impresos por los astros en el útero materno y de alguna manera son el resultado de los efectos producidos en nosotros por los planetas. Y ahora mi discurso se refiere a un arte que ninguna religión ha condenado nunca.

Existe, en los seres animados y en cualquier cosa una ley natural que los griegos llamaron *fisonomía*: esta nos ofrece las bases sobre las que podemos conocer todas las cosas y predecir, en los seres animados, el futuro.

Observemos, por ejemplo, los caballos para los que, como también sucede con los bueyes, si queremos que nos resulten útiles, sirven las explicaciones de Virgilio en las *Geórgicas* cuando afirma que hay que tener en cuenta el color, la complexión y la disposición de los miembros. Aquel que no sepa que hay que tener en cuenta esta ley natural en la observación de los frutos de la tierra o en las ramas, seguro que no ha comprado nunca pimientos, sandías, calabazas, melocotones o higos. En efecto, según el testimonio de Avicena, en toda clase de frutos, son los mejores los más grandes y más pesados, siempre que mantengan su color natural; por el contrario, el tamaño grande sin peso y el peso sin tamaño, con un cambio de color, revelan disminución de las sustancias nutritivas y por lo tanto una imperfección.

Por consiguiente, la ley de la naturaleza, es decir, la fisonomía, aparece en todos los tiempos y en todas las religiones.

En el *Levítico* un ciego, un cojo, o quien tenga la nariz pequeña, o demasiado grande, o retorcida, el que sea jorobado, o el que tenga una mancha en un ojo o una roña, no es admitido para desempeñar el ministerio de sacerdote. Además en el *Levítico* se exige también que las víctimas sean sin manchas y sin defectos físicos, cosa que dejo de lado porque es conocida de todos. Así, también en esto, la historia sagrada afirma que hay que observar la ley de la naturaleza.

II.

La ley de la naturaleza que según hemos afirmado era llamada por los griegos *fisonomía*, se manifiesta en el hombre de la manera más amplia. Por la observación de cualquier parte del cuerpo humano se puede descubrir cuáles son las costumbres, las riquezas, la pobreza, la vida o la muerte, la ciencia o la ignorancia de cada uno; porque precisamente la constitución física es la que imprime las tendencias naturales en el alma si esta no se opone.

Una orejas grandes son símbolo de estulticia y locuacidad, y el alma, por inclinación natural, sigue la complexión del cuerpo. Que esto sucede lo pone de manifiesto no sólo el testimonio de Galeno, sino sobre todo la experiencia. Ahora bien, las mayores indicaciones de la ley de la naturaleza vienen dadas por los ojos, casi ventanas del alma, si excluimos la mano que, según lo que dice el Filósofo, es el instrumento de los instrumentos. Los ojos, si muestran un ardor iracundo, indican una alma airada; si por el contrario aparecen tersos, son indicación de un hombre feroz; si brillan, dejan entrever un hombre impetuoso. Ojos oblicuos, como eran los de Venus, indican un hombre gentil y tranquilo; los azules, que nosotros atribuimos a Minerva (pues imitan el color del cielo cuando brilla el Sol), si son más bien oscuros indican ingenio muy agudo, curiosidad y fidelidad. Ojos con el color del metal nos muestran un hombre frío y engañoso; si los ojos muestran manchas blancas, negras o rojas, el hombre tendrá humor variable, será de poco fiar, vanidoso e incluso de pésimas costumbres.

Esto es lo que en líneas generales podemos deducir del estudio de los ojos según la ley de la naturaleza. De todas maneras no hay que olvidar que la semejanza de los ojos humanos con los de algún animal revela una comunidad de caracteres en los dos seres. De manera que los ojos semejantes a los del asno nos advierten de una naturaleza asnal. En el hombre, el color negro es mal visto por la naturaleza mientras que el rojizo y el cárdeno señalan inclinación a los vicios. Pero aquel que quiera conocer esto a fondo que lea los libros de los fisónomos. Está Miguel Scoto, que no es un autor inútil para esta materia, y muchos otros que pueden caer en las manos de los lectores. Yo, por mi parte, tengo intención de tratar en este momento sólo de las propiedades de las manos, porque en ellas, como veremos más adelante, la naturaleza ha retratado al hombre.

III.

La naturaleza ha dado manos sólo al hombre; porque los monos, cuyas extremidades superiores se parecen un tanto a las manos, las utilizan como pies, y con relación a la trompa de los elefantes los latinos la llaman *mano* sólo por un cierto parecido en la manera de coger los objetos. De aquí el nombre de mano, de aquí el hablar de un poder de la mano por afinidad con la potencia, mientras por otras razones, la mano implica también un concepto de multitud. En efecto, los dedos y las partes asignadas a los diferentes planetas, que son numerosos y constituyen una verdadera colección, recuerdan un tanto el concepto de multitud, de muchedumbre. El hecho de que el distinto destino humano, ya sea de enfermedad o de salud, aparezca indicado en la mano queda demostrado también por la medicina cuando esta extrae indicaciones sobre el estado de salud o de enfermedad a partir del número de pulsaciones. Y, finalmente, todos los indicios que están esparcidos por el cuerpo se reúnen en la mano como en una roca. Los filósofos y la misma historia sagrada afirman que la mano es la indicadora de la actividad y de la fortuna de los hombres. Así, en el capítulo 37 del *Libro de Job,* este, después de haber tratado muchos argumentos sobre los libros meteóricos, dice al final: «Que manda a la nieve descender sobre la tierra y a las lluvias de invierno, y a sus impetuosas tempestades. Que en la mano de cada hombre pone una señal para que cada uno conozca sus obras». Por lo tanto, Dios señaló en la mano de todos los hombres lo que harán y si no ignoran este arte pueden conocer los sucesos. Él puso en la mano de los hombres el conocimiento de las cosas para que fuesen superiores a los animales.

En efecto, los animales, que por instinto natural están en mejores condiciones que los hombres para el conocimiento de las cosas, superarían la excelencia humana si Dios no hubiese puesto este conocimiento como fuerza natural en la mano del hombre.

La ley de la naturaleza, impresa en la frente, en la cara, en los ojos y en cada uno de los miembros, Dios la reunió al final en la mano como en su propia sede. Y así como cada miembro del hombre está influenciado por las distintas constelaciones, también en la mano encontramos los lugares de todos los planetas, ya que las constelaciones son los domicilios de los planetas.

IV.

Muchos se han planteado este problema: ¿cómo es que los signos de la mano no se refieren sólo a las enfermedades sino también a las costumbres e incluso a la suerte de los hombres y a su muerte, y por así decir, a todos los varios destinos de la vida humana, mientras que las partes del cuerpo representadas en la mano, y que tienen en el hombre una mayor importancia, no indican nada de todo esto?

Tomemos por ejemplo el corazón; indica la parte vital del hombre. El hígado indica la parte nutritiva. El cerebro, la parte animal. El pulso representa el movimiento del corazón y de las arterias, determinado por la sístole y la diástole; según sea raro o frecuente, rápido o débil se referirá a la salud o a la enfermedad. Pero los signos que sobre la mano se refieren al corazón interesan, además de a la salud y a la enfermedad, también a las costumbres y al destino del hombre.

En efecto, un hombre de corazón caliente es ingenioso, audaz y magnánimo, mientras que la frialdad prueba lo contrario. Al corazón corresponde en la mano un triángulo que, si el corazón funciona bien y está inclinado a los otros gestos generosos, será equilátero, bien coloreado, bastante ancho y claramente delineado con incisiones profundas.

Se trata de algo parecido a lo que sucede con las piedras preciosas, en las que una mezcla muy temperada en su interior de los cuatro elementos produce el resplandor externo. Así también en los seres humanos una buena complexión de los humores da origen a la agradable belleza de líneas y colorido, siendo la virtud en el fondo un adorno del alma, muy honesto en el porte y en las acciones.

Pero el aspecto exterior de los hombres es engañoso, de tal manera que a menudo sucede que individuos con formas atrayentes no son bellos en su interior, son perversos. Y en los seres animados las partes internas tienen mayor importancia que las externas; de aquí nace el consejo: «No juzguéis según el aspecto».

Los dedos indican las fibras del hígado y de qué clase es este. Conocemos la existencia de cuatro fibras del hígado, que están representadas por los cuatro dedos, mientras que el pulgar es la «cadena» que las ata entre sí. Dedos largos y bien hechos indican un hígado largo y robusto, mientras que los cortos y mal hechos indican un hígado corto y pequeño, según afirma Avicena. De este órgano deducimos también las costumbres, porque la magnitud del hígado hace al hombre propenso al amor.

El corazón, el hígado y el cerebro regulan según sus cualidades la respiración, el humor seminal, la sensibilidad [...].

Si las uñas de los dedos están curvadas (cosa que es consecuencia de una fuerte sequedad del cuerpo o de una inflamación), tendremos que diagnosticar en el paciente la tisis, y la fiebre ética, es decir, ardiente. A partir de esto juzgamos que el pulmón está estropeado y llagado y por lo tanto incapaz de aspirar el aire para dar un refrigerio al corazón y a las inflamaciones, y no será inexacto añadir que tales enfermos son fastidiosos y lunáticos como resultado de las molestias que les traen las enfermedades.

Casi todas las incisiones de la mano están ligadas al cerebro, es decir, a la parte animal del hombre, y por lo tanto se puede conocer a través de ellas el grado de salud moral o de necedad, de este hombre. Si se presentan desiguales, desproporcionadamente anchas (unas veces demasiado anchas y otras demasiado poco) y no homogéneas indicarán una naturaleza estúpida e insensata. Esto por lo que atañe a la medicina; hay que añadir después todos los indicios que tienen relación con la astrología. Ahora bien, como las diferentes constelaciones dominan sobre determinadas partes del cuerpo (Aries sobre la cabeza, Tauro sobre el cuello, Géminis sobre los brazos, Cáncer sobre las costillas, Leo sobre el pecho, Virgo sobre el pubis y el ombligo, Libra sobre los muslos, Escorpión sobre el sexo, Sagitario sobre los fémures, Capricornio sobre las rodillas, Acuario sobre las piernas, Piscis sobre los pies), así también los planetas ejercen su influjo sobre varias partes del cuerpo según la constelación sobre la que se encuentren. En efecto, encontrándose en Aries, Saturno influye sobre el pecho, Júpiter sobre el vientre, Marte sobre la cabeza, el Sol sobre los fémures, Venus sobre los pies, Mercurio sobre los pies, la Luna sobre las rodillas; en Tauro, por el contrario, Saturno tiene poder sobre el vientre, Marte sobre el cuello, el Sol sobre las rodillas, Venus sobre la cabeza, Mercurio sobre los pies, la Luna sobre las piernas, etc.

Hay que añadir también que los planetas desde sus posiciones dominan siempre las partes más importantes del cuerpo, es decir, la cabeza y el corazón. En el hemisferio septentrional, desde Libra hasta Aries, el dominio de los planetas es más favorable. En el hemisferio oriental ejercen su poder sólo sobre una parte del cuerpo, mientras que en el septentrional, con excepción del Sol y de la Luna, mandan sobre dos, o tres, o incluso más partes diferentes.

V.

Lo que hemos dicho demuestra que no hay que considerar imposible encontrar el influjo específico de un planeta en el lugar que le correspondería a otro. Por ejemplo: en la última incisión del pulgar, si está rodeada a ambos lados de la unión por otras incisiones semejantes a anillos, se reconoce un peligro de muerte bien por la horca o bien por naufragio, por cuanto el monte rodeado por la incisión de la vida, junto con todo el pulgar, se atribuye a Venus, mientras que los peligros de naufragio y del patíbulo derivan de Marte y de Saturno. Los planetas, cuando se encuentran en «casas» ajenas, presiden diferentes partes del cuerpo, mientras que la Luna influye por separado en cada una de ellas. Saturno y Marte, señores de la guía, tienen poder el uno sobre la garganta, el otro sobre los naufragios y las muertes por asfixia, aun encontrándose en algunas constelaciones que pertenecen a otro planeta. Ello no debe parecer una contradicción porque, aun en «casas» ajenas, ejercen cada uno de ellos su poder particular. Las dos desgracias, en efecto, provocan asfixia, una atormentando la garganta y otra llenándola con demasiada agua, imposibilitando en ambos casos la respiración imprescindible para vivir.

Si el círculo que rodea la unión del pulgar está coloreado y es profundo y convenientemente ancho tanto dentro como fuera de la unión, puede presentarse a quien posea este signo una muerte por asfixia (que puede ser originada por un naufragio, angina, estrangulamiento o patíbulo).

Sobre el monte del dedo meñique, en el punto con el que golpeamos cuando damos un puñetazo sobre una mesa, por ejemplo, se puede indagar el número de hijos, aunque este punto esté adscrito a Mercurio. Sobre el monte del dedo medio, que pertenece al Sol, encontramos características que son propias de Mercurio. Por lo tanto, que nadie se extrañe si en la «casa» de un planeta reconoce influencias que pertenecen a otro, ya que los poderes de los planetas y de las constelaciones están entremezclados. Las constelaciones, poseyendo sucesivamente las partes de nuestro cuerpo, han hecho del hombre un microcosmos; aunque los filósofos y los médicos digan que esto tiene su razón también por otro motivo, en cada constelación encontramos en parte los influjos de otros planetas de los que en ella tienen su sede. Pero la Luna, como último de los planetas y por lo tanto más cercano a nosotros, muestra más claramente sus efectos. Así pues, es peligroso tocar con un hierro o en cualquier modo herir una parte del cuerpo cuando la Luna se encuentra en la constelación que tiene poder sobre ella, porque llena con demasiados humores la herida, la úlcera, el morado, los rasguños. No obstante, si los efectos de la Luna fueran favorables el mal dejaría de producirse.

Quiromancia perfecta
MARZIO DE NARNI

Estos fragmentos extraídos de *Quiromancia perfecta* de Marzio de Narni, son muy significativos para la comprensión de un sistema filosófico que ha llenado en gran parte el pasado.

A la luz de los principios generales explicados, Marzio afirma que así como el hombre es un mundo menor, también la mano es «un hombre menor». En efecto, en ella están encerrados los influjos de todos los planetas que ocupan, cada uno, un lugar definido de las diferentes líneas; y como los planetas recogen los poderes de las constelaciones (todos presentes y activos en el hombre) de ello se deduce que la mano, que es su sede, comprende y resume en sí todo lo que es el hombre. Esta postura fue apoyada por muchísimos estudiosos contemporáneos y posteriores.

La teoría astroquiromántica resistió largo tiempo hasta que la Iglesia, en su lucha contra las prácticas adivinatorias, llevó a los seguidores de las «ciencias ocultas» a distinguir la quiromancia en dos partes: natural y astrológica. De la parte natural ya hemos tratado de forma exhaustiva.

Solamente nos queda añadir alguna cosa sobre la quiromancia astrológica. El concepto que tenían los antiguos ya lo hemos visto en el más lógico de los autores del pasado, Marzio de Narni. Ahora veremos lo que ha quedado de las viejas teorías, después de tantos siglos y tras muchos estudios realizados desde entonces. Recogeremos, para comodidad del lector, los datos más significativos en síntesis amplias, cuya finalidad será la de proporcionar indicaciones que perfeccionen, desde el punto de vista astrológico, la interpretación quiromántica de la mano.

El influjo de los planetas

Examinemos cómo la influencia de los astros determina la morfología del individuo, así como su carácter y comportamiento. Al influjo de cada planeta se deben, según los astrólogos, las diferentes características que explicamos a continuación.

Sol

Morfología: El individuo presenta estatura mediana, con las uniones de los miembros más bien delgados y proporciones finas.

Piel delicada, pelo suave y muy a menudo rubio, vello escaso, frecuente calvicie. Contorno del cráneo ovalado, lo mismo que el mentón; perfil recto, boca más bien pequeña con labios finos y bien dibujados, nariz de tamaño mediano con lóbulo redondeado y de base horizontal y ventanas poco carnosas. Frente alta y ancha, ojos grandes y ovales con cejas bien dibujadas; orejas vistosas, más desarrolladas en la parte superior.

Morfología de la mano (fig. 369): La mano es armoniosa y delgada, estéticamente es muy bonita y elegante, con extremidades cónicas,

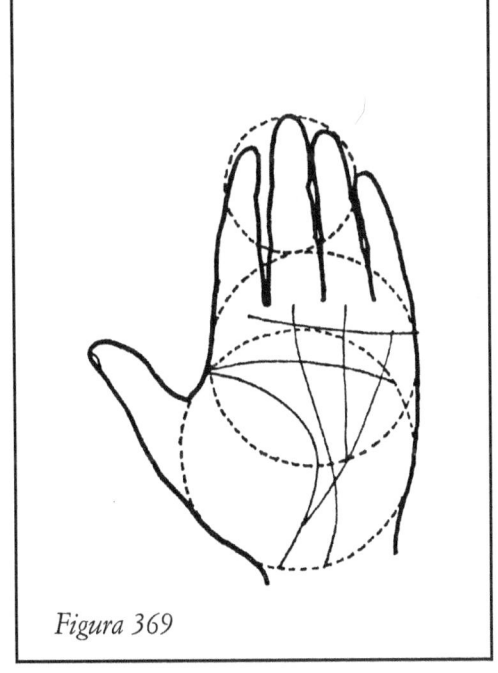

Figura 369

uñas largas y anchas. La palma es ovoide. El anular es pronunciado, los montes sobresalen, las líneas son armoniosas, bien trazadas. La línea del Sol es evidente o reemplazada en su zona por un surco.

Línea de la vida muy decidida. De manera excepcional se pueden encontrar ramificaciones sobre el anular. Cuadrado ancho. Línea de Saturno que nace de la palma o incluso de la línea de la vida. A menudo, en esta mano se presenta un anillo de Venus mal hecho y doble.

En el hombre, vello escaso y de color cobrizo.

Caracteres fisiológicos particulares: Clara vitalidad celular. Poderoso el sistema cerebro-espinal, el corazón, las arterias, el simpático, la vista. Aspecto juvenil hasta edad avanzada.

Enfermedades probables: Predisposición a los accidentes de tipo cardiaco o de origen circulatorio. Perturbaciones de la vista, insomnio, neuralgias. En el aspecto psíquico el individuo es muy propenso a creer en los ideales utópicos.

Psicología: Conducta inspirada, búsqueda de lo bello y de lo verdadero. Gestos y palabras medidas. En conjunto, una personalidad decidida e inteligente con aptitudes creadoras y mucha estima de sí mismo.

Destino: Deja prever una fase brillante, éxitos. Celebridad si el individuo es un intelectual o un artista; pero, si hay malas configuraciones, la vida puede llegar a verse perturbada por fracasos y escándalos.

Quiromancia: Monte del Sol o de Apolo en la base del anular; si es normal: gustos elevados, alguna vez capacidad artística; excesivo amor por las riquezas; temperamento audaz e impulsivo.

Si falta el monte: carencia de cualidades artísticas.

Si se presenta uniforme y sencillo: buenas perspectivas.

Si los montes que le rodean se inclinan hacia él: el arte es la finalidad de la vida; en las personas con tendencias inferiores puede señalar una inclinación a la prostitución.

Líneas desordenadas: tipo presuntuoso, falta de gloria.
Líneas verticales: suerte.
Líneas transversales: obstáculos a la suerte.
Estrella: éxito peligroso. Suerte o éxito que pueden ser molestos.
Reja: vanidad.
Triángulo: grandes predisposiciones en el campo artístico o filosófico.
Isla debajo del monte y sobre la línea del Sol: éxito alcanzado con medios ilegales.

Anular: este dedo está consagrado al Sol, según la quiromancia tradicional.
Si el anular es largo: gustos elevados.
Si es puntiagudo: disposiciones y posibilidades positivas.
Si es cuadrado: amor por las riquezas y la búsqueda artística.
Si está mal formado: instintos perversos, sin excluir una solapada tendencia a la locura.

Además, si la primera falange del dedo anular es larga: evidente inteligencia; también excentricidad. Si es corta: maneras sencillas y amables. Si es carnosa: estética de hombre sensual. Seca: tipo espiritual.

Segunda falange larga: tipo lógico. Si es corta: impotencia estética. Si es carnosa: realismo en el arte. Seca: espiritualidad también en arte.

Tercera falange larga: deseo de sobresalir, de brillar. Si es corta: habilidad.

Además hay que tener en cuenta que un dedo anular más corto que el índice manifiesta el dominio de la materia sobre el ideal. Más largo tiene un significado contrario. Si el anular es tan largo como el medio: ascetismo filosófico; a menudo indica también amor por el riesgo.

Nociones endocrinológicas: tipo hipogenital e hipersexual, se afirma con una cierta hiperfunción de la glándula pineal a la que se añade hipertiroidismo.

Luna

Morfología: Generalmente el individuo bajo influjo lunar presenta estatura elevada, cuerpo ligero aunque gordo y un sistema osteomuscular poco desarrollado. En conjunto da una impresión de redondez, sobre todo en la parte inferior.

La piel es fina y delicada, blanca o ligeramente azulada, fría al tacto. Pelo poco abundante, calvicie muy frecuente. El cráneo es de capacidad media, a menudo hiperdolicocéfalo (cabeza muy alargada), con el occipital excesivamente alto.

Cara de contorno oval alargado, con predominio habitual del plano superior y mandíbula poco desarrollada; dientes feos y alguna vez superpuestos. Las partes blandas que revisten la mandíbula son abundantes y fofas.

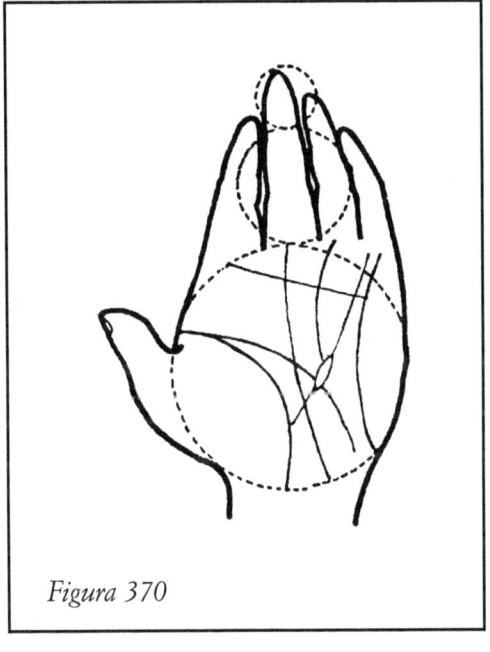

Figura 370

Boca grande con labios gordos y blandos y mejillas caídas, pómulos sin salientes. Nariz pequeña, redonda en sus detalles. Frente saliente y ovalada, sienes redondeadas. Arrugas horizontales en la frente. Cejas semicurvas, separadas, con pocos pelos. Ojos grandes y redondos, a menudo miopes. Orejas de tamaño medio, gruesas, a veces mal acabadas.

Morfología de la mano (fig. 370): La mano se presenta blanda, sin armonía, con contornos curvados.

Los dedos son cortos, lisos, ahuesados, con extremidad cónica o puntiaguda. Uñas estrechas, alguna vez manchadas.

La palma es alargada, ancha en la base, a menudo al tacto da la impresión de húmeda e incluso viscosa. El pulgar es corto y falto de personalidad. Las falangetas se doblan hacia atrás.

El dorso de la mano es liso. Las líneas son superficiales y blancuzcas.

La línea de la cabeza baja de forma enérgica sobre el monte de la Luna; la del corazón a menudo presenta islas.

Líneas de fatalidad con islas que nacen con frecuencia en el monte de la Luna.

Caracteres fisiológicos particulares: Tienen preponderancia el gran simpático y sus funciones; el cerebro, el estómago, los intestinos, el sistema sexual femenino, el sistema linfático, el líquido seroso, los pechos, la vejiga, el sentido del gusto.

Enfermedades probables: Tendencia a todas las enfermedades que tienen relación con los sueros, los tejidos adiposos y conjuntivos, las mucosas, los líquidos y las secreciones orgánicas. En particular: pleuritis, nefritis, molestias de las funciones renales; inflamaciones intestinales.

Psicología: Predominio del simpático. El individuo es fantasioso, sugestionable, llevado al sueño perpetuo. Si no se controla acabará por encerrarse en un círculo como eterno satélite de otro. El peligro mayor estriba en que él mismo acabe dando crédito a las criaturas ilusorias de su fantasía excitada, negándose a participar en la vida real, incluso en la sanamente afectiva.

Destino: No hay nada definitivo. Todo es fluctuante, inestable. Si el destino se presenta con buen cariz: éxito en las carreras profesionales que necesitan de un contacto con el público; si presenta un mal aspecto: reveses, con frecuencia originados por el vicio.

Quiromancia: Un monte de la Luna o una prominencia en la parte opuesta al monte de Venus refleja todos los atributos lunares a los que nos hemos referido anteriormente.

Monte de la Luna demasiado pronunciado: fanatismo, vida complicada y muy difícil.

Si está aplastado o falta es un mal signo, ya que indica escaso entusiasmo y avidez interior.

Si está hinchado en la base: el individuo es rico en intuición. Si se encuentra en el centro: imaginación.

El monte de la Luna es útil en particular a los artistas, quienes utilizan la imaginación como materia prima para su trabajo.

Si el monte de la Luna se dirige hacia el de Marte: imaginación original.

Si se dirige hacia el de Venus: imaginación en el terreno amatorio que desemboca en la sensualidad.

Si está muy desarrollado en el centro: obsesiones, visiones.

Con una estrella o cruz: peligro en el agua (ahogo o enfermedad originada por un exceso de humores).

Con una isla: el individuo tiene dotes paranormales.

Con un triángulo: intuición, sabiduría, misticismo; también tendencia a las ciencias náuticas.

Con una reja: tristeza, inquietud, nerviosismo.

Líneas horizontales en el canto de la mano: viajes.

Líneas que desde el monte de la Luna se dirigen hacia otros montes: éxito.
Cruces: posibilidad de obrar con éxito.

Nociones endocrinológicas: Segura influencia de la particular función del bazo, de las glándulas paratiroides, del páncreas y del timo. Es hiposexual e hipergenital.

Marte

Morfología: individuo de talla mediana, de volumen y peso medios, con musculatura, pero con preponderancia de la caja torácica. Poco o nada gordo. Cabellos abundantes y a menudo rizados. Barba dura que se puede apreciar aun después del afeitado.

El cráneo es pequeño, el contorno de la cara es anguloso con preeminencia del plano medio. Cuello fuerte y musculoso. Mandíbula ancha y fuerte. Labios anchos y apretados. Mejillas secas, pómulos salientes.

La nariz es fuerte, arqueada, a menudo muy grande con aletas carnosas y separadas; la frente poco desarrollada. El perfil dibuja una curva aplanada. Relieves musculares importantes.

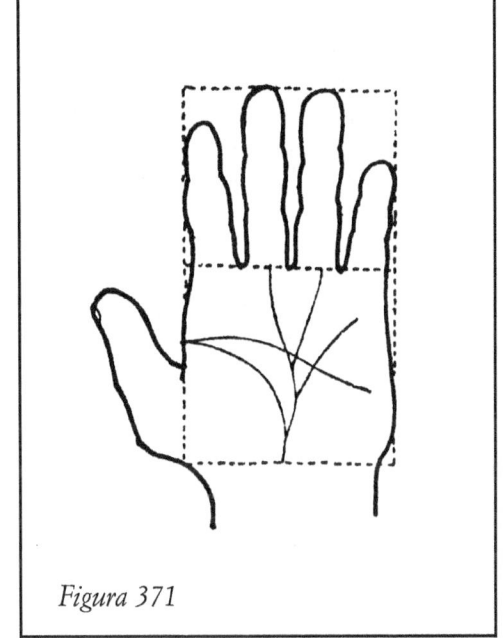

Figura 371

Las cejas son bajas y dibujadas con una ondulación bonita. Ojos pequeños, a menudo hundidos y con la esclerótica (membrana transparente) irritada. Orejas de tamaño medio, con el pabellón bien separado.

Morfología de la mano (fig. 371): Mano cuadrada, larga, con contorno regular. Los dedos son cortos, musculosos y fuertes, de forma cúbica, con las falangetas cuadradas o espatuladas. Uñas cortas y generalmente feas. La palma es cuadrada, maciza, más bien musculosa.

El pulgar es corto o bien medio, recio, pero al mismo tiempo tiene agilidad. Las falanges son largas y proporcionadas, con unos cortes en sentido longitudinal muy interesantes. El anular está muy desarrollado en longitud. El índice se une a la mano más arriba que los otros dedos.

El dorso presenta arrugas con signos muy amplios.

Caracteres fisiológicos particulares: Predomina el sistema nervioso encefálico y cerebral; el sistema genitourinario y los riñones; el sistema muscular visible; los órganos sexuales masculinos; las glándulas suprarrenales, riñones, hiel, urea, ácido úrico; la mandíbula inferior y el pie izquierdo. Clara vida de relación.

Enfermedades probables: Enfermedades por congestión sanguínea. Pulmonías y bronconeumonías. Estados opresivos. Hipertrofia cardiaca, fiebres reumáticas. Artritis. Hemorragias de todo tipo. Ictericia en todas sus formas más o menos graves. Diabetes, uremia. Todos los accidentes que tienen relación con el aparato genital externo del hombre. Enfermedades de carácter violento y de evolución rápida. Disposición psíquica a la muerte violenta. Tendencia a la locura por celos y al delito pasional.

Psicología: Realismo, audacia, dotes de mando; predominio de la parte subconsciente impulsiva. El sujeto manifiesta cóleras violentas, fuerte sentido de la autocrítica, capacidad de superar cualquier dificultad hasta llegar al heroísmo. Desprecio del dolor físico. En una etapa superior de la evolución todos los elementos del carácter se modifican y la inteligencia se subordina a la vida afectiva, pero en este caso la energía moral no siempre resiste los envites de la vida afectiva.

Destino: Vida llena de obstáculos. Victorias que cuestan muy caras. Celos, amores desgraciados. Patrimonios despilfarrados o defraudados.

Quiromancia: El monte de Marte se encuentra debajo del de Mercurio, es menos visible que los otros montes y representa el centro de resistencia del individuo contra la suerte o las pasiones. Cuando el monte de Marte está muy desarrollado refleja calma, valor, dominio sobre sí mismo, capacidad de resistir todas las pruebas de la vida; si es excesivo su significado sigue siendo bueno; si está demasiado aplanado indica volubilidad.

Si está desarrollado en dirección a la línea del corazón muestra capacidad de devoción.

Si el monte lunar está desarrollado y casi se funde con él: ocultismo, cualidades psíquicas.

Si se presenta con una estrella: presagio triste, herida grave.

Con una reja: muerte violenta.

Con un triángulo: buena disposición para el mando.

Con radios que se entrecruzan: muerte por accidente.

Sobre el plano de Marte se leen las inclinaciones y las tendencias de los otros montes: la ambición, el amor por las artes y las ciencias, la resistencia a las dificultades y a los peligros, la energía.

Si el plano es tranquilo y sin arrugas: vida tranquila.

Si es blando y arrugado: mal presagio, falta de firmeza que origina una vida difícil.

Si está rayado, sobre todo con cruces, muestra a un individuo al que le gusta la pelea.

Nociones endocrinológicas: Persona suprarrenal con una función esplénica muy intensa. Importancia de las glándulas intersticiales.

Mercurio

Morfología: Individuo de talla pequeña, cuerpo con volumen y peso débiles, proporciones alargadas y formas juveniles. La piel es fina, blanca sonrosada, seca, resistente, con escasos pelos, finos y de color castaño oscuro. Poca barba.

El contorno general del cráneo es ovoide, desarrollado especialmente en su parte anterior.

Cara de contorno triangular, con predominio del plano superior. Cuello largo, delgado y musculoso. Mandíbula bien desarrollada, aplanada en los lados. La boca es mediana o bien pequeña con labios delgados y finos pero firmes. Mejillas planas y secas. Pómulos pequeños y salientes. Nariz de altura media, con el lóbulo puntiagudo, de base horizontal, con aletas poco carnosas y muy movibles. Frente grande, a menudo de forma trapezoidal. Sienes planas. Cejas un tanto separadas, rectas. Los ojos son pequeños y planos, hundidos, mientras que las orejas son de tipo medio, con el lóbulo muy desarrollado en su parte superior, poco carnoso, poco orlado.

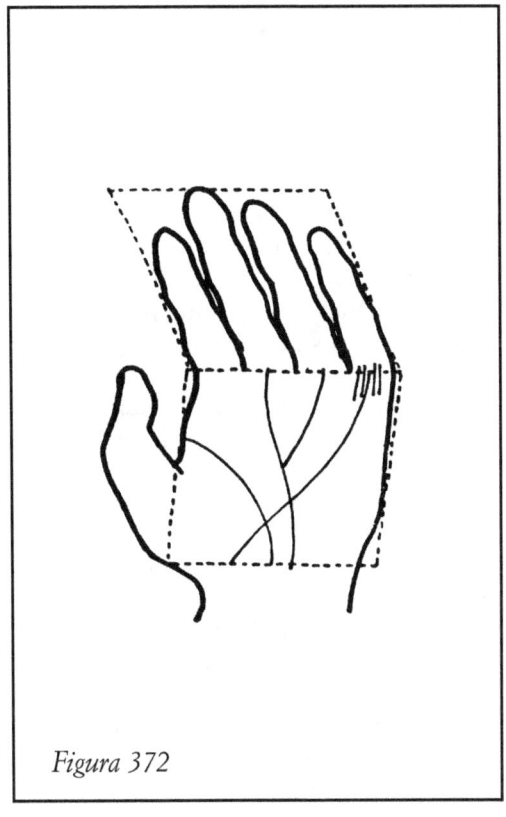

Figura 372

Morfología de la mano (fig. 372): La mano se presenta en forma trapezoidal invertida, con la base mayor arriba, a la altura de los dedos. Los dedos miran hacia el pulgar, que a su vez mira hacia ellos.

El monte de Mercurio está lleno de radios. La línea de la salud es larga, pero no precisa sino más bien débil.

Los dedos son largos, nudosos, de forma ligera, presentando también un contorno de forma trapezoidal. La palma es plana, musculosa. Las falanginas son muy huesudas. El meñique es largo.

La línea de la vida y la de la cabeza están apenas unidas. La línea del Sol es perfecta.

Psicología: Predominio del sistema cerebroespinal. Nerviosismo, vivacidad, ligereza, inestabilidad. El individuo posee una fantasía muy dúctil, ávida, brillante. Está predestinado a las carreras mundanas; excelente para él la diplomacia.

Destino: Está favorecido por la habilidad de la persona que sabe moverse enfrentándose a las situaciones más dispares.

Caracteres fisiológicos particulares: Presentan mayor evidencia el sistema nervioso central, la médula espinal y el encéfalo.

Predominio de la sangre, el estómago, los intestinos, los pulmones, la lengua, la laringe, la vesícula biliar, el oído, los brazos y las manos.

Enfermedades probables: Neurosis; metástasis; enfermedades de los nervios gastrointestinales, pulmonares, de los plexos, del gran simpático y de las actividades de las vísceras. Perturbaciones psíquicas además de enfermedades del cerebro, del lenguaje y del oído. Puntos de hipocondría. En los periodos de disfunción orgánica el individuo puede estar sujeto a ataques de locura, obsesiones, terrores, estados depresivos, ataques de ansiedad y puede sufrir cleptomanía.

Quiromancia: El monte de Mercurio se encuentra debajo del dedo meñique; revela la elocuencia, la habilidad comercial, la tendencia hacia las ciencias (en especial las naturales y médicas), a la astucia.

Cuando este monte se presenta normal: inteligencia buena y habilidad en el trabajo.

Si está muy desarrollado: inteligencia práctica, no siempre dirigida hacia buenos fines.

Si falta: carencia de sentido práctico.

Si está hinchado y se dirige hacia el borde: extrema inteligencia y avaricia.

Si se dirige hacia Apolo: unión de ciencia y arte.

Si se dirige hacia Marte: elocuencia incisiva.

Si se presentan cruces o rejas: malos instintos; en las naturalezas inferiores, tendencia al hurto.

Si aparecen estrellas: inteligencia; honores no merecidos.

Si posee uno o más triángulos: aptitudes para la diplomacia.

Si presenta líneas verticales: predisposición a la medicina y a las ciencias naturales; a menudo estas líneas pueden indicar enfermedades imaginarias.

El dedo meñique bien formado expresa finura e inteligencia; si es largo significa que el individuo sabe por dónde camina y que puede solucionar sus problemas en cualquier circunstancia; si es muy largo revela espíritu vivaz e incesante deseo de aprender.

Dedo meñique puntiagudo: diplomacia. Doblado: excesivo amor por el dinero.
Primera falange larga: elocuencia, amor por el estudio. Corta: pereza intelectual.
Segunda falange larga: práctica en los negocios. Corta: ineptitud y falsedad.
Tercera falange larga: astucia. Corta: estupidez o exagerada ingenuidad.

Nociones endocrinológicas: Se trata de un paratiroideo hipopancreático.

Júpiter

Morfología: La talla en general sobrepasa la media. Individuo voluminoso, corpulento, a menudo obeso. El modelo tiende a ser blando. Piel de espesor mediano, caliente, ligeramente húmeda, de color rosado o blanco rosado. Vello muy abundante y esparcido por todo el cuerpo. Cabello castaño claro, suave y ondulado. Barba abundante. Calvicie precoz que empieza por la cima de la frente.

Cráneo voluminoso. La cara tiene un contorno general rectangular con ángulos redondeados. Predominio del plano superior sobre el inferior.

Cuello gordo y grueso con músculos bien desarrollados y rodeados por una capa espesa de panículo adiposo.

La mandíbula es alta, potente y ancha, recubierta de abundante grasa.

Boca grande con labios carnosos y rojos. Mejillas anchas; nariz grande, con el lóbulo redondo y aletas carnosas; por ultimo, frente ancha y alta.

El perfil dibuja una curva ondulada. Sienes llenas en su parte inferior.

Cejas de trazado ancho, arqueadas de forma moderada. Ojos grandes y saltones, en los que a menudo la pupila es de color marrón claro. Orejas vistosas con lóbulo muy amplio.

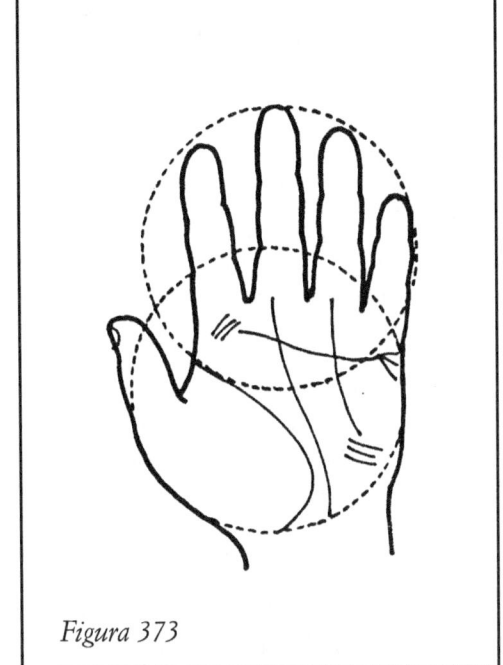

Figura 373

Morfología de la mano (fig. 373): Mano esferoide larga, de contorno redondeado.

Los dedos son carnosos, de dimensión mediana, con falanges redondas, o casi, y uñas de aspecto sano. Pulgar normal, ágil sin exceso.

La palma es igual al plano de los dedos.

Falanginas largas, de manera especial las del dedo índice.

Líneas capilares paralelas y armoniosas en las falanges y en las falanginas.

Índice generalmente largo y siempre en relieve.

Dorso de la mano rugoso.

Líneas rectas, bastante finas, de color rosa.

Línea de la cabeza larga y recta. Línea del corazón que empieza y acaba con ramas descendentes. Línea de Saturno que se dirige hacia Júpiter. La rama ascendente de la vital se dirige hacia Júpiter. Cuadrado del plano de Marte ancho y amplio; borde sólido. Algunas veces el monte de Júpiter tiene una estrella.

La unión con la muñeca es fuerte y dura.

Caracteres fisiológicos particulares: Predominio de la sangre, del hígado, del sistema muscular, del corazón, del ojo derecho, de la mano derecha, de la secreción seminal, de la transpiración.

Probables enfermedades: Anginas, congestiones hepáticas y pulmonares, erupciones cutáneas, asma, molestias circulatorias, enfisema pulmonar, apoplejía, impotencia precoz. De forma genérica, todas las enfermedades originadas por la superabundancia o insuficiencia de oxidaciones y por las intoxicaciones.

En edad avanzada: artritis, calvicie, obesidad. La mujer lamenta la pérdida de sus características femeninas durante el periodo de la menopausia. El órgano más delicado es el hígado. Psíquicamente la persona de Júpiter puede verse afectada por formas graves de psicosis como el delirio onírico, la manía persecutoria o el delirio de venganza.

Psicología: Equilibrio orgánico, grandes dosis de sensibilidad humana, sentido de justicia pero también de las jerarquías, claridad de juicio. Manifiesta además, en diverso grado, aptitud para la organización y los problemas sociales. Alguna vez es el clásico genio de los negocios. Está hecho para la vida de sociedad y para las alegrías materiales, para el éxito.

Destino: Todo se desarrolla alrededor de su existencia de hombre importante perfectamente situado en la sociedad. Si el destino es positivo, el individuo puede llegar a los honores más altos; si, por el contrario, las configuraciones son negativas, pueden presentarse duras derrotas.

Quiromancia: La quiromancia tradicional atribuye a Júpiter el dominio de la protuberancia carnosa que se encuentra debajo del dedo índice y a la que se llama monte de Júpiter. Es natural que todo el dedo reciba el mismo influjo.

El monte de Júpiter es el monte de la ambición, del mando, de la posición social, de la afirmación de la personalidad.

Si es normal, revela el equilibrio, el buen sentido.

Un monte uniforme, bonito, evidente, presagia una tranquila fortuna gracias al trabajo.

Si está deprimido: tendencias vulgares, falta de amor propio.

Si es excesivo refleja: vanidad, deseo de alcanzar bienes y honores a cualquier precio.

Si el monte está situado entre el dedo medio y el índice: poco amor por la humanidad.

Si se dirige hacia la línea del corazón: ardor de sentimientos.

Si se dirige hacia la línea de la vida: orgullo del propio nombre.

Si se dirige hacia la línea de la cabeza: resolución intelectual.

Si presenta líneas rectas, claras y ascendentes es un signo claro de éxito seguro.

Las líneas transversales indican dolores, malentendidos domésticos.

La presencia de un triángulo: aptitudes diplomáticas, visión amplia.

Una cruz evidente: unión feliz.

El dedo índice bien formado: decisión, mando, independencia. Corto: poca ambición. Si es puntiagudo: ambición desordenada, curiosidad intelectual, misticismo. Si es cuadrado: interés por las conveniencias sociales. Si tiene forma de espátula: exagerado misticismo. Delgado y seco: diplomacia, inflexibilidad.

Cuando la primera falange es larga domina el misticismo. Si es corta, la incredulidad.

Segunda falange larga: positivismo. Corta: debilidad moral.

Tercera falange fuerte y larga: ambición. Corta: debilidad moral.

Nociones endocrinológicas: Individuo claramente hepático, hipergenital.

Venus

Morfología: Talla pequeña. Cuerpo voluminoso pero de peso mediano. Predominio de la grasa. Proporciones reducidas. Modelo redondo. Piel blanca rosada con abundante pelo. Cráneo de forma redonda y oval, más desarrollado en su parte occipital que en la frontal. También la cara es oval con predominio de los planos medio e inferior. Cuello corto. Mandíbula mediana. Mentón recto y oval.

Boca de magnitud mediana con labios muelles y carnosos. Dientes normales. Mejillas anchas, ovales, llenas, con hoyuelos. La nariz, vista de frente, es ancha; recta si se mira de perfil, con aletas carnosas. Frente estrecha de forma redonda y poco elevada. Cejas bien desarrolladas, graciosas. Ojos almendrados. Pestañas largas.

Morfología de la mano (fig. 374): Mano esferoide, corta, de contorno elíptico. Dedos cortos, redondeados y lisos, con falanges gordas y fuertes. Extremidades digitales redondas. Uñas almendradas, redondeadas de manera discreta. Palma oval y armoniosa, de amplias proporciones, caliente y húmeda al tacto.

El pulgar es pequeño y bien espaciado, con falanges equilibradas. El anillo de Venus aparece siempre.

La línea de la vida curvada, bien desarrollada y armoniosa, y alguna vez con una línea hermana, confluye en su parte inicial con la de la salud. La línea de la cabeza más bien curvada. La de Saturno, larga, nace a menudo en el monte de Venus o en el de la Luna.

Caracteres fisiológicos particulares: Claro predominio de los tejidos intercelulares, del sistema glandular, del sistema renal y hepático, además de los órganos genitales (sobre todo los femeninos).

Enfermedades probables: Molestias del aparato genitourinario. Inflamaciones de las glándulas mamarias. Enfermedades otorrinolaringológicas. Taquicardia. Molestias vasculares. Alguna vez obesidad deformante. El aspecto psíquico es muy interesante por la variedad de modificaciones que presenta si el organismo sufre algunas de las disfunciones que hemos citado antes. En general, todo el complejo es de base erótica.

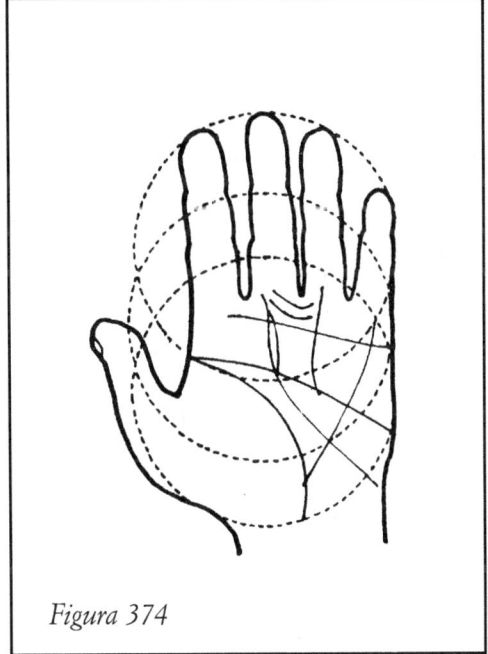

Figura 374

Psicología: El individuo presenta una clara agudeza sensorial unida a una aversión para el esfuerzo muscular y cerebral. Sensibilidad delicada. Visiones circunscritas y concretas. Aptitud para las artes decorativas y la música.

El tipo venusino tanto puede ser profundamente espiritual como amante de los placeres, según el ambiente en el que se ha formado. Siente mucho la necesidad de amar y de ser amado. Sensible e inclinado a las simpatías repentinas, no ha nacido para imponer su personalidad a los demás; tiende más bien a dejarse dominar.

Destino: Debido a que el venusiano es un tipo muy influenciable, su destino depende del ambiente en el que es formado: si es intelectual o artístico, se desarrolla bien y su destino es positivo; en cambio, en un ambiente inferior existe siempre el peligro de derrotas y de un relajamiento de su nivel moral.

Quiromancia: El monte de Venus es la raíz misma del pulgar, llamado también *eminencia tenar*. Está rodeado por la línea de la vida. Este es el monte más vistoso entre todos los que se encuentran en la palma y en él se localiza la fuerza vital. Un buen monte de Venus debe ser armonioso, firme sin ser duro, estriado de manera normal. Debe cubrir casi la mitad de la base de la mano.
Si el monte de Venus es demasiado estrecho es un mal síntoma en una mujer.
Si está deprimido es índice de calma sexual y de falta de energía.
Un monte desarrollado representa fuerza amatoria.
Cuando el monte de Venus va acompañado por un índice poderoso revela naturaleza materialista y alguna vez perversión.
Si está inclinado hacia Marte: sensualidad fuerte y brutal. Si está inclinado hacia la Luna: lascivia. Si está inclinado hacia Júpiter: amor por la familia; a menudo también misticismo en el arte.
Si en el monte de Venus hay una isla: adulterio. Un triángulo: cálculo en el amor, hipersensibilidad. Una reja: lascivia o esterilidad. Una estrella en la parte baja: proceso o divorcio.
Las líneas rectas que arrancan desde Venus en dirección a la línea de la vida y se presentan cortadas sobre el monte revelan amor doble. Si estas líneas se prolongan: disgustos de amor. Líneas paralelas a la vital, durante un tramo hacia arriba: familia desordenada.
Pocas líneas, pero violentas, que cruzan el pulgar: peligro de asesinato.
Si el anillo de Venus está bien formado muestra sensibilidad. Si está mal formado o roto: lujuria. Si corta de manera enérgica la línea de Saturno o la solar: peligro que amenaza la suerte de dos enamorados. Rota por cruces y rejas o estrellas: fatalidades pasionales que pueden desembocar en el delito.

Nociones endocrinológicas: Destacan las glándulas genitales.

Saturno

Morfología: Talla grande. Cuerpo de volumen mediano pero pesado por culpa del esqueleto, de proporciones alargadas. Piel seca, a menudo amarillenta. Cabellos negros y abundantes.
Cráneo de volumen mediano. Cara de contorno generalmente rectangular o hexagonal alargado. Cuello fuerte y musculoso, largo y delgado. Mandíbula poderosa de anchura mediana. Mentón anguloso y ancho. Boca grande con labios oprimidos entre sí; labio inferior prominente.

Entre la nariz y los pómulos se nota una depresión en forma de triángulo con un gran eje vertical.

La nariz es fuerte, alta, de anchura media. La frente, las sienes y las órbitas se muestran restringidas. Perfil generalmente inclinado hacia atrás. Muchas arrugas sobre la frente. Cejas bajas, casi en el borde de las órbitas.

Ojos de volumen mediano. Orejas grandes, poco refinadas.

Morfología de la mano (fig. 375): Mano trapezoidal y larga. Los dedos son largos, con las falangetas cuadradas o anchas o espatuladas. Uñas de color pálido. Palma flexible, cuadrada y fresca al tacto.

El pulgar es grande. Los dedos presentan falanginas y falanges largas. Los montes están más bien hundidos. Las líneas son finas y profundas, numerosas, a menudo accidentadas, con perturbaciones.

Línea de Saturno larga. Línea de la vida y de la cabeza unidas en buena parte de sus recorridos. Línea solar que arranca desde la de Saturno y se dirige hacia el anular.

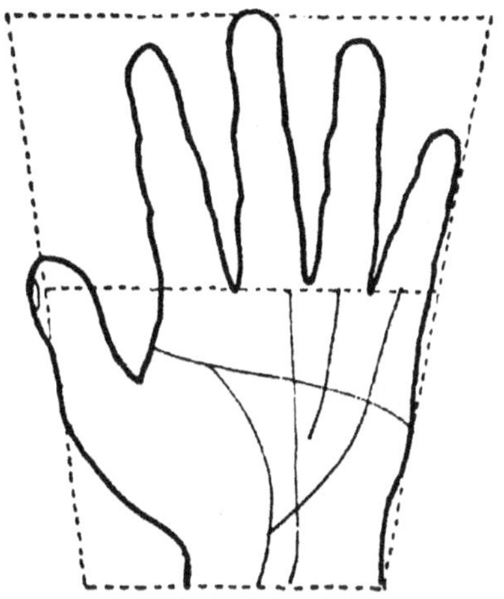

Caracteres fisiológicos particulares: Primacía del sistema óseo y cutáneo. Cartílagos. Tejidos celulares. Sangre y su composición. Ojo izquierdo. Dientes. Vejiga. Mano izquierda. Oreja derecha. Pies y piernas. Humores fríos y pesados.

Figura 375

Enfermedades probables: Predisposición a las formas crónicas menos fáciles de curar y que tienen relación con los huesos, los intestinos, los ligamentos y los tendones, la piel, la sangre, el sistema vascular, los miembros inferiores, los tejidos celulares. Tipo clásico de hepático. Tendencia a la artritis y la arteriosclerosis. El individuo es generalmente neurasténico, emotivo e incluso paranoico.

Psicología: Necesidades vitales reducidas al mínimo. Circunspección, postura retraída. Objetividad, amor por la ciencia, tendencia a las ideas abstractas. El tono general es de desconfianza hacia los demás y hacia sí mismo. La conducta de este individuo tiene la marca de la seriedad.

Destino: El éxito acaba por coronar siempre las carreras intelectuales, aunque sea con retraso.

Quiromancia: Monte de Saturno uniforme, lleno, sin más líneas que el final de la de Saturno: destino tranquilo, éxito normal, vejez buena. Monte hundido y muelle: vida insignificante.

Si se desvía hacia Júpiter: ambición que domina la razón.
Si se dirige hacia el monte de Apolo: destino artístico.
Si se dirige a la línea del corazón: sensibilidad morbosa.
Si presenta un triángulo: aptitudes místicas.

Las cruces, las rejas y los rayos transversales, así como las estrellas, son siempre señal de fatalidad; según algunos quirománticos, una estrella sobre Saturno es índice de criminalidad.

El dedo medio está consagrado por la tradición a Saturno. Cuando los otros dedos presentan una inclinación hacia él, y este es más largo, es signo de una fatalidad ineludible; si es corto, de un destino indeciso.

La línea de Saturno cuando se dirige hacia el Sol significa que la vida está orientada hacia los placeres de la ambición y los placeres materiales. Si se dirige hacia Mercurio: orientación hacia las ciencias o el comercio. Si empieza en la línea de la vida: egoísmo, pasiones fatales. Si empieza en la línea del corazón: falta de sentido práctico, honores pero en edad avanzada. Si empieza en el monte de la Luna: imaginación, ingenio, muchas probabilidades de éxito y de fama.

Cuando la línea de Saturno comienza con dos ramas, una de las cuales arranca de la línea de la vida y la otra del monte de la Luna, y ambas se unen después sobre el plano de Marte, toda la vida transcurrirá bajo la influencia del amor y de la imaginación.

Si la línea de Saturno se rompe sobre la línea de la cabeza: cambio repentino de situación. Si se rompe a la altura de la línea del corazón: ruptura de relaciones. Si se rompe sobre el monte de Saturno: vejez significativa. Si hay cuadrados o rejas: triste presagio. Si la línea penetra en el dedo medio: gran fatalidad para bien o para mal.

Una línea de Saturno larga, fina y poco visible: destino sin importancia. Si falta por completo es un presagio más bien malo. Si es irregular y se encuentra en una palma agitada: nerviosismo agudo.

Una línea doble indica muchas posibilidades. Una línea continuamente rota y reanudada: fluctuaciones incesantes. Con una isla: adulterio. Con líneas transversales: escándalos posibles. Si una de estas líneas parte de la línea del corazón: separación matrimonial.

Nociones endocrinológicas: El tipo es un pituitario hiposexual e hipogenital con una tendencia hiposuprarrenal.

El influjo de los signos del Zodiaco

Para saber qué signo zodiacal influye sobre un individuo, es necesario conocer la fecha de su nacimiento. Las indicaciones que proporciona el signo del Zodiaco bajo cuya influencia haya nacido aportarán conclusiones sobre el carácter, la salud y el destino de la persona, que integraremos con la información que nos ha dado la mano.

Veamos, en primer lugar, los signos zodiacales que presiden cada uno de los meses del año:

- Enero:
– Del 1 al 20: Capricornio;
– Del 21 al 31: Acuario.

- Febrero:
– Del 1 al 19: Acuario;
– Del 20 al 29: Piscis.

- Marzo:
– Del 1 al 20: Piscis;
– Del 21 al 31: Aries.

- Abril:
– Del 1 al 20: Aries;
– Del 21 al 30: Tauro.

- Mayo:
– Del 1 al 20: Tauro;
– Del 21 al 31: Géminis.

- Junio:
– Del 1 al 20: Géminis;
– Del 21 al 30: Cáncer.

- Julio:
  - Del 1 al 21: Cáncer;
  - Del 22 al 31: Leo.

- Agosto:
  - Del 1 al 22: Leo;
  - Del 23 al 31: Virgo.

- Septiembre:
  - Del 1 al 22: Virgo;
  - Del 23 al 30: Libra.

- Octubre:
  - Del 1 al 22: Libra;
  - Del 23 al 31: Escorpión.

- Noviembre:
  - Del 1 al 21: Escorpión;
  - Del 22 al 30: Sagitario.

- Diciembre:
  - Del 1 al 21: Sagitario;
  - Del 22 al 31: Capricornio.

Cada nacimiento, como es natural, sucede bajo uno de estos signos que representan, por consiguiente, la base de cada horóscopo. Ahora bien, es preciso subrayar que establecer un horóscopo detallado es una empresa muy difícil que pueden llevar a cabo muy pocas personas. Sin embargo, para facilitar al lector una interpretación quiromántica lo más completa posible, incluso desde el punto de vista astrológico, sintetizaremos los factores técnicos indispensables.

El horóscopo

El horóscopo astrológico consiste en una proyección estereográfica del estado celeste en un momento determinado (en general, el momento del nacimiento del individuo que interesa). De manera gráfica se representa por un círculo dividido en doce zonas dominadas por un signo zodiacal (fig. 376).

El círculo zodiacal está dividido en 360 grados (30 grados para cada signo zodiacal). Cada una de las 12 divisiones toma el nombre de «casa».

Los presagios astronómicos derivan de la posición que ocupan en este círculo los siguientes astros: Sol, Luna, Mercurio, Marte, Júpiter, Venus, Saturno, Urano, Neptuno y Plutón.

Para determinar el horóscopo es necesario consultar las llamadas *tablas de las efemérides mensuales* para el año que interesa. A través de estas tablas es posible

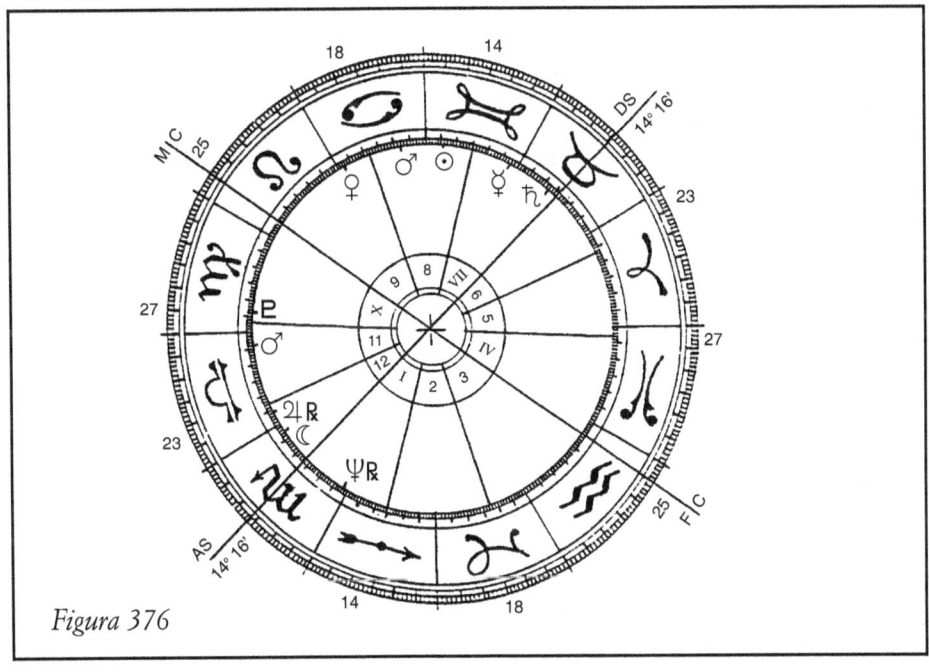

Figura 376

encontrar los siguientes datos característicos indispensables para un horóscopo profundo:

— hora astrológica en la que ha sucedido el nacimiento;
— hora astrológica local que le corresponde (siguiendo la longitud y la latitud del lugar del nacimiento);
— hora sideral que le corresponde, que es diferente de la que marcan los relojes corrientes.

Una vez determinado el tiempo sideral (a través de las efemérides) observaremos la posición que tenían todos los planetas en relación con el signo zodiacal bajo cuya influencia se ha verificado el nacimiento. Por el influjo de la configuración general del cielo en aquel momento podemos sacar el horóscopo que nos interesa.

En la práctica, teniendo presentes todos los datos que proporcionan las efemérides podemos descubrir bajo qué influencias se ha verificado el nacimiento. Naturalmente es difícil para un principiante hacer él solo todos los complejos y detallados cálculos, pero siempre podrá descubrir los rasgos generales del horóscopo y de ellos sacar las debidas conclusiones.

Hasta ahora hemos visto cuáles son los influjos de los planetas sobre la morfología, el carácter y los signos de la mano. Ahora nos queda considerar cuáles son las influencias de los signos zodiacales y, en segundo lugar, cuáles son los particulares influjos de los planetas sobre estos mismos signos.

¿Qué tendrá que hacer el lector para descubrir en su horóscopo los elementos que le interesan? En primer lugar tendrá que saber bajo qué signo del Zodiaco ha nacido. Supongamos que la fecha de nacimiento sea el 18 de abril; el signo zodiacal que le interesa es el de Aries. A continuación deberá leer las características de Aries (que indicaremos seguidamente), en las que descubrirá los rasgos fundamentales del grupo al que pertenece. Además, estudiando la estructura morfológica de su mano, averiguará cuál es el «tipo astral» al que pertenece (véase el capítulo «El influjo de los planetas»). De este modo tendrá trazado a grandes rasgos su «retrato».

Para profundizar algo más deberá consultar las tablas de efemérides para el año en el que ha nacido: a partir de ellas sabrá cuáles eran los planetas que ejercían la máxima influencia en su signo en el momento de su nacimiento. Finalmente, en el capítulo «El influjo de los planetas en los diferentes signos», descubrirá cuáles son los influjos que han actuado en su nacimiento.

En resumen, tres son los elementos que hay que tener en cuenta:

— el signo zodiacal con sus correspondientes influencias;
— la caracterización fisiomorfológica, que deriva del influjo de un planeta en el ámbito de un particular horóscopo;
— los influjos que los planetas han tenido sobre el signo zodiacal de un nacimiento.

En la figura 377 se muestra un ejemplo de gráfico astrológico, concretamente, el de una persona nacida en Burgos el 15 de junio de 1970, exactamente a las 17:30 horas:

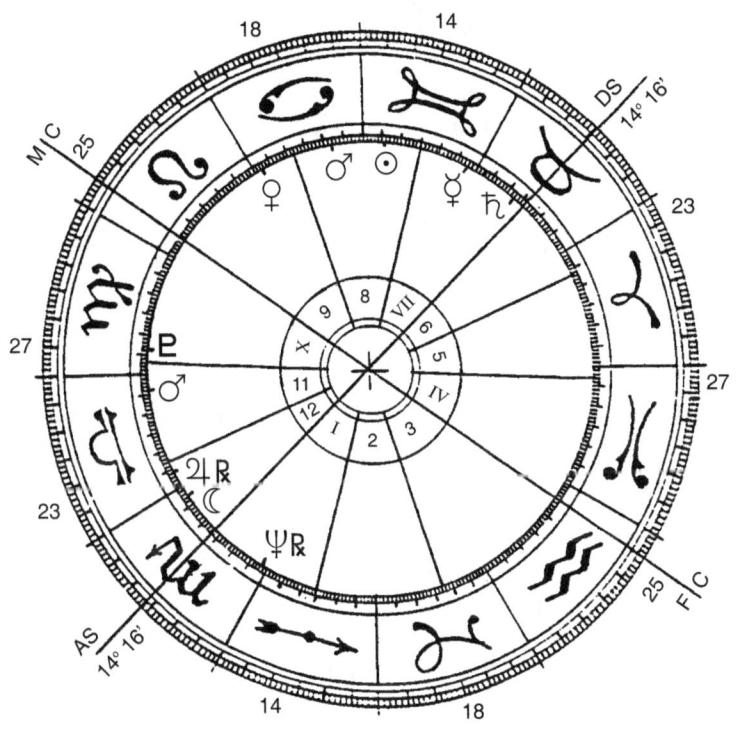

Figura 377

Descubramos, a continuación, las influencias de cada uno de los signos zodiacales sobre la salud, el carácter, el destino y los sentimientos humanos.

Aries

Salud: Sujeto a inflamaciones con tendencia a las congestiones y a las hemorragias; hipertensión o hipotensión; peligro de congestión cerebral.

Carácter: Propensión a la actividad, a la audacia, a la combatividad, y alguna vez incluso al heroísmo. Inteligencia bien desarrollada, muy lógica, espíritu dominador que se enfrenta enérgicamente con cada obstáculo. Alguna vez despotismo. Es un individuo de palabra y si es engañado se deja llevar por cóleras terribles.
Destino: Si es generoso se dejará explotar. Muchas veces tendrá que luchar con los familiares y los superiores por su vida privada. Peligros de caídas o de heridas en la cabeza.

Sentimientos: Sufrirá a menudo de pasiones violentas. Es difícil que se case, si es que no está obligado a hacerlo.

Tauro

Salud: En general la constitución de un tauro es fuerte, salvo raras tendencias al raquitismo o a la tuberculosis ósea. Peligro de enfermedades de garganta.

Carácter: Naturaleza instintiva y fuertemente ligada a la tierra. Espíritu esencialmente materialista, o cuando menos positivo, sin concesiones líricas. Es difícil para este tipo mostrarse espontáneo. Su inteligencia no es brillante y tiene que ser estimulada continuamente sobre todo por la concentración. Los individuos que pertenecen a este signo son, por lo general, muy conservadores y anticuados; en algún caso aislado se muestran revolucionarios. Una de sus características más evidentes es la parsimonia, alguna vez manifiesta avaricia. Si es provocado, es capaz de ser extraordinariamente violento.

Destino: Tiene que enfrentarse a muchas luchas para alcanzar el éxito. Las caídas, las heridas, las operaciones quirúrgicas son amenazas peligrosas para él. Las mujeres pueden tener abortos.

Sentimientos: Sufre pasiones obstinadas e irrazonables pero casi siempre de corta duración. El matrimonio acaba casi siempre en un desengaño.

Géminis

Salud: Órganos respiratorios débiles. Sensibilidad en los órganos de los sentidos y especialmente del sistema nervioso central. Alguna vez ataques cardiacos. Males menores representados por una cierta debilidad de los miembros, especialmente los inferiores.

Carácter: Es capaz de interesarse al mismo tiempo por muchas cosas, ya que está dotado por una gran facilidad de asimilación. Siente amor por la literatura y el periodismo. En los individuos mejores existe una clara tendencia a las ciencias y a la filosofía. Sensibilidad aguda e intuición bien desarrollada. Capacidad para dedicarse con el mismo éxito a más de un trabajo intelectual.

Destino: Tiene que luchar en contra de su eclecticismo excesivo para evitar decisiones equivocadas. Tendrá muchos enemigos que intentarán obstaculizarlo. Peligros de accidentes de automóvil.

Sentimientos: Su riqueza interior lo levanta por encima de las mezquindades humanas. A menudo el matrimonio de los que han nacido bajo Géminis es poco feliz.

Cáncer

Salud: Estómago e intestinos débiles; sujeto a lesiones del aparato digestivo: cálculos biliares, colitis, gastroenteritis, hipertrofia. Afecciones pulmonares. Muy sensible al sufrimiento físico.

Carácter: Está dominado por la pasión hacia lo imprevisto y los viajes. El individuo nacido bajo Cáncer está lleno de vida y de dinamismo; es impresionable, dotado de fantasía y muy sugestionable. Puede manifestarse al mismo tiempo sensible y egoísta, tímido y audaz, indolente y activo. Tiene claras facilidades para el mando. Es reservado y taciturno, amante de las artes y de la música, prudente en los negocios. Aunque sea idealista en grado máximo, también tiene un cierto sentido práctico.

Destino: Le esperan emociones de todo género. Si es enérgico, tendrá talento político y dramático y despreciará el peligro.

Sentimientos: Está sujeto a pasiones platónicas y difícilmente tendrá un matrimonio feliz.

Leo

Salud: El que nace bajo este signo es casi siempre fuerte y sano. Su mayor defecto es la impresionabilidad, que puede convencerlo de una enfermedad que no existe. Sus puntos débiles son: el corazón, los riñones y el aparato circulatorio. Puede padecer de endocarditis, miocarditis, anemia cerebral, gastralgia y molestias nerviosas.

Carácter: Muestra una calma envidiable y una frialdad ejemplar. Es de sentimientos nobles y generosos, unidos a un gran coraje y a una fuerte dosis de intransigencia moral. Aun despreciando las extraversiones, se deja arrastrar a veces por el amor; le agrada sobresalir y hacerse notar. Es afectuoso, honesto, impulsivo, amante de la justicia. Con dificultad un Leo engaña a quien le ama. Su mayor peligro desde el punto de vista psicológico es excederse en independencia y en sentido de la justicia, hasta convertirse, aunque sea involuntariamente, en un tirano capaz de las peores violencias.

Destino: Leo está destinado a luchar en todos los campos. Sus mayores riesgos los sufre por causa de heridas o intervenciones quirúrgicas retardadas que pueden resultar fatales.

Sentimientos: Las personas nacidas bajo este signo son impulsivas, pasionales y vehementes y a menudo infelices por su misma exuberancia. El matrimonio suele ser bueno, pero se verá atormentado por los celos o la incompatibilidad de carácter.

Virgo

Salud: Está sujeto a inflamaciones de las mucosas, apendicitis, intoxicaciones, esclerosis y molestias neurovegetativas.

Carácter: Modesto, simpático, tranquilo y dulce. Posee gran cantidad de ideas guiadas a un sentido crítico y a la capacidad de investigar sobre cualquier problema poniendo de manifiesto todos sus aspectos. Es incapaz de dejar una labor sin acabar, tiene mucho ingenio, es estudioso, sensible e impresionable. En ocasiones importantes puede asombrar por su excesiva frialdad.

Destino: Es egoísta y sensual. Sus peligros son las heridas ocasionales graves, que incluso pueden llevarle a la muerte. Le esperan muchas luchas e incomprensiones.

Sentimientos: Su temperamento moderado le lleva a un autocontrol incluso sobre las pasiones. Matrimonio feliz.

Libra

Salud: Constitución subordinada a desórdenes funcionales como dolor de vientre, litiasis, cálculos renales, catarros de vejiga, nefritis, inflamaciones de la sangre, enfermedades cutáneas, dolores en los brazos y en los hombros.

Carácter: Sencillo, abierto, comunicativo, amante del buen vivir y de la paz. Siente horror por las peleas, el odio, las violencias. Carece de cualquier ambición que no esté ligada a la tranquilidad de su existencia. Pasa días agradables buscándose compañías adecuadas. Teme sobre todo la soledad, que no soporta. Su espíritu adaptable puede, en el mejor de los casos, empujarlo hacia estudios tranquilos que le proporcionarán el éxito.

Destino: Debe luchar con los familiares que no comprenden su carácter y no apoyan sus tendencias, pero también en este caso el nacido bajo Libra intentará limar asperezas y llegar cuanto antes a un acuerdo.

Sentimientos: Tendrá pasiones misteriosas que lo harán profundamente feliz, pero, no obstante, en cuanto al matrimonio, si no se casa siendo bastante joven, corre el riesgo de no encontrar una pareja que sepa compartir su visión pacífica de la existencia.

Escorpión

Salud: A pesar de su apariencia, es de sólida constitución.

Peligros: Procesos inflamatorios y artritis; enfermedades venéreas.

Carácter: En general es realista, incapaz de soñar, no admite las contemplaciones y odia todo lo que se refiere a filosofía e idealismos. Guarda una agresividad desarrollada y su mente está limitada para la percepción de los altos significados de la vida y del universo. Tiene la palabra fácil, persuasiva, enérgica, sugestiva, que se impone con facilidad. Inteligencia sarcástica. Es defensor acérrimo de sus ideas, vengativo, impulsivo, colérico, no sabe frenar cuando se le presenta algún obstáculo.

Destino: Peligro de feroces peleas y agresiones, de escándalos e incluso, de muerte violenta.

Sentimientos: Está sujeto a muchas pasiones que serán trágicas e infelices. Sólo el matrimonio puede revelarse bueno.

Sagitario

Salud: Tendencia a molestias de tipo sanguíneo, a congestiones hepáticas y a una gran debilidad muscular. Sufre de varices.

Carácter: Pacífico, de temperamento alegre, con algo de infantilismo. Versátil, caballeroso, galante, ahora generoso, ahora egoísta. Ama la vida, le gusta el descanso y saborear la existencia; trabaja sólo por necesidad pero sin disfrutar. A menudo es indeciso e impresionable. Desconfía de sí mismo y de los demás. Posee una especie de intuición profética. Desprecia el peligro. Con relación al dinero se porta a veces como un terrible avaro.

Destino: Variadas fatalidades, desilusiones, envidias y dificultades de todo tipo. Un viaje peligroso. Una o dos operaciones quirúrgicas.

Sentimientos: Pasiones ardientes pero torturadas por una severa crítica externa. Matrimonio poco feliz; es preferible la soltería.

Capricornio

Salud: Puede sufrir artritis y enfermedades originadas por la humedad y el enfriamiento.

Carácter: Es un ambicioso que teme el fracaso. Su nota más sobresaliente en el campo psicológico es la inquietud. Se deja llevar por la manía persecutoria, desconfía y odia a todos aquellos que no le siguen y no le aprueban. Será un misántropo siempre encerrado en sí mismo, sin ideales. Tendrá pocos amigos y será objeto de pocas simpatías.

Destino: Muchos problemas y luchas originadas por intrigas en las que habrá participado. Peligro de atentados y de morir asesinado.

Sentimientos: Los nacidos en Capricornio saben dominar por completo sus pasiones. Rara vez se casan.

Acuario

Salud: Predisposición hacia los defectos circulatorios, los desórdenes nerviosos y espasmódicos. Peligro de desequilibrios mentales, arteriosclerosis, úlceras varicosas, insuficiencia de las glándulas endocrinas, parálisis y, por último, molestias de la médula.

Carácter: Rápido en las ideas, independiente, rico de espíritu de contradicción. El acuario tendrá a menudo una intuición desarrollada al máximo que lo convertirá en un ser original. Incapaz de someterse a la voluntad de otros, llega a cometer gestos criminales si se ve objeto de alguna injusticia.

Destino: Por su carácter independiente siempre estará en lucha con su ambiente. Debe precaverse de los envenenamientos involuntarios y de las peleas, que constituyen su mayor peligro.

Sentimientos: Pasiones constantes pero poco felices; el celibato es preferible al matrimonio, siempre que no se una con una persona muy espiritual.

Piscis

Salud: Constitución débil y delicada. Estará sujeto a disfunciones glandulares y a una hipertrofia del tejido linfático, a reumatismos de tipo gotoso, obesidad, eccema, urticaria, enflaquecimiento y diabetes.

Carácter: Más bien tímido e indolente. Ama mucho su intimidad, los ruidos le molestan y es muy sentimental. Su mejor cualidad es un sentimiento de comprensión muy vivo y de caridad hacia los demás que lo convierten en generoso y altruista. En los mejores casos está también muy bien dotado para los estudios.

Se aísla con facilidad y sufre de enfermedades imaginarias. En ocasiones, es apático y pasivo.

Destino: Debe guardarse de los engaños. Con relación a los accidentes, el mayor peligro es el de un suceso grave que puede afectar a toda la familia.

Sentimientos: Sabe querer de forma platónica y en general se casa sin entusiasmo.

El influjo de los astros en los diversos signos

Sol

Aries: Progresos, innovaciones, honores, dignidad, altos mandos, celebridad, gloria, éxito, fama, prestigio, reputación. El Sol convierte al individuo en una persona honrada y de buenas costumbres. Iniciativa, audacia, actividad. A menudo fanatismo. Éxitos y fracasos alternados. Carrera militar y judicial. Cambios. Energía. Viajes y misiones de responsabilidad. Inclinación a las fiebres y a la calvicie.

Tauro: Espíritu de observación y de crítica; aptitudes proféticas y amor por las ciencias ocultas. Voluntad de trabajo, perseverancia, espíritu sistemático pero decisiones repentinas. Sensualidad grande. Imprevistas mejoras de la fortuna. Amor por los viajes. Voz fuerte e imperativa.

Géminis: Inclinación al estudio de las ciencias, sobre todo de las matemáticas. Talento. Elocuencia; arte; diplomacia; magnífica capacidad de juicio. Fortuna mediocre o pérdida de bienes. Viajes en general.

Cáncer: Si Saturno y Marte tienen mal aspecto, denotan un peligro debido al agua; en caso contrario, éxito en las profesiones marineras. Interés por los estudios históricos. Amor por el pasado. Muchos enemigos. Posibilidad de triunfo sobre los envidiosos. Curiosidad, espíritu de coleccionista. Primera parte de la vida estéril. Numerosos viajes. Enfermedades del estómago.

Leo: Amor por la justicia, por todo lo que es bueno, honrado, verdadero. Fuerte espíritu de independencia. Altas dignidades y honores. Buenas aptitudes para las ciencias y la filosofía. Capacidad de impresionar y de imponerse. Fortuna en el amor y éxito en muchos campos de actividad. Algún peligro para el matrimonio y los hijos. Viajes felices.

Virgo: La influencia del Sol proporciona las mejores cualidades de la inteligencia: sabiduría y moderación; juicio y benevolencia; sensibilidad y medida; honores y riquezas; pero retrasa o imposibilita la posición social por culpa de ataduras misteriosas. Misiones peligrosas. Carrera de funcionario del Estado. Fama en buen o mal sentido, según los planetas y su aspecto. Predisposición a la teología, a la historia de la filosofía, al espiritualismo y a las ciencias ocultas. Celebridad debida a los propios conocimientos. Si el individuo no sufre malas influencias, ocupará con rapidez las mejores posiciones.

Libra: Goza de buen equilibrio y ama las artes. Grandes cualidades morales: responsabilidad, amor por la justicia, pacifismo. Sabe resultar simpático. Buena disposición para las ciencias naturales y para la legislación. Espíritu de observación; curiosidad por los secretos de la naturaleza. Puede tener dificultades en mantener una alta situación social si Saturno y Marte están en mala posición. Amenaza de condena. Separación en el matrimonio; probabilidad de vivir separado de los hijos. Disposiciones y vocaciones artísticas y poéticas que se imponen con luchas y afanes. Amor por los viajes, las peregrinaciones y los lugares de carácter agrestes.

Escorpión: El Sol puede dotarle de reputación, notoriedad, pero el bienestar es pasajero. Actividad mental desarrollada; perseverancia; ambiciones; fuerza; orgullo exagerado que da origen a muchos enemigos. Ayuda a descubrir trampas, enredos, y maniobras secretas de los adversarios. Enemistades de altas personalidades; peligro de muerte repentina. Ceguera.

Sagitario: Capacidad poética y musical; interés por la pintura y la escultura. Amor por lo aparente y el lujo. Pasiones ardientes. Amenaza para el matrimonio y presagio de pérdida prematura de los hijos. Peligro para la vida. Prodigalidad, filantropía; filosofía, espíritu sereno.

Capricornio: Celo, obstinación en la realización de los proyectos. Notoriedad buena o mala según la posición de Júpiter. Implacabilidad, frialdad; decadencia moral. Revés para la posición social; vida privada difícil. Enfermedades del corazón; vida corta si Júpiter no presenta buen aspecto. Alguna vez misticismo.

Acuario: Facultades raras o por lo menos extrañas y originales. Imaginación romántica. Obedece, convencido, a una guía interior que lo lleva a veces a un error, pero que a menudo le hace descubrir cosas nuevas y desconocidas. Éxitos populares y artísticos. Elevación segura, pero con retraso. Posición óptima. Enemistades de personalidades conocidas. Posibilidad de sobresalir en la investigación científica; originalidad en las ideas. Aptitud para el estudio de las cosas ocultas y éxito dentro de ese campo.

Piscis: Voluntad, tiranía que quiere dominarlo todo y no se para ante nada para satisfacer su vocación. Deseo insaciable de gloria. Matrimonio noble y rico pero poco feliz. Poderosos enemigos ocultos que lograrán volcar la situación. Grandes facilidades en el terreno artístico. Hidropesía y enfermedades parecidas. En las naturalezas superiores: aislamiento, piedad, sueños, entusiasmo. Filosofía ascética: es capaz de comprender cosas y sentimientos. Presentimientos sobre los lazos que unen al hombre con la naturaleza.

Influencia del Sol en las 12 casas

I: Maneras enérgicas. Claridad de visión. El individuo está convencido de tener siempre derecho a los mejores sitios. Confianza en sí mismo.

II: El dinero y las propiedades tienen un importante lugar en la vida de los individuos nacidos entre las 2 y las 4 de la mañana.

III: Actividad. Necesidad de crear.

IV: Visiones. Capacidad.

V: Sabe hacerse querer y sabe gustar. Habilidad en hacerse admirar. A menudo cualidades educativas.

VI: Vitalidad debilitada. Incapacidad de lucha.

VII: Deseo de fundar comunidades y de dirigirlas.

VIII: Acentuado interés por las cuestiones relativas a la muerte y a los problemas de la trascendencia.

IX: Fuerza creadora dirigida hacia fines superiores, políticos, artísticos, religiosos. Éxito o fracaso según los aspectos de los astros.

X: Deseo de poderío, de acción. Signo de éxito.

XI: Deseo de elevarse por encima de su condición. Pocos hijos y escaso interés por ellos.

XII: Carácter solitario. Poca felicidad. Vida tumultuosa.

Luna

Aries: Espíritu independiente, valor, audacia; inquietud, nerviosismo, contradicciones. Asuntos amorosos misteriosos. Éxito al que le sigue algún peligro. Aventuras en un viaje que resultan afortunadas. Misterioso cambio de posición. Honores; cargos públicos, éxitos populares. Fantasía encendida. Las derrotas no le asustan. Intrepidez, coraje, valentía. Peligro de morir ahogado. Heridas provocadas de forma extraña por mujeres o por personas a su servicio. Enfermedades de la cabeza.

Tauro: Entusiasmo, obstinación; sabiduría, rectitud de juicio; vivacidad de espíritu, intuición; amabilidad y dulzura; poesía; carácter simpático, encanto, popularidad. Prosperidad en los negocios. Algún misterio amoroso que lo hace prudente. Fortuna favorecida por mujeres influyentes. Aumento considerable de la fortuna.

Géminis: Carácter inquieto e inestable, sin un profundo apego. Corazón apasionado; numerosas simpatías. Excelentes facultades intelectuales, pero escasa prudencia y desviaciones que pueden ocasionar problemas. Espíritu de invención. Buena disposición para las ciencias y las artes. Arte influenciado por el erotismo. Inteligencia dirigida hacia el futuro. Honores y riquezas. Relaciones sexuales dignas de condena. Hermandades secretas. Numerosos hermanos y hermanas. Viajes frecuentes ya desde la primera juventud. Opinión favorable del público.

Cáncer: Naturaleza superior, equilibrio, receptividad, gran sensibilidad, buena conciencia, comprensión; previsión; musicalidad; imaginación. Naturaleza soñadora y poética. Un grave obstáculo en la vida. Numerosos viajes para proporcionarse bienes, pero poco afortunados. Tranquilidad física.

Leo: Es difícil encontrar este magnífico signo. Cualidades de mando; notoriedad, fama, éxito. Es el signo del poeta y del jefe, del genio en el arte y en la manera de llevar los negocios. La Luna, que proporciona la imaginación, unida al Sol (Leo es el domicilio del Sol) que proporciona la luz, sobre todo si el Sol está en conjunción, produce las naturalezas superiores, los capitanes. Magnanimidad; generosidad sin sentimentalismos. Combatividad.

Virgo: Signo de los telepáticos y de los visionarios. Estado de ánimo penoso por ser egocéntrico. Crítica y autocrítica nefastas. Maneras extrañas, originales, excéntricas. Musicalidad. Profetas, brujos. Intuiciones, sueños realizados, presentimientos, telepatía. Le perjudica la falta de experiencia en el amor y por lo tanto en el matrimonio. Probabilidad de larga vida. Viajes misteriosos y extraños. Peligro para los ojos. A menudo son solteros.

Libra: Amor por las artes y la música; lealtad, buena conciencia y honestidad. Imaginación. Divorcio. Es a menudo víctima de los celos. Apego a la vida. Serenidad, sociabilidad. Si la Luna está en mala fase: intolerancia y superficialidad. Proceso escandaloso. Éxito comprometido por culpa de mujeres o por la propia culpa. Viajes para escapar a la justicia humana o para evitar una condena si Saturno o bien Marte están en mala posición.

Escorpión: La Luna sólo ofrece malos presagios, especialmente si se encuentran en sus alrededores Marte y Saturno. Voluntad fuerte y obstinada. Falta de tolerancia para las equivocaciones ajenas y ceguera para los defectos propios. Algún desequilibrio. Crítica deshonesta. Dulzura sólo en relación con las personas queridas. Peligro de muerte prematura, vida corta; peligros violentos, amenaza de epidemias o inundaciones. Heridas misteriosas. Enfermedades venéreas y mentales. Vida corta de la madre. Esterilidad. Peligros durante los viajes.

Sagitario: Sentimiento, pasiones nobles. Rectitud de juicio. Espíritu bien dotado. Justicia. Buena disposición para las ciencias y las letras pero poca actividad, poco interés por las cosas y los hechos de la vida, y por lo tanto posición inestable. Optimismo. Despilfarros de buena fe. Matrimonio feliz. Amor por los viajes largos, que se llegarán a realizar.

Capricornio: Imaginación que fluctúa en el ensueño, en lo inseguro. Temor por el mañana. Implacabilidad hacia sí mismo y hacia los demás. Escasa tolerancia, soledad moral. Conciencia poco escrupulosa, relajamiento del deber si Mercurio está mal situado. Hipocresía. Perezoso en las acciones, a menudo se relaja. Este signo ataca los humores; genera biliosos, tristes, maniacos, hipocondriacos. Peligro de exilio y de amenazas violentas. Manera falsa de ver la vida. No se adapta al matrimonio por su inconstancia. Heridas en algún tipo de lucha. Desgracia por culpa de las mujeres. Mala vista: estrabismo, miopía, etc.

Acuario: Misticismo, visiones; imaginación lúgubre, agitación continua del espíritu a través de numerosos cambios; terrores inexplicables, alucinaciones extrañas. Enfermedades venéreas. Si Saturno está en conjunción o en oposición con la Luna, amenaza de locura. Peligro de una fuerte debilidad en la vista. Algún problema en el matrimonio, donaciones por parte de mujeres. Gustos extraños, fantásticos, extravagantes. Simpatías populares. Frecuentes cambios de lugar, largos viajes por mar. Soledad.

Piscis: La luna acentúa la sensibilidad del signo de tal manera que proporciona al individuo visiones fantásticas; posturas poéticas; imaginación fecunda en proyectos pero no en realizaciones. Romanticismo exagerado. Pasiones sensuales. Debilidad de carácter, inercia, molicie. Falta de constancia en el amor, tendencia al adulterio; sensualidad. Largos viajes por mar. Industrias fluviales y marítimas. Popularidad que se ha logrado por un viaje al extranjero. Inclinación marinera. Empleos, cargos públicos. Amigos misteriosos. En el amor, secretos. Familia numerosa. Alguna vez genio, otras locura.

Influencia de la Luna en las 12 casas

I: Capricho muy marcado tanto en las decisiones como en las ideas. El individuo está dominado por sus consejeros y sus estados de ánimo.

II: Sentimientos, deseos, estados de ánimo que se dejan dominar fácilmente por el dinero.

III: Inclinación al trabajo y al estudio. En mala posición, la Luna indica un carácter nervioso e inquieto: el deseo de creación es tan poderoso que el individuo sacrifica sus propios intereses prácticos.

IV: Relaciones sentimentales con la familia.

V: Más sociable que erótico. En signo de Tierra señala predisposición a la pedagogía.

VI: Delicadeza. Individuo fácil de influenciar. Según los signos: peligro de enfermedad mortal o de excesos sentimentales.

VII: Tendencias sentimentales para la vida en común.

VIII: Herencia, regalos. En mala posición: inestabilidad, final triste.

IX: Deseo ardiente, basado en el sentimiento más que en la voluntad de obtener poder, de ponerse en evidencia. El instinto es más fuerte que la fuerza.

XI: Sensibilidad. Sentimiento y sociabilidad en las amistades. Facilidad en las relaciones sociales y entre amigos, de manera particular, con mujeres.

XII: Perjudica la capacidad de ser feliz; el sentimiento altera el equilibrio y origina una tendencia a apartarse del mundo. En mala posición muestra tendencia hacia el suicidio, excitabilidad nerviosa, histerismo, ideas fijas.

Marte

Aries: Fuerza de voluntad. Espíritu de aventura que se impone regularmente, sin preocuparse por la voluntad y la opinión de los demás. Carácter irritable, amante de las peleas y siempre dispuesto a las palabras y a la acción; espíritu mezquino y pedante pero rico en actitudes marciales. Alcanza a menudo empleos muy elevados. Disposición para las matemáticas y la estrategia militar. Peligro de heridas en la cabeza; luchas, choques a mano armada o duelos. Dolores en las sienes y en los ojos.

Tauro: Sujeción a algo inevitable que paraliza. Escepticismo. Falsa seguridad. El individuo está inclinado a hacer cualquier cosa con tal de alcanzar el éxito. Audacia, temeridad. Tiene una predisposición a soportar el dominio ajeno y sus inherentes desgracias. Violencia en la pasión; adulterio peligroso; desgracia para las mujeres y por culpa de las mujeres. Heridas producidas por animales. Bienes que se pierden. Posición poco favorable.

Géminis: Facilidad de fascinación. Elocuencia. El influjo de Marte dispone al amor por las armas e inspira las astucias de la guerra a los hombres que siguen la carrera militar. Tipo que engaña. Peligro fuera de casa. Viajes inútiles.

Cáncer: Es el signo que protege a los artistas y a todos los que tienen que enfrentarse con el juicio del público y con el destino. Inquietud, ambición. Es favorable a los que siguen la carrera de la medicina. Aptitud para la medicina y la cirugía. Empresas audaces. Vida aventurera. Exilio.

Leo: Audacia hasta la temeridad; inflexibilidad. Es amante de provocar el peligro. Es el signo de los guerreros, de los conquistadores, de los que ganan inexorablemente todas las batallas. Fuerza de carácter, victoria en las luchas, supremacía; tendencia a la tristeza y a la seriedad. Enemigos poderosos. Peligro de heridas. Peligro para los ojos y el estómago. Amenaza de muerte violenta por hierro o por fuego.

Virgo: Pondera la fuerza natural. Temperamento irascible y un poco falso. A menudo histeria. Extrañas luchas. Empresas científicas arriesgadas y coronadas por el éxito. En el horóscopo femenino: probabilidades de casarse con un militar. Amores infelices y desgraciados. Peligro de seducir o de ser seducido.

Libra: Carácter difícil, luchador. Si Saturno no está en buena posición: amor por las armas pero fuertes adversidades; peligros en duelos o en peleas. Dolores y procesos a causa de mujeres. Acusaciones, condenas por actos culpables. Empleos dentro de la magistratura. Vencedor en los procesos.

Escorpión: Energía luchadora, sutil y resistente. Intensas luchas en la vida; peligro de muerte violenta por culpa de enemigos ocultos. Fama o celebridad con motivo de alguna conquista. Infelicidad en el matrimonio a causa de mujeres. Traiciones, heridas misteriosas.

Sagitario: Gran capacidad de acción, empuje natural con grave peligro de excederse. Carrera militar. Luchas y procesos con personajes importantes por cuestiones de dinero. Peligro provocado por operaciones quirúrgicas o por algún error. Falta de actividad en los primeros años de la juventud. Heridas ocasionadas por animales. En unión con la Luna: muerte por asesinato.

Capricornio: Proporciona la comprensión y el favor de hombres poderosos. Guía intelectual. Arrojo reprimido; valor, audacia. Ama las aventuras heroicas; desprecio por el peligro y éxito alcanzado con actos temerarios. Fuertes luchas; enemigos peligrosos y muy listos. Peligro de enfermedades y de caídas. Posible muerte violenta por asfixia. Muerte prematura de los hermanos.

Acuario: Tendencia hacia el mal, las disputas violentas, la perfidia, el delito y la agresividad. Si Saturno presenta un mal aspecto: encuentro con personas violentas. Acciones arriesgadas que ponen en peligro la vida. Peligros en torrentes o en ríos o por culpa de imprudencias. Vivacidad espiritual. Valor muy retenido y reprimido.

Piscis: Energía intermitente. Luchas intensas y continuadas para alcanzar una buena posición social. Calumnias muy perjudiciales por parte de personajes influyentes. Signo que perjudica el matrimonio.

Influencia de Marte en las 12 casas

I: Malicia, intrepidez, valor moral y físico. En mala posición con otros planetas provoca falta de reflexión e insolencia.

II: Mucha energía para lograr dinero y poderío. Despilfarros. Las ganancias no interesan por sí mismas sino porque son un medio tanto para lograr el poderío en el terreno científico como para gozar de la vida.

III: Pone todo su empuje al servicio de la vida diaria para fines limitados o precisos; indica un espíritu de iniciativa y de controversia. Si no se presentan aspectos favorables hay peligro de conflictos con el ambiente.

IV: Tiranía doméstica. Disputas con los familiares. Si hay aspectos desfavorables, peligro de accidentes.

V: Excita la sensualidad.

VI: Aumenta el goce en el trabajo añadiéndole un tinte de combatividad. Aparecen en primer plano los problemas sociales. Con aspectos desfavorables: peligros graves.

VII: Clara influencia sobre los amigos y sobre la vida pública. A menudo propaganda; profecía.

VIII: Origina la muerte. Dificultades patrimoniales.

IX: Valentía; carácter luchador; tendencia a hacer prevalecer las propias ideas. También volubilidad.

X: Lucha por la conquista del poder o tendencias belicosas. El entusiasmo y la energía siempre acaban por triunfar. A menudo habilidad como cirujano.

XI: Tendencia a pasar sobre la voluntad de los amigos y a tiranizarlos.

XII: Animosidad en contra del mundo, que lleva a varios conflictos y que no puede ser dulcificada si Marte presenta buen aspecto o bien se encuentra en Cáncer.

Mercurio

Aries: Clara inteligencia, lucidez mental; tendencias agitadoras, alguna vez revolucionarias. Discusiones acaloradas. Espíritu anticonvencional. Elocuencia fácil y arrolladora. Alguna vez exilio o fuga para escapar a una condena. Tendencias homicidas. Posibilidades de condenas civiles, militares o políticas. Caída en desgracia. Posición en peligro a causa de malas relaciones. Fácil versatilidad de pensamiento.

Tauro: Individuo dogmático. Generosidad, espiritualidad. Obstinación que alcanza el éxito. Espíritu ingenioso, trabajador, original. Buen carácter. Amor por los placeres y los juegos.

Géminis: Espíritu poderoso, imitador, asimilador, de comprensión rápida; sabe utilizarlo todo. Si está ligado con Saturno: lógica. Ingenioso, sagaz, apto para varias actividades materiales o intelectuales. En los años que están regidos por Marte y Saturno: adversidades y caídas. Relaciones amistosas con grandes artistas u hombres de ciencia.

Cáncer: Ideas fantásticas; ingenio inventivo pero que no será rentable. Musicalidad. Discreción. Fidelidad. Prosperidad en el comercio. Celibato o bien matrimonio infeliz. Relaciones peligrosas con personas astutas. Traslados. Especulaciones equivocadas. Gastos alocados.

Leo: Independencia de pensamiento. Espíritu dominador. Rectitud de juicio. Memoria feliz. Individuo de buenas facultades de razonamiento y prudencia. Intuición poética y científica. Orgullo. Desprecio total por las opiniones ajenas. Oratoria. Empleos prósperos. Actividad diplomática en general: embajador, cónsul, canciller. Relaciones frecuentes con personalidades. Profesiones o industrias muy lucrativas si Leo está unido al Sol.

Virgo: Espíritu fuerte, superior. Clara inteligencia y sabiduría. Pensamiento especulativo. Facilidad para las letras y la poesía; también para las matemáticas y para las ciencias ocultas. Filosofía. Elocuencia. Inventiva aplicada a las artes. Asimilación y memoria. Sagacidad; prudencia; conciencia. Si Mercurio está en mala posición: adversidades casi inevitables.

Libra: Rapidez de comprensión. Sentido de la justicia y de la estética. Aptitudes musicales, matemáticas o inventivas, con muchas probabilidades de éxito. Empleos de tipo secundario en los tribunales o en los gobiernos civiles. Numerosos procesos.

Escorpión: Capacidad dialéctica y pedagógica. Malas compañías, ambiente nefasto. Relaciones con personas violentas que llevan a ofensas y ultrajes. Condena, exilio, proscripción. Voz ronca, afecciones en la garganta. Peligro de heridas de combates, si hay conjunción con la Luna.

Sagitario: Falta de reflexión. Espíritu de aventura. Superficialidad. Honestidad mal recompensada. Éxito mediocre. Empleos secundarios.

Capricornio: Espíritu analítico; mucho juicio. Precisión. Aptitud para las ciencias; relación con hombres de ciencia. Espíritu viril, luchador. Aptitud en algunos casos para la superstición y la magia negra. Si Saturno presenta un mal aspecto: espíritu inquieto, sospechoso, listo sólo para el mal. Perversidad y crueldad. Intransigencia, rigidez y severidad. Enfermedades del aparato circulatorio; epilepsia.

Acuario: Inteligencia superior; aptitudes para la psicología; espíritu independiente, sutil, penetrante, observador, asimilador. Ama la soledad, la compañía de los sabios y de los ancianos. Parsimonia; inercia, inquietud. Aptitud para las matemáticas, los estudios serios y profundos, la astronomía y las ciencias ocultas. Desgracia para las relaciones. Si Saturno está en la Casa X: posición lograda tardíamente. Probable obtención de bienes.

Piscis: Inteligencia fecunda, múltiples aptitudes. El sentimiento pesa sobre las decisiones. Lógica defectuosa. Finura de espíritu. Rectitud particular para la legislación. Decisiones ridículas, absurdas. Amistades poderosas y devotas que darán suerte. Belleza física. Bienes originados por el matrimonio. Empleos secundarios honoríficos pero inseguros.

Influencia de Mercurio en las 12 casas

I: Intensa actividad intelectual. Elocuencia. Expresión poderosa.

II: Sentido del dinero; la inteligencia está siempre dirigida a la manera de obtenerlo.

III: Dirige las fuerzas intelectuales hacia finalidades precisas; perspicacia muy grande.

IV: Perjudica las relaciones familiares. Inquietud. Deseo de evasión. Es favorable para los escritores.

V: Pensamientos ocupados por el juego, el erotismo y muchas veces por la pedagogía, si se presentan buenos aspectos.

VI: Filantropía; numerosas relaciones sociales. Graves molestias nerviosas. Con buenas posiciones: tendencia a la medicina o a la psiquiatría.

VII: Tendencia a querer influenciar a sus contemporáneos con sus dotes intelectuales.

VIII: Espíritu preocupado por el problema de la muerte.

IX: Fuerza intelectual y espiritual en alto grado. Inteligencia. Superioridad. Problemas filosóficos y políticos planteados y resueltos.

X: Gran elocuencia. Audacia moral.

XI: Cordialidad pero espíritu satírico.

XII: Inteligencia apegada a los detalles. Se dobla con dificultad a las contingencias. Con mal aspecto, ausencia de sociabilidad.

Júpiter

Aries: Suerte en las empresas. Amistades y favores de personas poderosas. Empleos en el gobierno. Éxito en las carreras militares; protección frente a los peligros o a las heridas de guerra.

Tauro: Fuerza de ánimo, espíritu de justicia, corazón devoto. Principios difíciles y peligrosos a los que seguirán amistades poderosas y empresas felices. Favores de mujeres de posición elevada, pero lazos peligrosos con hombres perversos. Unión con asociaciones que traen utilidades. Bienes que nacen de la industria.

Géminis: Aptitudes intelectuales superiores. Buena suerte, aunque el individuo tendrá que sufrir sucesos dolorosos hasta los 45 años. Amistades poderosas y eficaces. Ganancias por transacciones importantes. Beneficios por industrias, comercios o inventos. Aptitudes también para las matemáticas.

Cáncer: Personalidad compleja. Amistades poderosas pero poco duraderas. Honores, riquezas, popularidad y poderío mal adquirido. Bienes inmuebles; amplio crédito. Matrimonio. Buena suerte y buena fama.

Leo: Altos cargos y funciones en el gobierno. Simpatía de personalidades y autoridades. Fortuna cierta. Relaciones de primera línea en la escala social. Matrimonio noble y rico.

Virgo: Sabiduría, ciencia. Lealtad, fidelidad y honestidad en los afectos. Aptitudes terapéuticas y científicas. Peligro de perder las riquezas por culpa de enredos o de mujeres. Buen matrimonio. Bienes repentinos. Empleos buenos en la magistratura. Suerte en los juegos de azar. En las mujeres buenas cualidades para ser esposas; matrimonio afortunado con muchos hijos.

Libra: Equidad; conciencia honesta. Magistratura, apoyo de las autoridades después de principios difíciles. Vida tranquila desde el punto de vista monetario. Herencia o donaciones. Ayudas de parte de los amigos. Uniones buenas.

Escorpión: Celos; pérdidas en el juego; peligro de herida originada por un pariente. Procesos.

Sagitario: Buenas cualidades morales; corazón leal y generoso. Éxito en todo lo que emprende, aunque no siempre logra sobresalir.

Capricornio: Despotismo. Torturas morales infringidas o soportadas. Hijos infelices y alguna vez deformes. Fortuna con retraso.

Acuario: Desinterés por las cosas de la vida. Molicie, amor por el descanso, pereza de espíritu. Éxito o posición lograda por el apoyo de amigos. En general es un signo adverso a la buena suerte: obstáculos, algunas veces dolores, querellas. Puede llegar a ser el prototipo del rico que siempre llora miserias. Melancolía.

Piscis: Elevación segura. Probables dificultades y preocupaciones graves hasta los treinta años, en la esfera profesional o en la sentimental. Fortuna ascendente; empleos elevados; autoridad; crédito en las personas eminentes y en altas personalidades. Óptimas relaciones; mando; honores; dignidades de diferente clase. Enemistad de personas importantes, pero que no logran dañarle. Calumnias. Obstáculos para el matrimonio que tienen su origen en una calumnia. Viudedad. Posibilidad de dos matrimonios.

Influencia de Júpiter en las 12 casas

I: Confianza en sí mismo. Amabilidad. A menudo optimismo, ligado a mucha alegría. En mala posición: abuso de autoridad.

II: Deseo de suntuosidad; amor por el lujo; necesidad de crear cosas duraderas.

III: Júpiter favorece el éxito, crea optimistas y contribuye a dar una autoridad apoyada sobre la popularidad. Éxito en la literatura.

IV: Sentido del bienestar familiar; placer de poseer una casa elegante.

V: Benevolencia. Generosidad. Aptitud para la pedagogía.

VI: Protección. Espíritu autoritario. Enfermedades del hígado.

VII: Facilidad para la vida en comunidad siempre que no se presenten aspectos nefastos; en este caso: falsedad.

VIII: Ganancias por herencias. Culto a la muerte.

IX: Dotes de mando. Situación importante en política o en religión.

X: Situación destacada. Funciones superiores.

XI: Autoridad. Confianza en el círculo de los amigos. Sufre mucho las influencias de los aspectos celestes.

XII: Generosidad pero con tendencia al aislamiento.

Venus

Aries: Matrimonio joven. Volubilidad. Diferentes peligros.

Tauro: Fortuna, realización de las esperanzas, éxitos en las empresas. Bienes que tienen su origen en el matrimonio, o bien herencias.

Géminis: Bondad; sabiduría; ingenio. Amores difíciles. Celos.

Cáncer: Amores inestables. Separaciones, divorcios, a menudo por razones de salud o de esterilidad. Fortuna variable; matrimonio o unión en el extranjero o con un extranjero. Seducción; inconstancia; erotismo; sensibilidad; sujeto influenciable.

Leo: Matrimonio doble y afortunado. Ascensos profesionales y sociales gracias a mujeres. Buena reputación. Favor de personas importantes. Naturaleza superior. El individuo se enamorará y se casará muy joven.

Virgo: Amores extraños, prohibidos y poco felices. En general no llegan al matrimonio. Ideas de clausura; relaciones amorosas peligrosas. El hombre perjudicará a las mujeres. La mujer, con Venus en Virgo, mostrará buenas costumbres pero escasa inteligencia; en cambio, en un horóscopo masculino, probable genialidad pero inmoralidad; a veces tendencias homosexuales. Favorece, en general, los nacimientos nocturnos y perjudica los diurnos.

Libra: Buen matrimonio; uniones felices; fidelidad en los afectos. Prosperidad; suerte. Rivalidad en amor que podrá originar enemistades. Pasiones ardientes. Peligros a causa de mujeres.

Escorpión: Peligrosas relaciones sentimentales que ocasionarán mucho dolor. Peligro de seducción. Carácter violento y orgulloso que no se detiene ante nada con tal de subyugar a los demás. Si Marte domina en el horóscopo, tendremos una mujer varonil. En un horóscopo masculino: delincuencia, chantajes realizados o bien soportados. Amores difíciles; traiciones.

Sagitario: Viudedad prematura. Dos o más matrimonios. Amor de hombres poderosos. Probabilidad de matrimonio con un pariente o un extranjero. Amores misteriosos; matrimonio o unión durante un viaje. Enemistad a causa de mujeres. Adulterio.

Capricornio: Amores peligrosos. Matrimonio impedido. Vida corta. Frialdad erótica.

Acuario: Espíritu desenfrenado. Falta de iniciativa; timidez; carácter débil. Ineptitud para la lucha y vida tranquila. Matrimonio en edad avanzada. Pérdida prematura de los hijos; disgustos amorosos; uniones secretas, esperanzas defraudadas; pérdida de bienes y partos peligrosos para las mujeres. Venus perjudica al matrimonio y a los hijos. Ideas religiosas y celibato. Sensualidad y extraño esteticismo.

Piscis: Matrimonio precoz, en general feliz; salud y belleza de los hijos; enemistades surgidas a causa del matrimonio; calumnias perjudiciales lanzadas por rivales; a menudo matrimonios inseguros y difíciles. Voluntad obstinada sin sabiduría. Amores inestables; divorcio o separación; alguna desgracia sentimental. Aptitud para las carreras legales; molestias para parientes, aliados o amigos. Entusiasmo. Compasión.

Influencia de Venus en las 12 casas

I: Esteticismo. Ternura. En mala posición: inclinaciones perversas.

II: Desinterés por las cuestiones de dinero. Tendencias estéticas o eróticas. Amor por el lujo. Prodigalidad.

III: Apego a las propias ideas y obras.

IV: Amor por el propio ambiente. Esteticismos caros.

V: Erotismo acentuado. Superficialidad. Especulaciones.

VI: Malas tendencias, pero apego al trabajo.

VII: Aptitud para el teatro. Propensión a rodearse de personas con los mismos gustos artísticos.

VIII: Interés por la muerte. Amores morbosos.

IX: Esteticismo, erotismo, sentido del arte, características que se reflejan en cada gesto.

X: Amabilidad. Popularidad al servicio del deseo de poderío. Fácil seducción. En buena posición: cualidades artísticas y a menudo éxito.

XI: Mucha sensibilidad. Amistades que tienen mucho peso.

XII: Amores secretos. Sentimientos íntimos reprimidos. Arte que se impone con dificultad.

Saturno

Aries: Sufrimientos en el matrimonio. Impedimento de fortuna. Peligros inevitables, en especial durante los años dominados por Saturno y Marte. Retrasos en los honores y en la posición, de la que nace la irritabilidad. Alguna vez matrimonio con una persona viuda. Raciocinio. Gusto por las matemáticas y la filosofía.

Tauro: Inclinaciones afortunadas. Amante de la soledad. Espíritu de benevolencia. Fortuna vacilante o precaria en la primera mitad de la vida. Años fatales: 9, 14, 25, 32. Pasiones ardientes. Bienes; herencias que provienen de mujeres. Enfermedades por abuso de placeres; extravagancias sexuales. Enfermedades contagiosas. Fuerza de ánimo.

Géminis: Pocos hijos y salud inestable. El matrimonio puede incluso resultar estéril. Peligros o enfermedades hasta los 23 años. Aptitud para la mecánica o las invenciones. Espíritu ingenioso. Fuerza de ánimo. Actividad, pero muchos obstáculos en la vida. Persecuciones por parte de gente envidiosa de la posición heredada. Aptitud para la ciencia. Espíritu observador.

Cáncer: Inteligencia y voluntad. Perjudica los bienes inmuebles. Impide, retrasa y hace peligrosos los viajes. Amenaza para los ojos y para la posición social. Pérdida prematura de los padres.

Leo: Retrasa la buena situación y los honores. Dos matrimonios obstaculizados por personalidades influyentes. Fuerza de ánimo que será capaz de superar las pruebas de la vida. Buena fe; buen juicio; muchos amigos. Asegura al individuo los bienes paternos. Puede alterar la posición social y provocar la pérdida de empleos. Dedicación a la alta política.

Virgo: Facultades misteriosas. Peligro de perder a los hijos. Espíritu religioso. Narcisismo. Aptitud para las ciencias. Conocimiento de los misterios divinos; éxtasis. Manía de comunicarse con el más allá. Fuerza de ánimo para superar los obstáculos y los peligros. Amor por la vida pública. Alguna vez dos matrimonios.

Libra: Amenaza de alguna condena, sobre todo cada siete o nueve años contados a partir del nacimiento. Aptitud para el estudio de las leyes; amor por las ciencias. Disgustos en el matrimonio y en una unión sentimental. Muchas enemistades declaradas especialmente por parte de mujeres. Favores de personas importantes. Susceptibilidad; espíritu amante de las disputas y de las contradicciones. Enfermedades contagiosas.

Escorpión: Peligro de enfermedades contagiosas o epidémicas. Riesgo de muerte violenta por enemigos escondidos o animales venenosos. Ansiedad. Estrecheces. Los peligros más grandes cesarán alrededor de los 42 años. Violencias; exceso de cólera; espíritu perverso si Mercurio está mal situado. Viajes con poco éxito e inspiraciones desgraciadas. Peligro en la carrera militar y en las caídas.

Sagitario: Estropea el matrimonio. Impide o retrasa la obtención de bienes, causa la pobreza. Si el nacimiento es nocturno: herida provocada por el padre; dolores por parte del cónyuge. Pérdida de dinero y de beneficios. Buena fama pero de la que se disfruta a edad avanzada. Inclinación a las ciencias.

Capricornio: Preocupaciones. Esperanzas a las que siguen fracasos. Pobreza. Grandes disgustos y dificultades de varias clases. El individuo está expuesto a toda clase de peligros; caídas, heridas o enfermedades incurables. Espíritu grave y prudente, un tanto melancólico, expuesto al orgullo, pero que logrará la estimación y el apoyo de personas importantes.

Acuario: Puede favorecer a la suerte pero principalmente proporciona un espíritu excelente, sabio, prudente, agudo, que logrará la amistad de muchos. Flema; soberbia; prudencia, melancolía; lentitud en los movimientos y en las expresiones. Primera parte de la vida con suerte mediana.

Piscis: Impide o retrasa el matrimonio; perjudica los amores y los hijos. Numerosos enemigos. Peligro de caídas en el agua. Enfermedades largas. Caídas de caballo. Peligro para el padre.

Influencia de Saturno en las 12 casas

I: Paciencia. Profundidad de carácter. Seriedad. Responsabilidad. Tendencia al dogmatismo.

II: Sentido del ahorro. Deseo de conservar lo que se posee. En mala posición, pobreza.

III: Amor por el trabajo bien hecho; pasión por los detalles. Posición desfavorable para la vida en común y las asociaciones.

IV: Poco favorable para la vida en familia; depresión, frialdad. Imposibilita el bienestar. En mala posición, el individuo sentirá apego por sus bienes hasta caer en la avaricia.

V: Frena la capacidad de alegrarse y de disfrutar. Infancia enfermiza. Pedagogía. Desfavorable para la sensualidad.

VI: Perjudica las alegrías del trabajo, las alegrías en general, y la salud.

VII: Confianza y firmeza en la propia personalidad.

VIII: Enfermedades crónicas que paralizan la alegría de vivir.

IX: Interés por lo intelectual y por la metapsíquica. Mucha parcialidad.

X: Carrera brillante pero peligrosa. Esfuerzos coronados por el éxito, que no es duradero. Con buenas posiciones se presentan mejores presagios.

XI: Perjudica a la amistad. Con buena posición del Sol, solidez en las amistades masculinas; con buena posición de la Luna, en las femeninas. Amistad que se interrumpe de forma violenta.

XII: Vida difícil. Relaciones sociales comprometidas. Incapacidad de relacionarse.

Urano

Aries: Obstinación; independencia; raciocinio. Inclinación hacia la mecánica y los inventos. Ambición. Fantasías.

Tauro: Determinación. Misticismo; ciencias ocultas. Pasión. Testarudez.

Géminis: Espíritu creador; carácter tranquilo y sensible, fácil de dejarse influenciar.

Cáncer: Excentricidad; impaciencia. Naturaleza celosa, vengativa. Memoria débil.

Leo: Carácter excéntrico. Intolerancia para las contradicciones. Fiereza. Generosidad.

Virgo: Testarudez. Ideas originales; inclinación hacia lo nuevo y las ciencias. Orgullo. Carácter cerrado. Espíritu malicioso. Poca capacidad para los negocios.

Libra: Ambición. Excentricidad. Juicio recto. Carácter que se descorazona con facilidad. Musicalidad; vivacidad.

Escorpión: Inteligencia; frialdad; ironía; disimulo; tendencia al enredo. Pocos escrúpulos cuando se trata de escoger los medios para llegar al fin que se ha propuesto.

Sagitario: Franqueza; generosidad, independencia; estudio. Éxito en el comercio.

Capricornio: Necesidad de acción; obstinación; austeridad. Superstición matizada de escepticismo.

Acuario: Impaciencia; generosidad. Carácter muy impulsivo.

Piscis: Indolencia; escasa energía. Inclinación hacia los sueños. Testarudez. Azar.

Influencia de Urano en las 12 casas

I: Altivez. Penetración. Ocultismo. Excentricidad. Autoridad.

II: Fortuna variable; importantes ganancias imprevistas; reveses o éxitos inesperados.

III: Inclinación hacia los cambios. Amor por el estudio.

IV: Ocultismo. Procesos. Disgustos familiares.

V: Esterilidad moral y material. Pérdidas, escándalos.

VI: Molestias con los inferiores. Nerviosismo.

VII: Uniones infelices. Separaciones.

VIII: Fortuna del cónyuge en situación comprometida. Peligro de muerte temprana.

IX: Sueños; supersticiones. Peleas de familia. Alguna vez exilio.

X: Los honores y el descrédito se alternan, o bien ruina repentina y escandalosa. Existencia intranquila. Condición incierta.

XI: Amistades poco estables. Ayudas o persecuciones por parte de desconocidos. Amistades poco seguras.

XII: Envidias y celos. Peligros múltiples. Accidentes misteriosos.

Neptuno

Aries: Orgullo. Originalidad. Actividad; voluntad; audacia.

Tauro: Religiosidad. Vivacidad. Altruismo. Fidelidad a las propias creencias. Inclinación a los estudios de tipo psíquico. Indulgencia hacia uno mismo.

Géminis: Vivacidad de espíritu. Devoción. Carácter simpático. Amor por las ciencias en general. Espíritu sutil.

Cáncer: Inquietud; descontento. Mucha imaginación. Vida poco feliz. Carácter dulce, tranquilo, cerrado.

Leo: Ambición. Voluntad fuerte. Superstición ligera. Calma; reflexión. Intuición. Posición elevada. Imparcialidad. Sinceridad.

Virgo: Originalidad; excentricidad. Disimulo. Apego al dinero. Alguna vez maldad. Impresionabilidad. Dotes artísticas. Espíritu vengativo.

Libra: Devoción. Impresionabilidad. Generosidad. Ocultismo. Belleza. Orgullo. Puntualidad.

Escorpión: Vivacidad. Perseverancia. Maledicencia. Inclinación hacia la medicina y la química. Astucia.

Sagitario: Juicio severo. Espíritu clarividente. Ambición. Generosidad. Religiosidad; devoción.

Capricornio: Frialdad. Prudencia. Respeto. Timidez. Independencia de juicio. Versatilidad. Sensibilidad a las ofensas.

Acuario: Independencia. Originalidad en las ideas religiosas. Pasión por los viajes. Admiración por la naturaleza. Meticulosidad. Falta de pretensiones. Inclinación a la vida tranquila.

Piscis: Reflexión. Calma. Ensueño; intuición; imaginación. Ocultismo. Un poco de pereza. Pasiones débiles.

Influencia de Neptuno en las 12 casas

I: Desenfreno. Afeminación. Poca salud.

II: Escasa salud. Generosidad. Fortuna incierta.

III: Vida de ermitaño. Discusiones familiares. Viajes en misión secreta.

IV: Exilio; prisión. Ocultismo. Peligros para el padre.

V: Prodigalidad; libertinaje; malas compañías. Amores infelices.

VI: Inclinación hacia la medicina. Enfermedades de las vías biliares. Nerviosismo agudo.

VII: Uniones infelices. Escándalos. Misticismo.

VIII: Muerte prematura.

IX: Ocultismo. Originalidad. Bondad. Largos viajes.

X: Éxitos seguidos de fracasos.

XI: Amigos poco seguros. Auxilios providenciales.

XII: Enemigos peligrosos. Traiciones. Riesgo de prisión

Significados principales de las casas

Aries

Casa I: Cualidades excéntricas; esfuerzos violentos; dureza. Capacidad de síntesis; exclusivismo; impetuosidad. Pasiones fuertes y violentas.

Casa II: Situación con tendencia a mejorar. Riesgos probables por excesos. Falta de diplomacia. Deseos de triunfar en las finanzas. Fácilmente se presenta el desánimo. Situación basada en golpes de fortuna.

Casa III: Desacuerdos ambientales. Simpatías variadas y variables. Viajes peligrosos y aburridos. Relaciones amplias.

Casa IV: Familia comprometedora. Esclavitud. Peleas. Herencias industriales.

Casa V: No hay que hacer especulaciones, la fortuna es variable. Placeres violentos y muy difíciles de frenar. Es poco favorable para las hijas.

Casa VI: Excitabilidad nerviosa que puede llevar a modificaciones de los genitales. Discusiones con los inferiores. Enemigos poderosos y violentos.

Casa VII: Amigos y enemigos poderosos. Unión precoz. Volubilidad sentimental. Riesgos de divorcio y de discusiones. Posibilidad de procesos.

Casa VIII: Muerte violenta y rápida del padre. Molestias cardiacas. Uremia. Posibilidad de disipación del patrimonio. En general longevidad.

Casa IX: Cambios. Elevación intelectual, entusiasmo artístico. Pasiones; ideas violentas. Obstinación que pronto se disipa.

Casa X: Confianza absoluta en la capacidad propia. Amor por la lucha, el riesgo, el juego y la especulación. Actividad intelectual y artística. Amor por la familia.

Orgullo y violencia. El individuo aspira más a imponerse que a gustar. Posibilidad de ser alguien. Necesidad de asombrar.

Casa XI: Inconstancia de personas y sucesos. Entusiasmos de corta duración.

Casa XII: Destino brutal. El individuo tendrá que acatar órdenes y no sabrá resignarse.

Tauro

Casa I: Cualidades concéntricas. Paciencia; laboriosidad. Alguna vez obstinación; egoísmo. Libertinaje. Necesidad de tener un estímulo. Irritabilidad nerviosa.

Casa II: Buenos consejos para los demás. Crecimiento lento de los bienes.

Casa III: Relaciones de las que hay que desconfiar. Celos; pasión. Rivalidad profesional. Amarguras. Pedantería.

Casa IV: Familia tranquila. Laboriosidad; sentido del deber. Falta de tolerancia.

Casa V: Amor por los placeres pero sin excesos. Satisfacciones sólidas y duraderas. Favorable para los hijos varones. Fortuna perdurable.

Casa VI: Buenas relaciones con la familia. Reumatismos. Disminución de la voz.

Casa VII: Independencia y soltería. Domina siempre en las pasiones y en las asociaciones.

Casa VIII: Resistencia física. Cuidado continuado de su existencia. Herencia importante. Hay que vigilar el aparato digestivo.

Casa IX: Materialismo. Amor por la ciencia. Sentimientos concretos sólidos.

Casa X: Dificultades para la realización de proyectos; ahorro y ganancia muy trabajosos; más tarde buena posición burguesa.

Casa XI: Relaciones y amistades sólidas que a menudo ocupan demasiado tiempo.

Casa XII: Necesidad de alegría. Privación de la libertad. Obligaciones morales.

Géminis

Casa I: Celo; impaciencia; impresionabilidad. Apego fácil.

Casa II: Situación susceptible de mejora. Facilidad de adaptarse. Iniciativa; éxito. Amor por el dinero.

Casa III: Buena educación. Simpatías ocasionales. Buena fama.

Casa IV: Situación comercial destacada. Dificultades familiares.

Casa V: Desfavorable al matrimonio. Numerosos amoríos. Gustos mutables pero refinados.

Casa VI: Problemas familiares. Riesgo de caídas con consecuencia de heridas o mutilaciones. Bronquios débiles. Congestiones. Circulación de la sangre defectuosa.

Casa VII: Fácil adaptabilidad a las situaciones, pero es un signo de divorcio o de bigamia.

Casa VIII: Vitalidad nerviosa. Perturbaciones cerebrales. Éxito social por méritos propios.

Casa IX: Cambios. Filosofía, estudios en general, arte. Versatilidad, volubilidad; esteticismo.

Casa X: Actividad incesante. Buenas cualidades intuitivas. Espíritu práctico y calculador.

Casa XI: Numerosas amistades intelectuales. Apoyo de personajes importantes. Amistades morbosas. Fascinación y capacidad de explotarla.

Casa XII: Numerosas penalidades causadas por falta de atención.

Cáncer

Casa I: Frigidez; apatía; naturaleza mutable. Incapacidad de realizar esfuerzos pero aptitudes para resistir pasivamente. Romanticismo, melancolía.

Casa II: Elevación en la escala social por méritos propios. Aumento de capital.

Casa III: Pocas relaciones, tendencia a aislarse, cambios frecuentes. Parientes ricos pero egoístas.

Casa IV: Inestabilidad moral y física del padre. Cambios de residencia. Familia tranquila y satisfecha con lo que tiene.

Casa V: Posibilidad de descendencia y de bienestar material sin ningún esfuerzo. Suerte en el juego. Ganancias obtenidas por donación.

Casa VI: Languidez; neurastenia; perturbaciones cerebrales. Para las mujeres partos difíciles.

Casa VII: Unión que sufre el tormento de los celos. Adulterio, separación, proceso.

Casa VIII: La segunda parte de la vida es mejor que la primera con relación a la salud. Molestias cerebrales; amnesias; peligro de parálisis, muy probablemente de origen hereditario.

Casa IX: Desplazamientos peligrosos. Imaginación poderosa. Amor por las ciencias. Falta de sentido práctico; utopías irrealizables; idealismo y aspiraciones ilusorias.

Casa X: Situación más aparente que real. Escasa personalidad. Bienestar material debido a los parientes o a la suerte.

Casa XI: Vida retirada. Egoísmo. Exilio.

Casa XII: Molestias, disgustos superficiales que tienen su origen en el carácter. Enfermedades.

Leo

Casa I: Valor; fiereza; entusiasmo; ambición.

Casa II: Equilibrio. Encumbramiento.

Casa III: Dominio de múltiples relaciones.

Casa IV: Familia socialmente conocida pero con una posición más aparente que real. Vida mundana. Pocos hijos. Discordias.

Casa V: Satisfacciones extra familiares. Pocos hijos. Ganancias. Prodigalidad. Placeres refinados.

Casa VI: Más que buena salud, resistencia física. Mala asimilación; digestión lenta y difícil. Debilidad cardiaca.

Casa VII: Adaptabilidad al cónyuge; acuerdo. Asociación poco provechosa que debilita material y moralmente. Separación.

Casa VIII: Duración de la existencia en relación con la herencia paterna. Riqueza por herencia.

Casa IX: Grandeza espiritual. Ambición.

Casa X: Dominio sobre los demás más que sobre uno mismo.

Casa XI: Placeres; relaciones numerosas pero poco sólidas.

Casa XII: Disgustos en la familia. Discusiones por falta de agilidad intelectual. Muchas enfermedades.

Virgo

Casa I: Curiosidad; deseo de conocer. Paciencia. Espíritu inquieto.

Casa II: Situación estable. Mejora en la profesión. Inquietud.

Casa III: Educación sólida que se desarrolla con la edad. Éxito en literatura y en las ciencias. Dificultades con la familia y con el ambiente.

Casa IV: Intelectualidad. Excesivo análisis que impide la felicidad. El individuo no se retracta ni siquiera cuando no tiene razón.

Casa V: Gustos limitados. Preocupaciones monetarias.

Casa VI: En general buena salud, con alguna molestia en la digestión.

Casa VII: Tendencia a la soltería. Uniones y discusiones peligrosas. Posibilidad de procesos y estafas.

Casa VIII: Facilidad de heredar, en modo especial las mujeres.

Casa IX: Tendencia analítica que se acerca a la duda. Miedo al futuro, pesimismo, ideas anticuadas. Testarudez que perjudica la evolución.

Casa X: Situación que mejora con lentitud, acompañada de amargura y humillaciones. El defecto mayor es la incapacidad de razonar de manera sintética.

Casa XI: Escasas e inútiles relaciones.

Casa XII: Falta de voluntad. Pequeños problemas. Relaciones personales que impiden el éxito.

Libra

Casa I: Constancia espiritual. Talento para todo tipo de inventos. Amor por la forma, lo bello; espíritu sutil; conceptos y sentimientos artísticos; pasiones dominantes.

Casa II: Inestabilidad financiera; dinero que viene y va. Buen presagio para los intelectuales.

Casa III: Posibilidad de alcanzar buena fama. Inmejorables relaciones.

Casa IV: Buena herencia moral. Posibilidad de desarrollar el patrimonio intelectual de uno mismo. Buen gusto; armonía. Padre o marido artista.

Casa V: Claras tendencias artísticas. Desfavorable para los hijos.

Casa VI: Falta de firmeza. Peleas con los familiares. Resistencia física. Enfermedades de garganta; ácido úrico.

Casa VII: Unión poco feliz por disparidad de caracteres. Posible adulterio.

Casa VIII: Melancolía. Ideas sórdidas. Tendencia al suicidio.

Casa IX: Buena mentalidad. Evolución. Viajes.

Casa X: Elevada situación por méritos personales. Capacidad de saber hacer y posibilidades de superar las corrientes más difíciles. Claridad de visión. Matrimonio precoz para separarse de la familia.

Casa XI: Elevadas relaciones artísticas e intelectuales. Celos.

Casa XII: Molestias por juicios. Excitabilidad nerviosa.

Escorpión

Casa I: Espíritu vengativo que no puede soportar las contradicciones.

Casa II: Éxito para los artistas.

Casa III: Retraso en cuanto a cultura. Escasas pero discretas relaciones.

Casa IV: Buena ascendencia. Vida tranquila. Patrimonio que se incremente con economía.

Casa V: Hijos a veces poco sanos. Relaciones y placeres peligrosos.

Casa VI: Debilidad en los bronquios y en los órganos genitales.

Casa VII: Uniones y asociaciones importantes. Continuas discordias y preocupaciones.

Casa VIII: Necesidad de cuidados continuos. Herencia que proviene de mujeres. Vida larga pero con posibilidades de una muerte penosa.

Casa IX: Sentido crítico en el detalle; investigación científica.

Casa X: Situación susceptible de mejora con el trabajo. Dominio sobre sí mismo y sobre los demás. Perseverancia. Sentido crítico. Situación favorable a los hombres políticos y a todos los que saben arriesgarse.

Casa XI: Confianza sólo en sí mismo. El individuo logrará hacerse temer.

Casa XII: Paraliza los obstáculos. Optimismo pero también egoísmo.

Sagitario

Casa I: Movilidad; expansión; fuerza vital. Tendencia a la moderación y al equilibrio. Ambición.

Casa II: Situación que tiende a equilibrarse con rapidez. Personalidad simpática.

Casa III: Favorable a los cambios. Relaciones importantes y útiles.

Casa IV: Herencia sustanciosa. Resistencia física. Vida alegre; muchos gastos; amor por el goce.

Casa V: Equilibrio general. Amor por los placeres y la mesa. Sentimiento de lo bello y de lo verdadero; satisfacciones generales. Hijos guapos.

Casa VI: Influencia neutra.

Casa VII: Soltería por interés o vida de pareja. Asociación inestable que se basa más sobre la comprensión que sobre las leyes.

Casa VIII: Herencia intelectual y comercial que mejorará el patrimonio. Longevidad. Muerte en el extranjero.

Casa IX: Continua evolución. Estudios religiosos y filosóficos. Viajes y cambios.

Casa X: Facilita una situación destacada y permite lograr el bienestar al que aspira el individuo. Gusto por las alabanzas.

Casa XI: Elevadas relaciones mundanas.

Casa XII: Dificultades materiales. Desastres financieros.

Capricornio

Casa I: Energía dominadora; inteligencia fuerte. Método.

Casa II: Méritos personales. Buena preparación para el futuro, pero es necesario tener un poco de prudencia.

Casa III: Relaciones con personalidades que facilitarán la evolución del individuo.

Casa IV: Patrimonio sólido. Rotura con el padre por culpa de un matrimonio que no es aprobado.

Casa V: Deseos difíciles de realizar. Despilfarro.

Casa VI: Salud fuerte y bien equilibrada.

Casa VII: Unión basada en la sexualidad. Poca armonía.

Casa VIII: Herencia sólida por parte de madre si el individuo es varón; por parte de padre si es hembra.

Casa IX: Orgullo. Soledad moral.

Casa X: Trabajo que exige método y ponderación.

Casa XI: Amistades que se interrumpen bruscamente por haber sido criticadas. Soledad moral.

Casa XII: Pesimismo, aburrimiento. Perturbaciones cerebrales. Malestar de varias clases.

Acuario

Casa I: Sensibilidad; sutileza. Destino caprichoso. Poca fuerza para emplearla en uno mismo.

Casa II: Desconfianza injustificada en el mérito personal. Cuando menos lo espera el individuo recibirá una ayuda preciosa.

Casa III: Engaños por falta de firmeza. Ambiente favorable a las relaciones sentimentales.

Casa IV: Patrimonio que va en aumento. Conviene desarrollar la voluntad.

Casa V: Sentimientos elevados; amor por lo bello. Fortuna estable. Pocos hijos y posibilidad de separación conyugal.

Casa VI: Salud delicada. Vida larga y molestias en el aparato gastrointestinal. Probable apendicitis.

Casa VII: Celos; adulterio.

Casa VIII: Buena salud y longevidad.

Casa IX: Intelectualidad. Buenas amistades.

Casa X: Amor por la vida. Sentido de la lucha para abrirse camino. Fuerte espíritu optimista.

Casa XI: Buenas relaciones comerciales o artísticas pero ninguna amistad verdadera.

Casa XII: Pruebas numerosas pero capacidad para superarlas.

Piscis

Casa I: Tristeza; resignación; desaliento frente a las dificultades.

Casa II: Facilidad de adaptación. Fortuna y éxito para los diplomáticos.

Casa III: Numerosas enemistades y soledad moral.

Casa IV: Posición social que mejora. Capacidad de lograr el éxito.

Casa V: Descendencia numerosa; amor por la familia. Riqueza por herencia.

Casa VI: Poca resistencia física. Mala circulación de la sangre. Preocupaciones por falta de firmeza.

Casa VII: Ligereza. Orgullo. Adulterios sin consecuencias.

Casa VIII: Tendencia a las enfermedades por enfriamiento. Posibilidad de muerte por parálisis cardiaca.

Casa IX: Imaginación poderosa y adaptable a las circunstancias. Cambios y viajes afortunados.

Casa X: Tendencia a actuar por costumbre. Miedo a las innovaciones. Amenazas.

Casa XI: Amistades variables. Interés por la carrera profesional. Peligro de celos y enemistades que pueden perjudicar la posición social.

Casa XII: Pocos enemigos pero temibles. El individuo tiene que luchar contra el pesimismo para superar las adversidades.

Cuarta parte

Glosario astroquiromántico

Presentación

Con el fin de facilitar al aficionado la lectura de la mano proponemos este apartado que presenta, en orden alfabético, las principales enfermedades, estados de ánimo, debilidades, vicios, etc., acompañados siempre de alguna referencia astrológica, además de la descripción o la referencia de aquellas líneas y signos que indican su presencia en la mano.

Una vez más recomendamos mucha prudencia al formular un juicio quiromántico. Recuerde el lector que ningún signo tiene un significado absoluto, definitivo, sino que todos han de ser leídos e interpretados en relación con los demás; un signo sólo es una indicación, una sugerencia más para extraer del conjunto del panorama quiromántico un juicio amplio y clarificador de la naturaleza y de las posibilidades ligadas al destino del individuo sometido a examen.

Abulia

Astrología: Dominan Luna-Venus o Luna-Júpiter; Luna-Saturno. Marte es débil.

Quiromancia: Predominio de los signos de debilidad y de linfatismo: mano blanda, sin vigor.

Accidentes

Astrología: No se pueden dar reglas fijas sobre la predisposición a los accidentes; en los ya superados aparece una configuración de Júpiter y Venus; mientras que en las muertes violentas aparecen en mala posición tres o cuatro planetas contemporáneamente.

Quiromancia: Cruces, rejas y líneas sobre el plano de Marte, con líneas transversales que cortan la línea de la cabeza.

Adulterio

Astrología: Es fácil bajo los signos de Cáncer, Piscis y Géminis. Planetas dominantes: Luna, Venus, Mercurio.

Quiromancia: La mayoría de los estudiosos están de acuerdo en aconsejar mucha precaución antes de emitir un juicio de adulterio, tanto por la delicadeza del argumento como porque puede tratarse no de verdadero adulterio sino de una predisposición al adulterio moral, tendencia que está muy difundida. (Incluso puede suceder que una lucha larga e intensa contra los deseos inmorales llegue a inscribirse en la palma de la mano como si el adulterio hubiese sido consumado; de aquí nace la extremada cautela en la formulación de un juicio.)
Los adulterios (consumados o deseados) pueden ponerse de manifiesto con islas, tanto sobre la línea del destino como sobre la del Sol, o sobre el monte de Mercurio o el de Venus. Una isla sobre una bonita línea de Saturno indica fortuna y éxito gracias al adulterio. Si la isla está mal formada, quiere decir que el adulterio traerá disgustos. Y lo mismo se puede decir si aparece sobre la línea solar. Es muy incierto el presagio de fama debida a adulterio, que se revelaría por una gran isla sobre el monte de Apolo.
Una unión infeliz queda reflejada por muchas islas largas, que atestiguan la presencia de deseos de adulterio. Si la isla tiene dos ramas que se unen hacia el final de la vida, la unión se regularizará.
Veamos los tipos. El tipo saturniano es demasiado grave, tiene el sentido del honor demasiado desarrollado para dejarse llevar fácilmente al adulterio. El tipo jupiteriano puede, por el contrario, ser adúltero sin ninguna crisis moral o remordimiento, aun amando a su cónyuge. El tipo marciano será adúltero sólo en algunos periodos y entonces dominado por una pasión avasalladora. El tipo lunar es demasiado blando y pasivo para turbar su existencia con aventuras extracon-

yugales; pero si es engañado puede vengarse más que un tipo marciano. Los únicos que pueden ser adúlteros por vicio son los tipos venusinos y mercurianos.

Alcoholismo

Astrología: Saturno, Cáncer y Piscis favorecen mucho la predisposición al alcoholismo.

Quiromancia: Encontramos una línea de la vida azulada y superficial (envenenamiento de la sangre). A menudo aparece una estrella sobre la línea de la cabeza (reblandecimiento cerebral); la falange ungulada del pulgar es corta (demuestra violencia y abulia).

Ambición

Astrología: Predominio de Saturno, Sol y Venus.

Quiromancia: La ambición la pone de manifiesto el monte de Júpiter. Cuando este es normal, será un sentimiento noble, la ambición de quien quiere llegar al éxito por sus méritos y su trabajo; si el monte está demasiado desarrollado, representará el deseo de sobresalir; si falta o está hundido, el individuo carece de dignidad; si se dirige hacia Saturno, indica el deseo de alcanzar el éxito sólo con la inteligencia.

Otro signo de ambición lo proporciona el índice. Si es puntiagudo, la ambición será desordenada y muy difícil de conseguir, precisamente porque el individuo no tiene ideas claras y actúa de forma caótica; si el índice es espatulado y corto, será un sentimiento violento; si es excesivamente largo, despótica; si es nudoso, la ambición está frenada por la razón.

Amor

Astrología: Luna, Venus y Marte son los planetas principales que presiden los amores y las pasiones; Saturno, que es el que indica fidelidad, contribuye a hacer duraderos los sentimientos.

Quiromancia: Aunque puede parecer un tanto extraño, el amor místico tiene las mismas características que el amor sexual. Según las antiquísimas tradiciones hindúes, las líneas verticales sobre el monte de Venus muestran las influencias sentimentales importantes que el individuo ha recibido. Si una de estas verticales comienza en lo alto y toca la línea de la vida, el significado es el de un amor de juventud que ha traído consigo muchos dolores; pero si las ramas bajan hacia la vital, estos dolores serán esporádicos. Si luego la línea se separa de la vital, significa que habrá una rotura con el ser querido.

Una isla sobre la línea de la vida indica una amenaza de escándalo. Si la línea vertical se une a la línea de la vida de manera transversal y camina en unión de esta a lo largo de una parte de la superficie de la mano, el amor se transformará en odio.

La naturaleza de la sensualidad de un individuo depende siempre del motivo planetario.

Veamos lo que dice al respecto Gouchon:

Sol: Un ideal tan elevado que nunca puede ser satisfecho. Para el tipo solar el amor es en primer lugar un sentimiento, prescindiendo de las eventuales relaciones físicas que pueden presentarse más tarde. Por la superioridad natural del tipo solar le es muy difícil encontrar una pareja a su altura; por eso se dirige hacia el tipo lunar, que constituye para él un complemento pasivo. El solar no es voluble, desea un afecto único, fuerte e indestructible.

Luna: El tipo lunar es pasivo porque sólo la imaginación suscita fuertemente los deseos. Aprecia la dulzura y se deja sugestionar por el prestigio. Es necesario que el compañero sea un ser superior, capaz de protegerlo y de alejarlo de las preocupaciones materiales. Es el complemento perfecto del tipo solar.

Marte: Apetitos violentos y poderosos. Desea una satisfacción inmediata, muchas veces es brutal. Para él, el amor no es un arte sino un pasatiempo. Aprecia las victorias rápidas e inesperadas. A menudo sadismo.

Mercurio: Deseo de curiosidad y de seducción por amor al enredo más que por deseo sexual. En los tipos inferiores: cálculo, aventuras, uniones, necesidad de compañía más para aprovecharse de ella que por pasión.

Júpiter: Amor de los placeres sensuales por una necesidad fisiológica poderosa; vida sexual normal, sencilla.

Venus: Atracción que va más allá del deseo sexual, pero con prevalencia de una necesidad de ternura sentimental, implicación emocional y devoción; es capaz de escándalo o de delito pasional; si el influjo es nefasto se dan toda clase de anormalidades sexuales.

Saturno: Exageración de abstinencia o de placeres morbosos. El cerebro domina siempre la situación. El amor y el placer son transportados al campo filosófico o intelectual.

APENDICITIS

Astrología: Mala influencia de la Luna y de Mercurio.

Quiromancia: Evidente línea de Mercurio con islas. El plano de Marte aparece cortado por líneas y mal formado. Sobre el monte de Marte hay grandes islas.

APOPLEJÍA

Astrología: Es incierta la valoración de las posiciones de los astros.

Quiromancia: Las líneas, en general, son anchas o profundas (muerte violenta) y muy rojas (exceso de sangre). Evidente línea del corazón con forma de cadena (mala circulación), unida a la línea de la cabeza (muerte violenta). Pequeñas líneas verticales sobre el monte de Saturno.

Aptitudes diversas

Astrología: Para las aptitudes intelectuales: predominio de los signos de Mercurio.
Aptitudes artísticas: Venus y Mercurio poderoso.
Aptitudes administrativas: Júpiter y Saturno.
Aptitudes comerciales: Mercurio poderoso en Géminis
Aptitudes militares: predominio de Marte.
Agricultura: importancia de los signos de la Tierra.
Trabajos manuales: dominio de Marte, Saturno y Luna.
Aptitudes para la arquitectura: Saturno y Júpiter.
Aptitudes para las matemáticas y la música: posición favorable de Géminis con el Sol, Mercurio o Venus y de Libra con el Sol, Venus o Mercurio y Saturno.

Quiromancia: La quiromancia, siguiendo a la astrología, establece vocaciones genéricas en relación con los planetas y con la base del tipo planetario:
Los solares forman los capitanes y los candidatos a las profesiones liberales.
Los lunares: viajeros, poetas, marineros, pescadores y todas las profesiones que tienen que ver con el agua.
Los jupiterinos: magistrados, sacerdotes, políticos, banqueros.
Los marcianos: soldados, cirujanos, carniceros, herreros y gente que utiliza la fuerza física.
Los venusinos: artistas, joyeros, perfumistas, danzarines.
Los saturnianos: monjes, teólogos, agricultores, mineros, oculistas, científicos.
Las aptitudes artísticas se manifiestan en una línea solar bonita, a menudo terminada en forma de horca, en un buen anillo de Venus y en un dedo anular y medio mucho más largos que el índice. La línea de la cabeza es muy larga y llena de arabescos.
Las aptitudes comerciales aparecen reveladas de manera clara por una excelente influencia de Mercurio (meñique y línea hepática o de la intuición).
De acuerdo con Jagot, las cualidades visibles en una mano se pueden resumir de esta manera:
Mercurio, Luna: éxito en las letras.
Mercurio, Venus, Júpiter: éxito en el teatro.
Venus, Sol, Júpiter: éxito en el canto.
Júpiter, Sol, Venus: éxito en la música.
Saturno, Mercurio, Sol: éxito en las ciencias exactas.
Mercurio, Júpiter: éxito en las finanzas.
Mercurio, Marte, Saturno: éxito en la medicina.
Sol, Júpiter, Mercurio: éxito en la política.

Arribismo

Astrología: Aries, Géminis, Leo, Escorpión, Libra y Capricornio.

Quiromancia: El pulgar es fuerte pero suave. El índice y el anular son muy largos. Línea de la cabeza grande.

Arteriosclerosis

Astrología: Es incierta la valoración de las posiciones de los astros.

Quiromancia: Anular con muchas estrías; mano un tanto hinchada. La línea del corazón presenta una horca. Fondo de líneas amarillo claro.

Artritis

Astrología: Es una enfermedad muy probable durante las perturbaciones de algunos planetas como la Luna, Júpiter y Venus.

Quiromancia: Los dedos son poco ágiles. Línea del corazón con una horca muy grande y ramas que atraviesan la línea de la vida replegándose sobre el plano de Marte (alguna vez llegan hasta el monte de la Luna). Predominio del monte de Júpiter y del de la Luna.

Asesinato

Astrología: Numerosas disonancias entre los planetas de influencia maléfica y entre estos y los luminares.

Quiromancia: En el delito premeditado la línea de la cabeza sube hacia Mercurio, de manera especial si el móvil del delito es el robo, o hacia la línea del corazón, que se presenta retorcida. Algunas veces esta última falta por completo. Para el delito pasional se observa una cruz sobre el monte de Saturno. La línea del corazón es buena pero la mano es vulgar.

Asma

Astrología: Esta enfermedad se determina cuando Júpiter, la Luna y Mercurio se encuentran en mala posición.

Quiromancia: Uñas recubiertas por pielecitas blancuzcas. La mano presenta numerosas líneas. Una horca sobre la línea del corazón; una isla pálida cerca de la línea de la cabeza.

Avaricia

Astrología: Saturno es el planeta que domina con su influencia en colaboración con Júpiter y Marte.

Quiromancia: Línea de Saturno mal formada y en dirección a Mercurio. Pulgar encorvado.

BONDAD

Astrología: Predominio de Júpiter y de la Luna; Júpiter-Venus, y Venus-Luna son las parejas de planetas que, estando en buena posición, cultivan este sentimiento.

Quiromancia: La primera característica la ofrece la piel de la mano: lisa y delicada. La línea del corazón es larga, bien hecha y con pocas ramificaciones. La segunda falange del pulgar es larga. La línea del corazón doble indica mucha devoción, tanto en el amor como en la amistad. Por el contrario, una línea del corazón delgada y fina indica frialdad.

CARÁCTER

Astrología: Es muy significativa la síntesis de las diferentes «dominantes» astrológicas del carácter que ha hecho Gouchon:
Aries favorece la propensión a concebir, renovar, reformar, conducir. Determina la independencia, la vivacidad, el entusiasmo, el desorden la falta de medida, la suficiencia, las ideas inoportunas o excesivas.
Tauro inclina a la laboriosidad, a producir, a conservar y a aumentar, al positivismo, a la obstinación silenciosa; destaca una inteligencia primitiva, simplicidad.
Géminis predispone a la cultura intelectual, a la ideología completa, a la búsqueda del conocimiento, a examinar, observar, comparar y valorar; da origen más a una acumulación de nociones que a su utilización.
Cáncer determina la vivacidad, la constancia, la intuición y el empuje para superar los pequeños tropiezos.
Leo lleva a la creación de lo perfecto, de lo precioso, a la elaboración de síntesis amplias, de doctrinas, de sistemas.
Virgo es parecido a Géminis, pero agudiza el sentido crítico, la precisión y la habilidad; ayuda al desarrollo de las aptitudes organizadoras y realizadoras.
Libra favorece el tacto, la agudeza de la sensibilidad, el gusto.
Escorpión tiende a conferir una actividad frenética y exalta el instinto y la capacidad de iniciativa.
Sagitario da el hombre ordenado y doctrinal.
Capricornio da vida al hombre austero, infatigable en el estudio y en el trabajo.
Acuario determina a los individualistas, los que lucharán para imponerse en las artes y en el terreno social.
Piscis da origen a un hombre sereno, moderado, llevado a la interioridad.

Quiromancia: La determinación del carácter de la persona a través del examen de la mano ya ha sido tratada anteriormente en esta obra.

CELEBRIDAD

Astrología: Las combinaciones más favorables son las de Sol-Júpiter, Sol-Marte, Sol-Mercurio, Júpiter-Marte y Júpiter-Mercurio.

Quiromancia: Al menos una de las líneas, solar o mercuriana o saturniana, es perfecta y está en armonía con las otras. El anular es delgado y fuerte; el pulgar es movible, fuerte y largo. La línea de la vida debe presentar un color más acentuado que las otras.

Celos

Astrología: Fuerte influencia del signo de Tauro, de Neptuno, de Urano y de Saturno.

Quiromancia: Pulgar grueso; monte de la Luna estriado; línea del corazón que corta toda la mano; una línea especial arranca del monte de Marte y se dirige hacia el índice y el medio. Anillo de Venus mal formado.

Cerebro

Astrología: Dominan Saturno-Mercurio, Sol-Mercurio, Sol-Saturno.

Quiromancia: Línea de la cabeza muy bonita y visible, característica que poseen sólo las personas dotadas de un cerebro excelente. Por el contrario, un cerebro en mal estado se caracteriza por: pulgar con la primera falange corta y débil (abulia); línea de la cabeza en forma de cadena, cortada, con islas, puntos y descendente; uñas mordidas y débiles (nerviosismo); monte de la Luna grueso con reja; monte de Venus aplanado; anillo de Venus mal formado, doble o triple.

Ciencias ocultas

Astrología: Es incierta la valoración de las posiciones de los astros.

Quiromancia: En general se distingue un buen triángulo formado por las líneas de Mercurio, de la vida y de la cabeza; una cruz en el cuadrado y debajo de Saturno (misticismo); el dedo medio con la segunda falange larga, los otros dedos lisos (amor por las cosas ocultas). Es preciso que se presente por lo menos una parte de la línea de Mercurio, mejor aún si esta es perfecta (también indicio de amor por las cosas ocultas). La línea del corazón llega a rodear el índice formando el llamado anillo de Salomón. Buen monte lunar.

Circulación defectuosa

Astrología: Los signos de Leo, Acuario, Aries y Libra, los planetas Sol, Júpiter, Venus y Urano están mal dispuestos o en mala posición.

Quiromancia: Una mano amarillenta en la parte interna de la palma o con una acentuada lividez revela desequilibrios de la circulación.

Crítico (sentido)

Astrología: Domina Mercurio, a menudo en disonancia con Marte o Urano.

Quiromancia: Índice y meñique largos o anchos; pulgar largo y ágil. Línea de la cabeza con un arco grande, al menos en una mano.

Crueldad

Astrología: Sol en Acuario. Disonancias entre Mercurio, Marte y Saturno.

Quiromancia: Desarrollo excesivo de la línea de la cabeza y de los montes de Marte y de Saturno.

Delicadeza

Astrología: Marte, Venus y Neptuno presentan mal aspecto. A menudo cuadratura de la Luna en unión con Mercurio, y de Venus con Saturno.

Quiromancia: Islas sobre el monte de Venus, el de Saturno y el de Apolo. Línea de la cabeza que se dirige de forma clara hacia el monte de la Luna.

Deporte

Astrología: Buena posición entre Marte, Júpiter, Mercurio y Saturno. Sol poderoso.

Quiromancia: Buena línea de la salud; palma sólida, dura y caliente; mano dura y lisa. Dedos espatulados, no cuadrados. Línea del corazón excelente. Además el pulgar debe ser grande y ágil; la línea de la cabeza sin horcar; las líneas mercurianas sin islas ni ramas transversales.

Despilfarro (tendencia al)

Astrología: Sol, Marte, Júpiter, Aries.

Quiromancia: Anular y pulgar grandes; índice estriado. Línea solar rota y reanudada.

Despotismo

Astrología: Marte presenta mal aspecto y lo mismo ocurre con el Sol, Saturno y Urano.

Quiromancia: El pulgar es muy largo. Montes de Júpiter, Marte y Saturno excesivos. Línea de la cabeza muy grande. Nudos en los dedos.

Destino

Astrología: Está influenciado principalmente por el cielo medio y los planetas que en él se encuentran.

En el lenguaje astrológico se suele decir: destino regido por Júpiter, por Venus, etc., cuando el cielo medio ocupa el domicilio de estos planetas. El planeta dominante es a menudo el indicador más seguro. En general, el destino es favorable si dominan los planetas benéficos y si existen buenas relaciones entre los luminares o los benéficos. En cambio, el destino es funesto cuando estos últimos están mal situados.

Quiromancia: Un plano de Marte atormentado por cortes, cruces o rejas, indica de manera infalible una vida muy agitada.

Diplomacia

Astrología: Dominan Mercurio, Venus; o bien Júpiter y la Luna.

Quiromancia: Presencia clara de pequeños triángulos y cruces sobre Mercurio y Júpiter.

Disimulo

Astrología: Dominan Mercurio-Saturno; Saturno-Marte; Saturno-Luna.

Quiromancia: Es interesante la unión de la línea del corazón con la de la cabeza. Pero esta última presenta una horca. Si una rama se hunde en el monte de Mercurio, tiene un significado de perfidia, siempre que la mano no pertenezca a un intelectual. La línea de la vida está totalmente separada de la línea de la cabeza.

Egoísmo

Astrología: Júpiter y Venus aparecen bien relacionados con la Luna; Júpiter presenta un aspecto disonante con Saturno; por ultimo, Saturno y el Sol en mala posición.

Quiromancia: Dedos gruesos en la tercera falange; el pulgar se acerca siempre al índice; dedos largos, espatulados y nudosos. Línea de la cabeza discreta en el canto de la mano. El índice y el monte de Júpiter están desarrollados de forma particular.

ENTUSIASMO

Astrología: Marte, Sol y Júpiter bien dispuestos. Saturno es débil. Domina Marte, el Sol o Júpiter.

Quiromancia: Algún monte presenta excesos. La línea de Saturno o la de Mercurio o la del Sol nacen de la vital; a veces lo hacen las tres a un mismo tiempo.

EPILEPSIA

Astrología: Mercurio y Capricornio con el Sol y Urano, junto a la oposición de la Luna, forman una conjunción que parece predisponer a padecer esta enfermedad.

Quiromancia: Mano rojiza con dedos rechonchos, uñas rojizas, líneas rojas y mal desarrolladas.

EQUILIBRIO

Astrología: Algunos opinan que Libra es el signo del equilibrio.

Quiromancia: Línea de la cabeza y del corazón paralelas incluso en las curvas. Monte de Júpiter con un relieve adecuado. Línea de la vida larga; línea de Mercurio larga y bien formada.

ESTÓMAGO (DISFUNCIONES)

Astrología: Su funcionamiento depende en gran parte de los planetas situados en Cáncer, de la posición y de los aspectos de la Luna.

Quiromancia: Líneas amarillentas o rojizas. El plano de Marte es azulado. La línea del corazón a menudo presenta una horca y está atravesada por líneas verticales en proximidad de Saturno. Isla más o menos grande sobre la línea vital y la mercuriana.

EXCENTRICIDAD

Astrología: Tiene lugar cuando Urano se encuentra en mala posición respecto a la Luna.

Quiromancia: Predominio de una línea de la cabeza grande. El índice y el anular son muy largos. Monte de la Luna surcado por signos difíciles de descifrar.

Fanatismo

Astrología: Numerosos planetas en Aries; de forma particular Marte, Sol y Neptuno o Urano disonantes.

Quiromancia: Lo más destacable es que los dedos anular y medio son más importantes que cualquier otro elemento. El monte de la Luna es excesivo o incluso a veces plano.

Fatalidad

Astrología: Se llama *zona de la fatalidad* a la parte situada 30 grados a la derecha y 30 a la izquierda del cielo medio.

Quiromancia: Una mano revela siempre un destino triste cuando presenta puntos, cruces o estrellas sobre Saturno. Línea del corazón corta. Meñique retorcido. Línea de Mercurio con muchas islas. Línea de Saturno que arranca del fondo de la mano y serpentea hasta la base del dedo medio.

Fortuna

Astrología: Dominan Sol-Júpiter, Júpiter-Venus, Júpiter-Luna, Sol-Luna, Venus-Sol, Venus-Luna.

Quiromancia: Una estrella sobre Júpiter. Pequeñas líneas claras que bajan sobre los montes de Saturno, de Júpiter y del Sol. Una rama arranca de la línea de la vida y se dirige hacia Júpiter, en Venus, o hacia la línea de la cabeza. Otras ramas de la línea de la vida se dirigen hacia diferentes montes. A menudo la línea de la cabeza es doble; además, una rama puede unir la línea de la cabeza con una estrella sobre Júpiter. Pequeña cruz al final de la línea de la cabeza. La línea del corazón, o bien una de sus ramas, alcanza el monte de Júpiter. Una rama de la línea del corazón que se dirige hacia Mercurio señala una ocasión de hacer fortuna. Indican también fortuna todas las ramas y las horcas que se encuentran sobre la línea del corazón y una línea que arranca del monte de la Luna y se dirige hacia la línea del corazón perdiéndose en dirección a Júpiter. Buena línea solar.

Genio

Astrología: Es difícil definirlo de manera absoluta. Signos favorables: buena posición de Urano con la Luna y Mercurio.

Quiromancia: Muy buenas la línea de la cabeza, la solar y la vital. Por lo menos una de las tres debe ser perfecta. Monte de Mercurio y de la Luna con ramas ascendentes.

Gloria

Astrología: Es significativa la buena posición de Marte, del Sol y de Saturno.

Quiromancia: Las líneas de Mercurio, de Saturno y del Sol son largas y evidentes, aunque no perfectas.

Hígado (enfermedades)

Astrología: Influenciado por Júpiter. Una mala posición de este planeta siempre es un mal presagio, así como un mal aspecto de Saturno y de la Luna.

Quiromancia: Predominan las líneas amarillentas. La línea del corazón presenta una horca y es más amarillenta que las otras. Las terceras falanges de los dedos son más largas que de costumbre. A menudo el dedo medio es largo, y el plano de Marte y el monte de Júpiter están cuajados de rayas transversales. Un mal presagio lo constituye la unión de la línea del corazón con la de la cabeza.

Hijos

Astrología: Las uniones más prolíferas son las que se realizan bajo la influencia de Venus y de la Luna.

Quiromancia: La tradición nos ha proporcionado numerosas reglas pero ninguna se ha revelado infalible. Buenas probabilidades con respecto al número de los hijos pueden proporcionarlas unas pequeñas líneas verticales que se encuentran sobre el monte de Mercurio y unas pequeñas líneas transversales sobre el pulgar.

Histeria

Astrología: Predomina de manera negativa la Luna y Mercurio.

Quiromancia: El monte de la Luna presenta una fosa muy grande sobre el canto de la mano. El pulgar es corto y débil (escasa voluntad). Línea del corazón con forma de horca (circulación defectuosa). Anillo de Venus mal desarrollado doble o triple (sensualidad desviada); mala línea de la cabeza. Las uñas suelen ser cortas y estar comidas (evidente nerviosismo). La mano es muy seca.

Ira

Astrología: El Sol en Tauro o en Aries presagia iras violentas; en Escorpión o en Leo, una ira fría; en Géminis, una ira débil.

Quiromancia: Líneas muy rojas y pulgar hinchado en su falange ungulada.

Además, una mano demasiado larga es índice de mal carácter; una mano estrecha y larga denota carácter autoritario y difícil. Uñas puntiagudas y curvadas: maldad. Plano de Marte muy rayado y alargado: insolencia, violencia. Monte de la Luna estriado: caprichos, irritabilidad. Línea de la vida azulada: iras violentas que pueden llevar hasta el delito. Línea de la vida de anchura desigual: humor variable. Línea del corazón roja: pasiones violentas.

Locura

Astrología: Es difícil establecer, de forma concisa, la situación de los astros que predisponen a la locura. Casi con seguridad se encuentran en mala posición Mercurio y la Luna.

Quiromancia: Dependiendo del tipo de locura, se apreciarán diferentes signos:
Locura erótica: un anillo de Venus deficiente, una línea de la cabeza mal configurada, uñas cortas y con frecuencia comidas; pulgar muy largo, aunque a veces puede ser corto.
Locura mística: se manifiesta en una mano redonda y bien formada, con hoyuelos, dedos largos y puntiagudos, uñas almendradas, piel azulada, anillo de Venus, monte de Júpiter muy grande, a menudo con una isla (alucinaciones), Monte de Venus unido e hinchado o con muchas radios en lo alto, líneas delgadas (amor intelectual).
Locura furiosa: mano blanda con numerosas líneas pálidas, monte de la Luna y de Júpiter muy estriados; línea de la cabeza descendente, con una horca, y con una rama que sube hacia Marte; pulgar grande; uñas anchas y cortas.
Locura de grandeza: mano larga, redonda; dominan los montes de la Luna y de Júpiter; la línea de la cabeza es ancha y mal desarrollada; línea solar correcta; monte de la Luna muy estriado; una rama de la vital, con una isla, corta la línea de la cabeza y sube hasta el monte de Apolo.
Locura sanguinaria: mano larga y ancha; pulgar largo; línea de la cabeza defectuosa y dirigida hacia el plano de Marte de manera brusca; líneas anchas y rojizas; monte de la Luna aplanado; línea del corazón corta y ancha; plano de Marte atormentado por muchas cruces; alguna vez cruces sobre Saturno o sobre el Sol.
Locura despótica: mano larga y seca, o redonda, o hinchada; terceras falanges largas; pulgar largo, dedos nudosos y gordos; monte de Venus estrecho y seco; Saturno con muchas rayas que arrancan de la línea de la vida cruzando por Júpiter; línea de la cabeza truncada; anillo de Venus muy marcado.
Psicosis constitucionales: si tienen su origen en un traumatismo: cruz grande sobre el plano de Marte; línea cerebral cortada y muy descendente. En caso de enfermedades cerebrales debidas a lesiones difusas o localizadas, la línea cerebral está cortada por islas y desciende en dirección a la lunar. La línea vital suele estar truncada en la edad en que se produce la lesión. Si la causa son intoxicaciones agudas o crónicas, se observa una línea que serpentea cruzando la línea de la vida o de la cabeza, y un monte de la Luna muy accidentado. Plano de Marte muy repleto de pequeñas cruces casi invisibles.
— *Demencia precoz:* la línea de la cabeza desciende de forma fuerte y rápida hacia la Luna, que lleva en su inicio una isla; plano de Marte atormentado.

— *Constitución ciclotímica* (oscilación irregular y frecuente del humor): es perceptible en los lunares y marcianos exagerados, caracterizados por un pulgar pequeño, meñique un poco retorcido, palma blanca. La línea de la cabeza es maciza y muy descendente.
— *Constitución emotiva melancólica:* afecta sobre todo a los saturnianos: mano pequeña, dedo medio largo, palma ancha; Venus plano y uniforme; Luna fuerte y con radios.
— *Psicoastenia:* se revela en los montes. Una cruz en la parte baja del monte de la Luna revela fobia por el agua; otra en el principio de una línea de los viajes indica fobia por los cambios; una cruz sobre el dominio solar (monte y línea), en el cuadrado, significa miedo al fuego; una isla sobre Saturno manifiesta ansiedad por lo desconocido.
— *Constitución paranoica:* es muy interesante. Serieux y Capgras proponen una división que corresponde a los siete tipos planetarios en la exageración de sus instintos.
1. Psicosis de la persecución: comporta una mano melancólica pero con una Luna menos importante y Venus normal; dedos a menudo espatulados. Marte deprimido con plano rugoso. Cuadrado atormentado por cruces, estrellas y líneas (prueba de múltiples fobias); Júpiter con demasiado o poco relieve; línea vital terminada en una cruz.
2. Psicosis de celos o combativa, o locura marciana: monte y plano de Marte débiles pero estriados; Saturno destacado. Uñas cortas y rojas; manos y líneas rojas; vital que declina de manera profunda.
3. Megalomanía o locura jupiterina: con frecuencia aparece asociada a los elementos precedentes. Predominio exagerado de Júpiter y Apolo. Índice muy largo; línea solar larga y profunda. La línea vital baja desde el monte de la Luna, que se presenta con estrellas.
4. Psicosis de la autoacusación o locura solar: línea mensual rica y línea de la vida terminada en una estrella.
5. Hipocondría o locura mercuriana: Mercurio muy radiado, meñique largo y retorcido; línea de la cabeza descendente y paralela a la línea hepática.
6. Erotomanía o locura venusina: plano y monte de Marte muy desarrollados y unidos; Venus y Luna destacados, llenos de radios, de rejas y de estrellas. Línea del corazón roja, ancha, con horcas, en forma de cadena, y que comienza debajo de Saturno. Numerosas islas. La línea vital es roja, tortuosa, con ramas capilares que se dirigen hacia Venus. Uñas largas y rojas.
7. Psicosis mística o social, o locura lunar: línea de la cabeza demasiado extendida hacia el monte de la Luna.

Lujuria

Astrología: Venus es siempre el planeta que preside el amor. El acoplamiento con la Luna puede determinar la lujuria.

Quiromancia: La tercera falange del índice y el monte de Venus están bien desarrollados; este último cortado por líneas con forma de reja. Línea del corazón con forma de cadena; el anillo de Venus presenta una curva poco armoniosa y con muchas interrupciones; pulgar más bien corto. Puede aparecer, aunque no necesariamente, una cruz sobre el monte de Saturno y una línea de Mercurio con los radios que se dirigen hacia el monte de Apolo. La línea del corazón suele estar cortada por pequeñas líneas, en cuyo caso puede representar una inversión sexual.

Matrimonio y uniones

Astrología: Para un matrimonio feliz Venus ha de estar en conjunción con el Sol; para uno desgraciado, los planetas luminares deben estar en mala posición. Un matrimonio precoz está caracterizado por una buena posición entre el Sol, Marte y la Luna; un matrimonio tardío, por una línea de Saturno o de la Luna poco armoniosas.

Quiromancia: La línea de la unión, que se encuentra sobre el borde del monte de Mercurio, debe aparecer bien marcada y recta, y también larga y acompañada de una cruz; en tal caso quiere decir que el cónyuge será fiel. Si la línea es eslabonada puede inducir a una sospecha de infidelidad. Si la línea de Saturno y una rama arrancan del monte de la Luna, el significado es bueno (un amor afortunado). Si el índice y el monte de Júpiter son débiles y el monte de Saturno está desarrollado, el individuo está predestinado a quedarse soltero.

Memoria

Astrología: Predomina la Luna en buena posición, sobre todo en unión con Saturno y Mercurio.

Quiromancia: Monte de la Luna muy desarrollado. Línea solar muy bonita.

Muerte

Astrología: No existen suficientes datos para establecerla con certeza, por lo que es inútil explayarse en detalles poco seguros.

Quiromancia: Se presenta la misma incertidumbre que en el aspecto astrológico, aunque la tradición recoge estas indicaciones generales: la muerte por accidente pueden señalarse por la rotura de la línea de la vida en ambas manos, sin que ni tan siquiera una línea secundaria, por fina que sea, pueda hacer entrever una continuación.
La línea del corazón debe estar unida a la de la vida, que puede cortar la línea de la cabeza debajo de Saturno. Si se trata de muerte por uremia, faltará completamente la línea del corazón y el monte de la Luna estará mal dibujado, con líneas mal trazadas, además de presentar alguna cruz sobre la línea de la cabeza. Una estrella sobre la línea de Venus indica muerte por enfermedad venérea. Las

rejas sobre la Luna advierten de un peligro de morir ahogado y, en la mujer, de un parto peligroso. El pulgar corto y una estrella sobre Saturno, unidos a una línea de la cabeza muy corta que se dirige hacia abajo, indican suicidio o manía suicida.

Obstinación

Astrología: Fuerte influencia de Escorpión.

Quiromancia: Pulgar exagerado (personalidad excesiva); dedos espatulados y nudosos, línea de la cabeza grande, recta y fuerte.

Orgullo

Astrología: Dominan de manera negativa Júpiter, en disonancia Júpiter-Sol, Sol-Saturno, Sol-Marte, Júpiter-Marte.

Quiromancia: El índice recto y largo manifiesta orgullo unido a nobleza de corazón, pero si el índice es demasiado largo, despotismo. Cuando la tercera falange es muy gruesa y larga indica deseo de honores. Si el dedo medio es muy largo, orgullo que sabe disimularse. Y, por último, anular largo, búsqueda afanosa de honores.

Palpitaciones

Astrología: Urano y Marte en Leo.

Quiromancia: La línea del corazón es rojiza, con las puntas azuladas. Línea de Mercurio doble y rota. Monte de Apolo con reja.

Pensamiento

Astrología: Predominio de Saturno.

Quiromancia: Línea de Saturno y del Sol excelentes. Línea de la cabeza muy marcada, con algún corte, a menudo bifurcada.

Pereza (física y moral)

Astrología: Dominan, en disonancia, Luna-Venus, Luna-Júpiter, Luna-Saturno; Marte débil.

Quiromancia: Manos blandas. Falta el monte de Marte.

Prodigalidad

Astrología: Dominan Sol-Júpiter, Júpiter-Luna, Júpiter-Venus, Sagitario, Piscis, Virgo, Leo.

Quiromancia: Pulgar doblado hacia atrás. Marte muy desarrollado. Anillo de Venus bien configurado. Línea del corazón larga con algunas ramificaciones.

Prostitución

Astrología: Siempre es la Luna la que predomina con influjo nefasto.

Quiromancia: Monte de Venus estriado por muchas líneas; monte de la Luna con varias islas; monte de Mercurio bastante evidente. El dedo meñique es discretamente largo y mal hecho.

Reumas

Astrología: Dominan Mercurio y Sol.

Quiromancia: La línea de la cabeza está formada por una horca con puntos, islas y estrellas sobre el monte de la Luna. Líneas amarillentas.

Suicidio

Astrología: Posición de fuerte disonancia de los planetas.

Quiromancia: La manía suicida tiene su origen en la neurastenia o en los desequilibrios nerviosos, cuyas características son: línea de la cabeza muy descendente; dedo medio con la extremidad larga y pulgar débil. El monte de Saturno presenta, por lo general, cruces, radios o rejas; a veces falta la línea de la cabeza o está unida a la del corazón y, en ocasiones, separada de la de la vida.

Superstición

Astrología: Dominan Neptuno, Luna-Urano, Luna-Venus.

Quiromancia: Pequeños triángulos sobre la Luna y sobre Saturno.

Temperamento

Astrología: Se llama *temperamento* al conjunto biológico y dinámico del individuo o, dicho de otro modo, a la constitución del individuo resultado de la interrelación de sus caracteristicas morfológicas y psiquicas. Un individuo puede ser bilioso, atrabiliario, sanguíneo o linfático, según el elemento que predomina en su constitución. En el horóscopo el temperamento es indicado por la repartición de los planetas y por el ascendente en los 4 elementos (fuego, tierra, aire, agua). Corresponde al fuego el temperamento bilioso; a la tierra el temperamento atrabiliario (llamado por algunos nervioso); al aire el temperamento sanguíneo; al agua el temperamento linfático. El horóscopo astrológico, si es técnicamente perfecto, puede aclarar muchos puntos sobre el estado anatómico y fisiológico del individuo.

A continuación describimos los cuatro temperamentos fundamentales para la tipificación del individuo según los elementos astrológicos:

Simpáticotónico (hipersimpaticotónico, predominio bilioso): revela una tendencia permanente a los desórdenes que influyen en la vida. La piel es seca, sufre de taquicardia, de hipertensión arterial, de dolores pericárdicos de carácter agónico; digestión difícil; neuralgias, calambres, dolores. Desorden de forma episódica en el sistema nervioso: crisis paroxísticas que caracterizan un desequilibrio y que se presentan con intervalos muy variables y originan la exteriorización más o menos fuerte del síndrome.

Este desequilibrio corresponde a un predominio del elemento fuego. Además Marte, Sol y Mercurio están a menudo en signos de fuego o de tierra de mal aspecto.

Vagotónico (o linfático): molestias digestivas y de la nutrición, náuseas, sensaciones de tensión o de peso en el epigastrio en la base del tórax (bolo histérico), frecuentes vómitos, estreñimiento espasmódico, hipersecreción salival, tendencia a la adiposidad y a la hipertrofia del tejido linfoide. Molestias cardiacas y circulatorias. Inestabilidad cardiovascular, arritmia, bradicardia, circulación periférica defectuosa, estasis venosa. Crisis de vasodilatación (rojez de la cara y del pecho), hipotensión; piel y extremidades frías. Molestias respiratorias, sensación de desfallecimiento, asma. Depresión física y mental, cansancio fácil.

Los signos astrológicos de desequilibrio vagotónico son: Venus, Luna, Mercurio, signos de agua o de tierra; predominio del elemento agua.

Neurotónico complejo (atrabilismo nervioso): inestabilidad y variabilidad de la función de los diferentes aparatos. Molestias funcionales de la digestión. Circulación caracterizada por una inestabilidad cardiaca y vasomotora. Molestias del metabolismo: adelgazamiento y engorde rápido. Molestias generales: dolores y neuralgias. Pesimismo que hace exagerar los síntomas. Fenómenos neurasténicos.

Los signos astrológicos de la tendencia hacia este desequilibrio son los siguientes: Saturno y Mercurio en signo de tierra, disonantes entre sí. Predominio del signo tierra.

Neurotónico alternante (sanguíneo): oscilación entre el estado de hipersimpaticotonía y el de hipervagotonía alternante.

Los signos que indican la predisposición a estos desequilibrios son: Júpiter y Venus en signo de aire y en mal aspecto. Predominio del signo aire. En general en estos desequilibrios órgano-vegetativos se determina el influjo de Júpiter mal colocado. Las anomalías que interesan a estos tres cuerpos siderales, de manera especial cuando se presenta una rotura del equilibrio de los elementos (fuego, tierra, aire, agua), tienen que orientar hacia la búsqueda de estas situaciones.

TIMIDEZ

Astrología: Domina Cáncer.

Quiromancia: Pulgar corto mientras que los otros dedos son más bien largos y nudosos.

TUBERCULOSIS

Astrología: Faltan elementos seguros.

Quiromancia: Se observa una cruz sobre Marte. La línea de la cabeza tiene una horca; el anillo de Venus es fácil de ver. Además, las líneas de la cabeza y de la vida están unidas y muestran, en una isla, unas líneas rojas o rosa pálidas. Las uñas están curvadas, grisáceas; la mano larga, seca y recta. Cuando la tuberculosis se ha declarado, la línea de la vida presenta islas y la mano está húmeda. Los marcianos, en este caso, tienen unas rayas sobre el monte de Marte. Los venusianos, los lunares y los saturnianos sufren difícilmente de hemoptisis pero mueren con facilidad. La línea se presenta capilar si la tuberculosis está en su tercer grado. Los niños atacados por formas hereditarias tienen manos transparentes con venas azulado-violáceas. La tuberculosis ósea da a la mano un color céreo; la uña del índice se vuelve oscura y la palma agarrotada, mientras que los dedos se hinchan.

UTOPÍA

Astrología: Dominan Luna, Urano, Neptuno, Mercurio; Marte débil.

Quiromancia: Mano larga, delgada, nudosa, aplanada, con numerosas líneas. La línea de la cabeza es larga y recta; la del corazón fina y recta; el monte de Venus estrecho y aplanado; el plano de Marte atormentado. El pulgar es débil y largo; los otros dedos son largos en la base.

VALOR

Astrología: En posición destacada Marte y Júpiter.

Quiromancia: Monte de Marte inmejorable; incluso si es excesivo, el significado también es favorable. Si está ligado, indica firmeza, tenacidad, desprecio del peligro y de la opinión ajena. El pulgar debe ser largo.

VICIO

Astrología: Saturno domina casi siempre a los lujuriosos. También es posible la unión entre Venus y Luna.

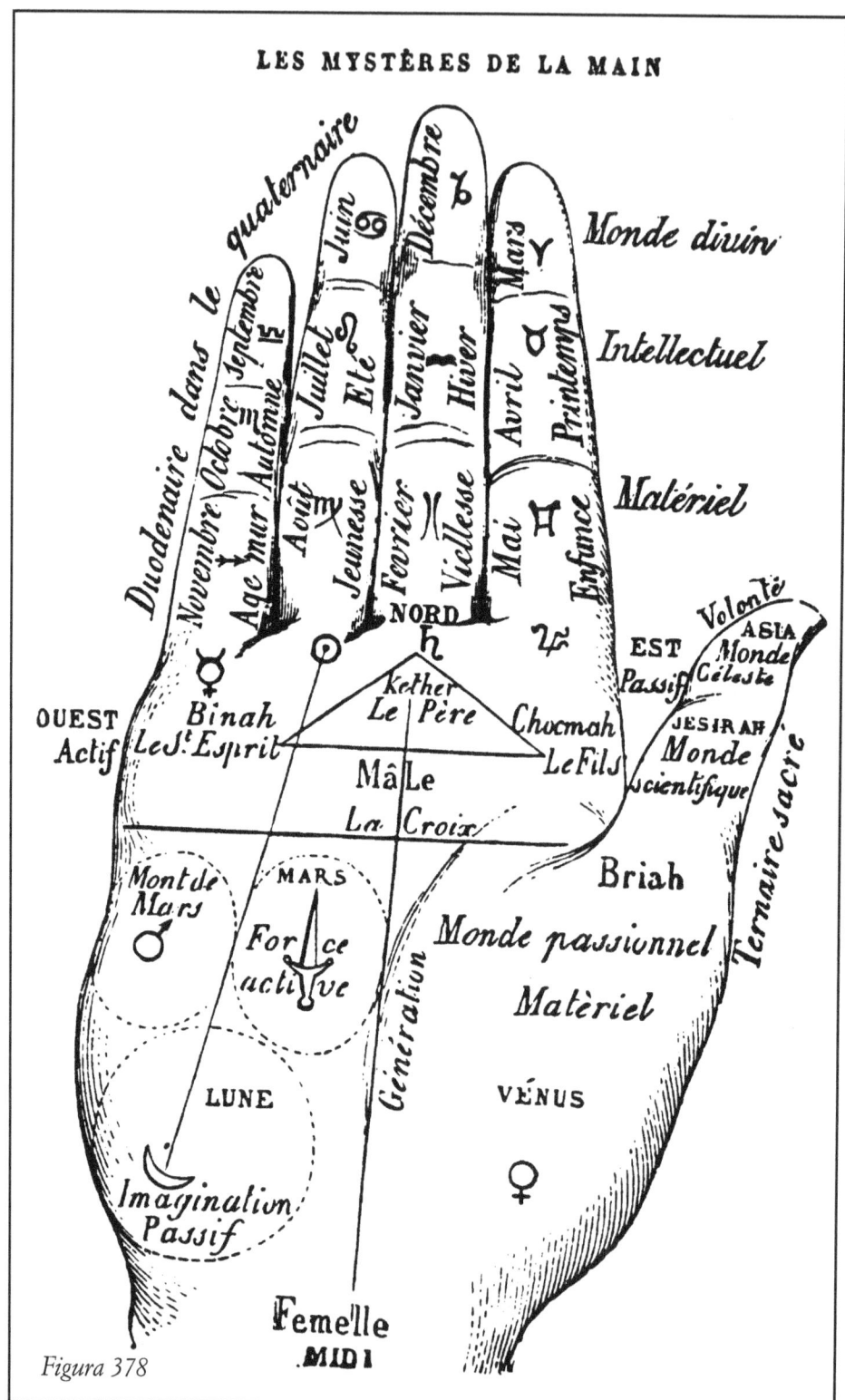

Figura 378

Quiromancia: El monte de Venus está muy desarrollado y cubierto de un reticulado. El monte del Sol es alto. Un anillo de Venus se extiende desde la base del índice hasta el meñique, interrumpido sólo en dirección al monte de Mercurio y seguido en general por un doble anillo. Ramificaciones que se dirigen hacia abajo.

Voluntad

Astrología: Hay que estudiar la posición recíproca del Sol y de Marte. Estos dos astros, bien dispuestos, dan unos indicios excelentes, sobre todo si se encuentran en signos fijos. La voluntad es débil cuando la dominante es venusiana, lunar o mercuriana y cuando hay muchos planetas en signos móviles o en Piscis o en Cáncer.

Quiromancia: La primera falange del pulgar revela la voluntad, la segunda la lógica. Un pulgar corto puede ser corregido por una buena línea de la cabeza y también por una segunda falange larga, ya que el individuo actúa sólo empujado por la razón. El pulgar que se pliega de manera involuntaria hacia la parte interna de la palma revela sumisión al instinto y abulia.

Para más indicaciones sobre los diferentes aspectos fisiopsíquicos relacionados con la mano, el aficionado debe dirigirse a las partes de esta obra en las que se examinan con detalle los elementos que forman parte del «plan quiromántico» de cada individuo. A partir de todo ello el lector atento podrá configurar una cuidadosa «síntesis quiromántica» de la mano sometida a su juicio.

www.ingramcontent.com/pod-product-compliance
Lightning Source LLC
Chambersburg PA
CBHW081945230426
43669CB00019B/2932